지적 행복론

97세 경제학 교수가 물질의 시대에 던지는 질문

지적
행복론

리처드 이스털린 지음 | 안세민 옮김

"얼마나 부자가 되어야 행복할까?"

An Economist's Lessons on Happiness

윌북

차례

첫 번째 강의	왜 소득이 행복을 결정하지 않을까?

두 번째 강의	당신의 행복을 위한 국가의 일

한국어판 서문

"저는 어렸을 때부터 항상 부자가 되기를 꿈꿨습니다." 부자가 되고 싶다는 이러한 소망은 한국인들 사이에서, 나아가 세계의 많은 곳에서 흔히 찾아볼 수 있습니다. 그러나 이 꿈을 이루기 위한 노력이 우리를 행복한 삶으로 이끌까요? 사실, 행복한 삶은 사람들 대부분이 진정으로 추구하는 것이지요.

지난 수 세기 동안 많은 철학자들이 이 질문을 두고 고심해 왔습니다. 그들은 선험적 추론에 기초하여 엇갈린 결론을 내놓았지요. 하지만 무엇이 사람을 행복하게 하는지에 대해 사회과학자들이 이론화에만 그치지 않고 경험적 관찰과 증거에 기초하여 답을 찾는 대열에 동참한 것은 불과 50년밖에 되지 않았습니다.

저는 이러한 역할을 주도적으로 해온 사람 중 한 명입니다. 사람들이 얼마나 그리고 왜 행복한가에 대해 연구한 최초의 경제학자였습니다. 이후로 데이터는 엄청나게 많아졌고, 이와 함께 사회과학 분야 전반에 걸쳐서 행복 연구가 활발하게 진행되었지요. 이 책에서는 지금까지의 행복 연구를 바탕으로 주로 다음 두 가지 질문에 대한 답을 제시하려고 합니다. 나는 어떻게 행복을 증진할 수 있는가? 정부 정책이 행복을 증진시킬 수 있는가? 행복에 이르는 꿈을 어떻게 이루어갈지가 바로 이 이야기의 대부분을 차지할 것입니다.

경제학의 관점에서 행복을 연구하고 행복에 이르는 방법을 증명하는 이러한 논의를 지적 행복론이라고 부를 수 있겠군요. 이 책은 이러한 논의를 중심으로 진행했던 행복경제학 강의를 바탕으로 쓴 것입니다. 수년 동안 제 강의를 들어준 많은 학생들에게 감사의 인사를 전합니다.

2022년 2월
캘리포니아주 패서디나에서
리처드 이스털린

들어가며

저는 지금 당혹스러운 마음으로 이 글을 쓰고 있습니다. 오스트레일리아 정부가 인문학과 사회과학은 배제하고 이공계 학과 입학을 장려하는 쪽으로 대학 등록금을 개편한다고 합니다. 듣자 하니 현재 고등교육에서 시행하는 직업 전문화 정도로는 충분하지 않다는군요. 그러니까 지금 제가 쓰고 있는 이런 책의 내용은 덜 필요하고, 대형 컨테이너선 같은 게 훨씬 더 많이 필요하다는 얘기지요.

저는 양쪽 분야에 모두 걸쳐 있는 사람으로서 이 책을 썼습니다. 학부에서 기계공학을 전공했고 첫 직업이 엔지니어였지요. 대학원에서는 경제학을 전공했는데 나중에 경제학자가 된 후 경제사와 인구통계학을 연구하기도 했습니다. 지금은 가끔 경제학이라는 범주를 넘어 떠돌아다니며 행복을 연구하고 있기도 하지요. 제 생각에는 우리 삶과 우리를 둘러싼 주변 상황에 제대로 대처하려면 인문학과 사회과학이 이공계 학과만큼이나, 혹은 그보다 더 중요합니다. 이런 주장이 공학 학부를 겨우 졸업한 사람의 투덜거림에 불과하다고 생각한다면, 제가 대학을 수석으로 졸업했고, 분에 넘치게도 졸업생 대표 연설까지 한 사람이라는 사실을 조용히 밝히고 싶습니다.

개인적인 행복은 모든 사람이 추구하는 보편적인 소망일 것입니다. 전 세계 모든 정부는 국민의 행복 증진을 목표로 한다고 분명히 밝히고 있지요. 그러나 이를 달성하려면 무엇을 해야 할까요? 이 책은 바로 이런 질문에 대한 사회과학자의 대답입니다. 그렇다고 해서 이 책이 행복이라는 주제에 대해 모든 답을 제시한다고 말하지는 않겠습니다. 제가 경제학자가 아니라 엔지니어로 남아야 했는지에 대한 답은 여러분에게 맡기기로 하지요.

저는 이 책을 쓰면서 뉴올리언스대학교에서 영문학 연구교수로 있는 딸 낸시 이스털린을 에디터로 두는 큰 행운을 누렸습니다. 낸시는 단순히 교정 보는 역할을 뛰어넘어, 제 설명과 사례가 더 명확해야 하는 부분을 지적하고 제가 교실에서 학생들과 교류하는 모습을 생생하게 보여주도록 도왔습니다. 이 책의 초고를 주의 깊게 읽고 여러 제안을 해준 사위 피터 맥너마라에게도 감사의 인사를 전하고 싶습니다.

켈시 오코너는 그래프와 그림의 활용을 비롯해 다양한 조언을 해주었습니다. 데이터를 사용할 수 있게 허가해준 월드 갤럽 폴 측과 도움이 될 만한 갤럽 폴의 도표를 제공해준 존 헬리웰에게도 감사의 마음을 전하고 싶습니다. 컴퓨터 문제를 도와준 딸 몰리와 사진을 활용하게 해준 알라미 측의 수전 레넌에게도 감사한 마음입니다. 스프링거 네이처의 요하네스 글레이저와 주디스 크립은 인내심을 갖고, 귀찮을 정도로 많은 질문에 능숙하게 답변을 해주었습니다. 이 책을 빛나게 해준 모든 분들에게 감사의 마음을 전합니다.

'이스털린의 역설'에서 '행복경제학'까지

✦ 행복경제학은 무엇인가

인류는 결국 파멸에 이를 것이라는 맬서스T. R. Malthus의 예언 이후로도 경제학은 아주 많이 발전해왔습니다. 하지만 그 후로 지금까지도 경제학은 '우울한 과학dismal science'이라는 오명으로 얼룩져 있지요. 다만 지난 반세기 동안 행복이 경제학의 합당한 연구 주제로 자리를 잡게 되어서, 이제는 이러한 오명에서 벗어날 수 있을지도 모르겠습니다. 행복경제학은 사람들의 일상이 크게 개선될 수 있다는 것을 보여주기 때문입니다.

저는 행복통계학을 연구한 최초의 경제학자입니다. '행복경제학의 아버지father of happiness economics'로서 처음부터 이 연구를 함께 해왔습니다. 돈이 많으면 정말 더 행복해지는지 알아보고자 데이터를 연구했고, 이 데이터는 행복과 소득의 역설을 보여주었지요(이를 '이스털린의 역설Easterlin Paradox'이라고 부릅니다). 사실 제가 발견한 이 역설은 새로운 연구 분야에 관심이 많은 학자들이 행복에 관해 알아낸 수많은 발견 중 하나에 불과합니다. 이 책의 목표는 제가 행복에 관해 얻은 교훈들을 여러분과 공유하는 데 있지요. 이러한 교훈들이 제게도 그랬던 것처럼, 여러분에게도 많은 도움이 되기를 기대합니다. 이 책의 내용은 동료 연구자들과 함께 얻어낸 연구 결과와 그에 바탕을 둔 개인적인 견해로 구성되어 있습니다. 따라서 행복을 연구하는 모든 학자가 이 책의 내용에 완전히 동의하지는 않을 것입니다.

행복이 사회과학의 연구 주제로 자리 잡은 것은 제2차 세계대전 이후부터입니다. 그 이전의 연구 문헌은 대부분 인문학 분야에서 찾아볼 수 있고, 아리스토텔레스가 살던 시대까지 거슬러 올라갑니다. 이러한 연구는 주로 무엇이 인간을 행복하게 하는가, 즉 좋은 삶을 사는 데 필요한 것은 무엇이냐는 질문에서 출발합니다. 여기서 수많은 학자들만큼이나 수많은 견해가 나오지요. 이러한 문헌들은 많은 지혜를 줄 수 있겠지만 사회과학자들이 알고 싶어 하는 것, 즉 사람들이 실제로 얼마나 행복하며 무엇이 그들을 행복하게 하는지에 대한 확실한 증거를 제시하지는 않습니다. 그러나 이제는 여론 조사 덕분에 충분한 검증을 거친 데이터와 현실 세계에 관한 믿을 만한 증거를 처음으로 확보할 수 있게 되었습니다. 이러한 데이터와 증거는 행복의 주요 원천이 무엇이고 어떻게 더 행복해질 수 있는지를 보여주지요.

저는 경제학이 인간과 행복에 관한 학문이라고 생각합니다. 하지만 모든 경제학자가 이러한 견해에 공감하는 것은 아닙니다. 행복이 경제학에서 차지하는 위치에 대해서는 지금까지도 의견이 분분하지요. 그러나 경제학이 학문으로 자리를 잡은 19세기 초반으로 거슬러 올라가면, 행복과 경제학은 떼려야 뗄 수 없는 관계였습니다. 행복은 새로운 학문의 중심 주제였고, 공공의 행복은 경제학의 궁극적인 관심사였으니까요. 데이비드 리카도David Ricardo, 제임스 밀 James Mill 그리고 그의 아들 존 스튜어트 밀John Stuart Mill과 같은 고전학파 경제학자들은 다음에 나오는 제러미 벤담Jeremy Bentham의

'최대 행복의 원리Greatest Happiness Principle'를 고수했습니다. "최대 다수의 최대 행복 혹은 최대 행복의 원리는 행복을 증진하는 행위는 옳고, 행복에 역행하는 행위는 옳지 않다는 것을 의미한다."

19세기 전반에는 경제학자들이 효용과 행복에 대해 계량적인 언어로 생각하고 토론했습니다. 효용과 행복의 상관관계를 측정하는 지표가 아직 개발되지 않았을 때였지요. 이러한 지표에 가장 근접한 것을 처음 내놓은 사람은 아일랜드 출신의 경제학자 프랜시스 에지워스Francis Edgeworth일 것입니다. 그는 1881년에 발간한 자신의 저작 『수리 정신학Mathematical Psychics』에서 효용을 측정하기 위한 장치로서 쾌락 측정기hedonimeter라는 개념을 제시했습니다. 하지만 실제로 널리 사용되지는 않았지요.

20세기가 시작되면서 행복을 바라보는 경제학의 태도가 갑자기 삐딱해졌습니다. 이때 이탈리아의 경제학자 빌프레도 파레토Vilfredo Pareto가 중요한 역할을 했는데, 그는 경제학은 행복에 관한 학문이 아니라 의사 결정에 관한 학문이라고 주장했지요. 파레토의 견해에 따르면 경제학은 선택에 관한 학문이지 결과에 관한 학문이 아닙니다. 그는 경제 분석을 공식화한 선구자 중 한 명이었습니다. 20세기 중반에 브누아 망델브로Benoit Mandelbrot와 리처드 허드슨Richard L. Hudson은 파레토를 높이 평가하면서 다음과 같이 적었지요.

경제학자로서 그가 남긴 유산은 엄청나다. 경제학은 파레토 덕분에 애덤 스미스가 일구어낸 도덕 철학의 한 분야에서 과학적 연구와 수학적 방정식으로 이루어진 데이터 집약적인 분야로 발전했다. 세계 전역과 다양한 시대를 다룬 통계표, 끊임없이 등장하는 적분 기호와 방정식, 복잡한 도표와 그래프 등을 사용한 그의 저작은 당시의 일반적인 경제학 교과서와는 다른, 현대 경제학에 가깝다.[1]

경제학을 선택에 관한 학문으로 바라본 파레토의 관점은 20세기 경제학을 지배했습니다. 행복은 금세 무시되었고, 인간에 관한 연구도 마찬가지였지요. 경제 분석의 주요 관심사는 상품의 생산과 분배, 소비였고, 인간은 생산 요소로 치부되었어요. 행복은 (언급이 되기라도 한다면) 단순히 1인당 공급되는 재화의 양과 직결될 뿐이었습니다. 마리아노 로하스Mariano Rojas는 이렇게 말했지요. "20세기 전반에 교육받은 경제학자들은 인간의 행복에 대해 거의 아무것도 배우지 않았다. 대신에 그들은 인간의 의사 결정을 연구하고 시장 균형과 가격을 설명하는 매우 정교한 분석 도구를 배웠다."[2]

개인적으로 말하자면 저는 로하스의 말이 옳다는 사실을 입증할 수 있습니다. 실제로 겪어봐서 잘 알지요.

이번 세기로 접어들며 행복을 실제로 측정하기 시작했습니다. 인간과 행복에 대한 연구로 되돌아간 행복경제학을 통해서였어요. 물론 모든 경제학자가 여기에 관심을 가졌던 것은 아닙니다(심지어는 대다수가 그랬던 것도 아니지요). 그럼에도 행복을 연구하는 경제학자들은 꾸준히 증가했습니다. 이제 경제학은 인간을 단순한 행위자 혹은 생산 요소가 아니라 실제 감정을 지닌 사람으로 바라본 좋았던 옛 시절로 되돌아가고 있습니다. 우리는 이제 행복을 측정할 수 있고, 제러미 벤담이 사용한 용어를 빌리자면 인간이 느끼는 쾌락과 고통에 대해 연구할 수 있게 되었지요.

자, 그럼 이제 시작해볼까요? 우선 1부에서는 여러분이 가장 많은 관심을 가질 만한 질문, 즉 어떻게 하면 행복을 증진할 수 있는가에 집중하려고 합니다. 제가 제시하는 답은 정말로 간명하지만(어떤 사람은 너무 간단하다고 말할 테지요), 저의 추론을 분명하게 펼쳐보려고 합니다. 2부에서 던지는 질문도 이와 비슷할 겁니다. 정부가 개인의 행복을 증진할 수 있는지, 그렇다면 정부가 개인의 행복을 증진해야 하는지 묻고 답을 찾아볼 겁니다. 3부에서는 행복에 관하여 사람들이 가지고 있는 광범위한 관심사를 다룰 것입니다. 여기서는 "나이에 따라 행복한 정도가 달라질까?", "남자와 여자 중에서 누가 더 행복한가?", "왜 어떤 국가는 다른 국가보다 더 행복한가?", "민주주의가 행복에 얼마나 중요한가?"를 포함해 여러 문제에 대한 답을 찾아보려고 합니다. 4부에서는 제가 경제사학자와 인구통계학자로 활동하던 시절에 바탕을 두고, 역사적인 관점에서 행복에 관한 광범위한 주제를 다룰 것입니다.

여기서 다루는 내용은 최근 몇 년 동안 행복경제학 학부 과정에서 가르친 것들이 대부분입니다. 가르치는 일이 항상 그렇듯 저는 오히려 학생들에게 많이 배웠습니다. 저를 크게 도와준 모든 학생에게 이 자리를 빌려 감사의 마음을 전합니다.

첫 번째 강의

왜 소득이 행복을
결정하지 않을까?

행복을 측정하는
삶의 사다리

✦ 행복을 측정하는 지표

자, 이제 학생들이 각자 자리를 잡고 앉은 것 같군요. 본격적으로 강의를 시작해보겠습니다.

미국은 세계에서 가장 행복한 국가가 아닙니다. 심지어 가장 행복한 국가에 가깝지도 않습니다. 행복 순위 10위 안에 들어가는 국가 중에는 북유럽 국가들과 캐나다, 오스트레일리아, 뉴질랜드가 있습니다. 미국은 20위권에 겨우 드는 18위이고, 영국이 그보다 약간 앞서있지요(같은 자료에서 한국은 61위다—옮긴이). 이는 2012년 이후 유엔의 지원을 받아 매년 발간되는 「세계행복보고서World Happiness Report」의 2019년 데이터에 따른 것입니다.[1]

어떻게 행복을 측정할 수 있는지 의아할 수도 있을 것입니다. 여러분만 그런 의문을 품는 건 아니니 걱정 마세요. 그래서 저는 행복의 지표에 대한 이야기로 강의를 시작하곤 합니다.

우리는 사람들에게 감정에 대해 묻는 방식으로 행복을 측정합니다. 제2차 세계대전 직후부터 여론 조사 전문가들은 이렇게 질문했지요. "모든 것들을 종합했을 때 최근 당신은 매우 행복합니까, 그저 그런대로 행복합니까, 별로 행복하지 않습니까?" 이후로 전체적인 행복 수준에 관한 이런 질문 유형이 전 세계 여론 조사에 포함되었고, 1972년에 시작된 '미국 종합사회조사US General Social Survey'에서 지금까지도 기본 문항으로 자리 잡고 있습니다.

이후로 연구자들은 이와 비슷하지만 선택지가 더 많은 질문을 개발하여 광범위하게 사용하고 있습니다. 예를 들어 '세계가치관조사World Values Survey'에서는 삶의 만족도에 관하여 이런 질문을 던집니다. "모든 것들을 종합해보면, 최근 들어 당신은 자신의 삶에 전체적으로 얼마나 만족합니까?" 이 조사에서는 1점(만족하지 않는다)에서 10점(만족한다)까지의 선택지를 제시합니다. 앞에서 언급한 국가 순위의 출처인 「세계행복보고서」의 주요 지표는 최선/최악 선택지를 제시하는 월드 갤럽 폴World Gallup Poll이 개발한 것입니다. 응답자들은 0점부터 10점까지 '삶의 사다리 척도'에 근거하여 자신의 삶을 평가합니다. 여기서 사다리의 맨 아래에 해당하는 0점은 최악의 삶을 살고 있음을 의미하고, 사다리의 맨 위에 해당하는 10점은 최선의 삶을 살고 있음을 뜻합니다.

조사 결과, 가장 행복한 국가는 평균 7점 이상이었지만 가장 불행한 국가는 평균 3~4점을 기록했습니다. 이를 두고 아주 큰 차이가 있는 건 아니라고 생각할 수도 있겠지만, 다음과 같은 사실을 알게 되면 생각이 달라질 겁니다. 평균이 약 4점에 달하는 인도에서는 응답자 중 8.6퍼센트만이 7점 혹은 그 이상이라고 답했지요. 이에 반해, 행복 순위가 가장 높은 3개 국가(핀란드, 덴마크, 노르웨이)에서는 7점 혹은 그 이상이라고 답한 사람들이 인도보다 거의 10배 더 많은 85퍼센트에 달했습니다.

그렇다면 여러분은 삶의 사다리 중 어디에 서 있을까요? 최선의 삶(10점)을 살고 있다고 생각합니까, 아니면 최악의 삶(0점)을 살고 있다고 생각합니까?

여러분의 대답은 무엇인가요?

7점 혹은 그 이상이라고 답했다면, 미국 응답자의 약 70퍼센트가 당신과 비슷하게 답한 것입니다. 미국 응답자의 10퍼센트는 6점이라고, 11퍼센트는 5점이라고 답했습니다(당신이 5점 미만이라고 답한 9퍼센트에 속하지 않기를 진심으로 바랍니다).

최근에는 전체적인 행복 수준, 삶의 만족도, 삶의 사다리에 관한 이러한 질문들이 '주관적으로 느끼는 행복'이라는 주석을 달고 하나로 묶여서 취급됩니다. 그러나 저는 이들 세 가지 지표를 언급할 때 '행복'이라는 더욱 자명한 용어를 사용하려고 합니다. 사람들은 자신의 행복 수준에 관한 질문에 응답하면서 전혀 어려움을 느끼지 않습니다(여러분도 그러한지요?). 응답하지 않는 사람의 비율은 무시해도 될 정도로 낮지요.

강의 시간에 이런 이야기를 하는 시점에 이르면, 학생들이 온갖 이야기들을 꺼내놓습니다. 오늘은 릴리가 먼저 나서는군요.

"하지만 교수님, 이렇게 대답한다는 게 무슨 의미가 있을까요? 사람들의 감정은 늘 변하게 마련이에요." 그녀는 곁눈질을 하면서 덧붙입니다. "어떤 사람은 오늘 상당히 기분이 좋지만 내일은 그렇지 않을 수 있어요. 그다음 주에는 또 어떻게 될지 모르고요."

테드가 맞장구를 칩니다.

"그뿐만이 아니에요. 사람들이 실제 자기 감정을 말한다고 어떻게 확신할 수 있죠? 아마도 사람들은 자신이 불행하다는 사실을 인정하고 싶지 않을 거예요."

이번엔 질이 나서서 말합니다.

"맞습니다. 그리고 릴리와 테드가 행복이라는 단어를 똑같은 의미로 사용하고 있을까요? 저는 그렇게 생각하지 않아요. 우리가 왜 서로 다른 사람들의 행복을 비교할 수 있다고 생각하죠? 사람들이 행복을 똑같은 의미로 생각하더라도 그들의 대답으로 평균을 내는 건 저한테 아무런 의미가 없어 보여요."

이는 훌륭하고도 어려운 질문들입니다. 이제 이 질문들을 하나씩 살펴보기로 하지요.

✦ 평가적 지표와 경험적 지표

릴리가 우려하는 것은 얼마나 행복한가에 대한 개인의 답이 질문을 받았을 당시의 기분에 좌우된다는 점입니다. 기분은 매시간, 매일, 매주 변하기 때문이지요. 응답자가 기분이 언짢은 상태였다면 대답에도 그런 일시적인 기분이 반영될 것입니다.

실제로 그렇습니다. 사람들의 기분은 상당히 변화가 심해요. 그러나 행복에 관한 질문은 응답자의 현재 기분이 아니라 전반적인 삶의 상태가 어떠한지를 묻습니다. 삶의 전반적인 상태에 대해 질문하면 사람들 대답이 항상 똑같지는 않다는 걸 심리학자들도 알고 있습니다. 일간 혹은 주간에 따라 아주 약간 변한다는 것이지요.

심리학자들은 대답의 '신뢰성reliability'을 다음과 같은 방법으로 확인합니다. 검사-재검사 절차test-retest procedure라는 방법인데, 대답이 어느 정도로 일관성이 있는지 확인하기 위해 같은 사람을 대상으로 며칠 혹은 몇 주에 걸쳐 여러 번 조사하는 것이지요. 심리학자들은 행복에 관한 질문을 시간, 일간, 주간별로 해본 결과, 첫 번째 조사에서 행복하다고 대답한 사람은 이후의 조사에서도 일관되게 행복하다고 대답하는 경향이 있다는 걸 발견했습니다. 불행하다고 대답한 사람도 마찬가지였지요. 저 역시 예전에 학부 강의를 하면서 학생들을 대상으로 몇 주 동안 연이어 조사해본 결과 같은 경향을 확인했습니다. 그렇다고 (학생 혹은 일반인) 응답자들이 모든 조사에서 항상 똑같이 대답한다는 뜻은 아니에요. 7점에서 6점 혹은 8점으로 바뀐 사람들도 있었지만, 5점 미만으로 바뀐 사람은 극소수에 불과했습니다. 5점 미만에서 시작해 6점 혹은 7점으로 올라간 사람도 소수였지요. 응답자들은 행복에 관한 질문이 삶의 전반적인 상태를 묻는 것이지, 일시적인 기분을 묻는 것은 아니라는 사실을 잘 이해하고 있었습니다. 자신의 삶에 대한 전반적인 평가가 단기적으로는 크게 변하지 않는 것으로 나타났고요. 이런 결과는 행복을 묻는 질문에 대한 응답이 실제로 신뢰성이 있다는 것을 보여줍니다.

심리학자들은 일시적인 기분을 구체적으로 확인하기 위해 별도의 문항을 개발하기도 했습니다. 예를 들어 지난 24시간 동안 얼마나 자주 화가 나 있었는지를 묻는 것이지요. 응답자들에게는 '상당히 자주', '자주', '가끔', '전혀'라는 선택지가 주어졌습니다. 여기서 설정한 기간이 지난 24시간이라는 사실에 주목해보면, 이 질문이 일시적인 기분을 구체적으로 확인하기 위한 것임을 알 수 있습니다. 여기서 '화가 난'을 '행복한'은 물론이고 '슬픈', '우울한', '즐거운'과 같은 단어로 바꿔보면 이 조사 방법이 광범위한 감정을 다룰 수 있다는 점을 알 수 있어요. 하지만 일시적인 기분을 나타내는 지표와 전반적인 삶의 상태에 대한 판단을 혼동해서는 안 됩니다. 이러한 판단은 전제적인 행복 수준, 삶의 만족도, 자신이 삶의 사다리에서 차지하는 위치에 대한 답을 통해 내리는 것이기 때문입니다. 전반적인 삶의 상태에 관한 질문은 응답자들에게 한 걸음 물러서서 자신의 삶을 전반적으로 평가할 것을 요구하기 때문에 평가적 지표이지만, 일시적인 기분에 관한 질문은 가장 최근 경험을 표현하라고 요구하기 때문에 경험적 지표입니다.

여기 행복에 관한 평가적 지표와 경험적 지표의 차이를 보여주는 한 가지 사례가 있습니다. 저는 부인과 함께 로스앤젤레스에서 야간 비행기를 타고 파리로 가서 일주일 동안 크루즈 여행을 하는 계획을 짰어요. 우리 뒷좌석에는 밤새도록 떠들며 노는 커플이 자리를 잡고 있어서 잠을 잘 수가 없었지요. 그다음 날 파리의 호텔 로비에서 용감한 설문 조사원이 나를 붙잡고 다짜고짜 "모든 것들을 종합해보면, 최근 들어 당신은 매우 행복합니까, 그저 그런대로 행복합니까, 그다지 행복하지 않습니까?"라고 물었습니다. 저는 부인과 함께 파리에서 크루즈 여행을 할 예정이기 때문에, 당연히 매우 행복하다고 대답하겠지요. 그러나 설문 조사원이 "지난 24시간 동안 얼마나 자주 행복했습니까? 상당히 자주, 혹은 자주, 아니면 가끔 행복했습니까? 혹은 전혀 행복하지 않았습니까?"라고 질문했다면 어땠을까요? 비행기 안에서 계속 짜증이 났으니 기껏해야 가끔 행복했다고 대답하겠지요. 첫 번째 질문은 전반적인 삶의 상태를 평가하라고 요구하면서 평가적 지표를 제시하지만, 두 번째 질문은 전날의 기분이 어떠했는지 대답하라고 요구하면서 경험적 지표를 제시합니다.

이 책에서 저는 평가적 지표에 집중할 것인데, 이러한 지표는 대체로 신뢰성이 있습니다. 많은 사람들이 예상하듯 경험적 지표는 이와는 대조적으로 변화가 심하지요.

✦ 있는 그대로를 말한다

'그들의 대답을 믿을 수 있을까?'

테드는 이 점을 우려합니다. 응답자들이 자신이 실제로 느끼는 기분을 말하지 않을 수도 있다는 것이지요. 예를 들어 어떤 사람들은 자신이 불행하다는 사실을 인정하지 않으려고 합니다. 심리학자들은 이 문제를 해결하려고 고심했어요. 그들은 행복에 대한 응답의 진실성(심리학자들의 용어로 타당성)을 평가하기 위해 응답자가 스스로 밝힌 행복의 수준과 그를 잘 아는 사람, 즉 배우자, 연인, 친척, 친구, 동료 등의 평가를 비교합니다. 결과를 살펴보니 자신이 행복하다고 응답한 사람들은 다른 사람들의 눈에도 행복하게 보였고, 자신이 불행하다고 응답한 사람들은 다른 사람들의 눈에도 불행하게 보인 것으로 나타났습니다.

임상 평가 결과 역시 응답자가 스스로 보고한 내용과 대체로 일치하는 것으로 나타났습니다. 임상 의사가 우울증 환자에 가깝다고 판단한 사람들은 대체로 자신이 불행하다고 응답했어요. 또한 얼굴에 드러난 표정과 행복의 상관관계도 개인이 스스로 보고하는 행복 수준의 타당성을 뒷받침합니다. "매우 행복하다"라고 대답하는 사람들은 자주 웃는 편이었어요. 뇌파와 스트레스 수준 같은 생리학적 지표도 개인이 보고하는 행복 수준을 확실히 뒷받침합니다. 이 모든 것들을 종합해보면 사람들은 설문 조사원에게 자신이 행복한지 혹은 불행한지, 그리고 그 수준이 어느 정도인지에 대해 실제 자신이 느끼는 그대로를 말하는 것으로 보입니다.

제 수업을 듣는 학부 학생들도 그렇습니다. 거짓말은 하지 않아요. 물론 여러분도 그러리라고 생각합니다.

✦ ## 행복은 사람에 따라 다른가?

모든 사람이 거짓말을 하지 않고 이번 주와 다음 주에도 일관된 대답을 한다고 해도, 서로 다른 사람들의 행복을 어떻게 비교할 수 있을까요? 이것이 바로 질이 제기하는 문제입니다.

비교 가능성은 우리가 앞에서 논의했던 「세계행복보고서」의 국가 간 비교에서 문제점으로 지적되었습니다. 행복은 문화에 따라 다른 의미일 수 있다는 것이지요. 인도네시아와 같이 다수가 이슬람교를 믿는 국가에서 의미하는 행복은 미국 같은 다문화 국가에서 말하는 행복과 다를 수 있습니다.

저는 이런 문제를 제기한 질을 특별한 학생으로 기억합니다. 경제학에서는 효용의 개인 간 비교(제 식으로는 '행복의 개인 간 비교')가 가능한지 토론할 때 '비교 가능성'이라는 문제가 등장합니다. 경제학에서는 이것이 불가능하다고 가정하지요(여러분의 이웃을 행복하게 하는 것이 반드시 당신을 행복하게 한다고 볼 수 없다는 겁니다). 정말 그럴까요? 절대로 그렇지 않습니다. 비교에 한계 따위는 없으니!

그러나 믿을 만한 경험적 데이터를 살펴보면 비교 가능성은 실제로 큰 문제가 아닐 수도 있습니다. 행복의 원천은 전 세계 사람들 대부분에게 같은 것으로 보입니다. 이에 대한 가장 포괄적인 증거는 1960년대 초반 사회심리학자 해들리 캔트릴Hadley Cantril의 설문 조사에서 확인할 수 있어요. 이 조사는 부유한 국가와 빈곤한 국가부터 공산주의 국가와 비공산주의 국가까지 13개국 국민들을 대상으로 진행되었습니다. 연구자들은 설문 조사 대상자들을 직접 만나서 우선 (실현 가능한 최선의 관점에서 미래를 그려보기 위해) 그들이 더할 나위 없이 행복하다면 개인적으로 무엇을 정말 중요하게 생각하는지 충분히 설명하도록 했습니다. 또한 (가능한 최악의 관점에서 미래를 그려보기 위해) 두려움과 걱정에 관해서도 이와 비슷한 질문을 던졌어요. 그다음 0점에서 10점까지의 단계가 표시된 삶의 사다리를 제시하고 지금 당신이 위치한 지점이 어디인지 물었습니다. 여기서 10점은 실현 가능한 최선의 삶이고, 0점은 가능한 최악의 삶을 의미합니다.

그때 테드가 손을 들고 질문을 던집니다.

"교수님, 잠깐만요, 그건 갤럽이 삶의 사다리를 제시하면서 묻는 질문이죠? 그렇죠?"

그런 듯 보일 테지만 이 두 설문 조사에는 중요한 차이가 있습니다. 제가 학생들에게 배포한 유인물에는 갤럽과 캔트릴 두 군데에서 각각 사용하는 구체적인 질문이 실려 있지요(표1 참조).

표1. 삶의 사다리 문항 비교: 월드 갤럽 설문 조사와 해들리 캔트릴 설문 조사

1. 월드 갤럽 설문 조사

맨 아래 0에서 시작해 맨 위 10까지 단계가 표시된 사다리를 생각해봅시다. 사다리의 맨 위는 실현 가능한 최선의 삶을 나타내고, 맨 아래는 최악의 삶을 나타낸다고 합시다. 더 높은 단계에 있을 때 삶이 더 좋아지고, 더 낮은 단계에 있을 때 삶이 더 나빠진다고 하면, 지금 당신은 사다리의 어느 단계에 있다고 생각하십니까? 어느 단계가 당신이 생각하는 것에 가장 가깝습니까?

2. 해들리 캔트릴 설문 조사

(A) 우리는 살아가면서 특정한 것들을 갖고 싶어 합니다. 당신
  의 삶에서 정말 중요한 것이 무엇인지 생각할 때, 미래를 위
  해 이루고 싶은 꿈과 희망은 무엇입니까? 다시 말해 당신이
  실현 가능한 최선의 관점에서 미래를 그려볼 때, 당신이 행복
  하려면 당신의 삶은 어떤 모습이어야 할까요? 이러한 것들은
  당장 떠오르지 않으니 시간을 갖고 생각하시기 바랍니다.

• 선택적인 질문: 미래에 대한 당신의 소망은 무엇입니까? 당신
  이 충분히 행복하려면, 당신의 삶은 어때야 합니까? 당신이
  행복해지려면 무엇이 있어야 합니까? (필요하다면 꿈이나 욕망
  같은 단어를 사용해도 됩니다.)

• 반드시 물어야 할 질문: 그밖에 하고 싶은 말이 있는지요?

(B) 이제 반대쪽을 살펴봅시다. 당신은 미래에 대해 무엇을 두려
  워하고 걱정합니까? 다시 말해 당신이 가능한 최악의 관점에
  서 미래를 그려볼 때, 당신의 삶은 어떤 모습일까요? 다시 한
  번 시간을 갖고 생각하시기 바랍니다.

• 선택적인 질문: 무엇이 당신을 불행하게 합니까? (필요하다면
  두려움이나 걱정과 같은 단어를 사용해도 됩니다.)

• 반드시 물어야 할 질문: 그밖에 하고 싶은 말이 있는지요?

(C) 여기에 사다리 그림이 있습니다. 사다리의 맨 위는 실현 가능한 최선의 삶을 나타내고(연구원이 손으로 가리킨다), 맨 아래는 가능한 최악의 삶을 나타낸다(역시 연구원이 손으로 가리킨다)고 합시다. 지금 당신은 (연구원의 손가락이 사다리의 위아래를 빠르게 오간다) 사다리의 어디쯤 서 있다고 생각합니까? 그 단계의 번호는 몇 번입니까?

캔트릴의 설문 조사에서는 응답자들이 실현 가능한 최선과 최악의 미래를 말로 설명하기 전에 잠시 시간을 갖고 생각해야 합니다. 여기에 인도의 어느 농부가 실현 가능한 최선의 삶에 관한 질문을 받고 어떻게 반응했는지 보여주는 사례가 있습니다.

저는 지금 다른 사람의 땅에서 농사를 짓고 있기 때문에 땅이 있으면 좋겠고, 아들도 있으면 좋겠습니다. 제 집을 짓고 싶고, 우유와 버터를 얻기 위해 젖소를 키우고 싶습니다. 아내에게는 좋은 옷을 사주고 싶습니다. 그렇게만 할 수 있다면 더할 나위 없이 행복할 것 같습니다.[2]

월드 갤럽 폴에서는 실현 가능한 최선의 삶을 설명하기 위해 먼저 이런 식의 이야기를 하지 않아도 됩니다. 응답자는 자신이 삶의 사다리에서 어디에 위치하고 있는지 말하기만 하면 돼요. 따라서 캔트릴의 설문 조사는 사람들이 자신의 행복 수준을 평가할 때 무엇을 고려하는지에 대한 소중한 통찰을 보여준다고 할 수 있습니다.

캔트릴의 설문 조사가 개방형 질문으로 구성된 것은 상당히 획기적이라고 볼 수 있습니다. 응답자들이 무엇이든 자유롭게 말하고, 자신의 행복에 영향을 미치는 상황에 대해 아무 거리낌 없이 이야기할 수 있기 때문이지요. 이러한 질문은 실현 가능한 최선과 최악의 삶(행복의 원천을 대답할 때 떠오르는 것들)에 대해 방대한 정보를 이끌어낼 수 있습니다. 이런 측면에서 보면 캔트릴의 설문 조사는 표준에서 현저하게 벗어난 것이었고, 지금 봐도 그렇습니다. 때로는 이러한 종류의 설문 조사에서 응답자들에게 다수의 선택지가 제시되기도 해요. 한 가지 예를 볼까요? 경제협력개발기구(OECD)는 행복에 관한 국가 차원의 설문 조사를 장려하고 있는데, 2018년 「사람들에게 무엇이 가장 중요한가?What Matters the Most to People?」라는 제목의 보고서를 발간하기도 했습니다. OECD는 11개의 예상 답안을 미리 준비했고, 응답자들은 통계학자들이 선택한 이 11개의 답안 중에서 하나 또는 복수의 답을 골라야 했어요. 물론 통계학자들은 사람들의 마음을 읽으려고 최선의 노력을 기울였겠지만, 그것만으로는 부족할 수 있습니다. 예를 들어 11개 항목에는 가정생활에 대한 언급이 없는데, 앞으로 살펴보겠지만 가정생활은 사람들 대부분에게 정말 중요한 항목 중 하나입니다. 캔트릴의 설문 조사는 이런 OECD의 접근 방식과는 달라요. 응답자들을 특정한 방향으로 유도하지 않지요.

놀랍게도 캔트릴의 설문 조사에 나오는 개방형 질문에 대한 대답들은 마땅히 받아야 할 관심을 받지 못했습니다. 저는 이후 강의에서 수시로 이 대답들에 관심을 기울이려고 합니다.

캔트릴의 설문 조사에서는 개방형 질문을 던지지만, 돌아오는 대답에는 주목할 만한 일관성이 보입니다. 바로 '일상적인 상황'이라는 것이지요. 응답자들은 전 세계 사람들 대부분이 가장 많은 시간을 보내고 또 그들이 어느 정도 통제할 수 있다고 여기는 이 '일상적인 상황'이 자신의 행복을 위해 중요하다고 생각했습니다. 13개국 모두에서 가장 많이 거론된 세 가지는 경제 상황, 가정생활, 건강입니다. 특히 많이 언급된 것은 경제 상황과 관련된 문제(생활 수준, 일, 여가)였는데, 어떤 나라에서는 80퍼센트에 가까운 사람들이 이를 언급했지요. 다음으로 중요하다고 여겨진 것은 응답자의 약 40~50퍼센트가 이야기한 가정생활과 관련된 문제(가족 관계, 자녀)였습니다. 본인과 가족의 건강 관련 문제도 이와 비슷하게 거론되었습니다. 경제 상황, 가정생활, 건강. 이 세 가지가 무엇이 행복에 중요한가를 묻는 질문에 대해 사람들이 가장 많이 답한 주제였지요.

전쟁과 같은 재앙은 말할 것도 없고 언론의 자유, 사회적·경제적 불평등, 국제 관계처럼 이보다 훨씬 더 광범위한 사회적·정치적 쟁점은 사람들의 일상과 동떨어져 있고, 그들이 직접 나서서 영향을 미치기도 어려워요. 따라서 이러한 쟁점이 거론되는 경우는 거의 없습니다. 그보다는 세계 어디서든 일상적인 삶 대부분을 차지하고 사람들 스스로 자신의 것이라고 여기는 상황이 바로 행복의 중요한 요인이었지요. 관심사에 대한 세부 내용, 예를 들어 경제적 상황과 관련된 특정 부분은 국가마다 다를 수 있습니다. 농경 사회라면 '자기 농장을 소유하는 것'일 수 있고, 산업 사회에서는 '개인이 발전할 기회를 제공하는 일자리'가 될 수도 있어요. 그러나 구체적인 내용은 다를지라도 대체로 모든 지역에서 무엇이 자신의 행복에 중요하냐는 질문에 대해 개인의 경제 상황이 최상위에 있었고 그다음 가정생활과 건강이라는 응답이 뒤따랐습니다. 이처럼 행복의 원천이 세계적으로 비슷하기 때문에 행복을 비교하는 것(경제학 용어로 말하자면 효용을 개인 간에 비교하는 것)이 가능합니다. 앞서 말했듯이 사람들 대부분은 자신의 행복을 평가할 때 비슷한 기준을 사용합니다. 그들은 주로 경제 상황, 가정생활, 건강에 관심을 기울이지요. 사람들이 행복 수준에 응답할 때 이러한 관심사가 모든 방면에서 우위를 차지하고 있기 때문에, 저는 강의 전반에 걸쳐 이 세 가지에 집중하고자 합니다.

이 강의에서 저는 인용되는 다른 연구자들과 마찬가지로 평균적인 관계에 근거하여 일반화를 시도할 겁니다. 이때 행복의 원천이 세계적으로 비슷하게 나타난다고 말하면 평균적으로 그렇다는 뜻이지요. 구체적으로 무엇이 행복에 기여하는지는 분명 개인에 따라 다릅니다. 그러나 우리가 부유한 사람과 가난한 사람, 남자와 여자, 미국인과 인도네시아인 등으로 분류되는 다양한 집단을 조사해서 평균을 내본 결과 이러한 세부적인 차이는 대체로 사라집니다. 그리고 그 결과는 행복의 원천이 근본적으로 같은 대다수에 의해 결정되지요.

"제가 수강하는 다른 모든 경제학 강의에서는 행복을 설명할 때 그것이 소득을 의미한다고 합니다. 저는 소득이 분명한 지표라고 생각해요. 모든 문제를 피해갈 수 있지요. 그런데 왜 이번 강의에서는 그렇게 말하지 않으시나요?"

테드의 질문에 답하자면, 지금 우리가 행복을 더욱 효과적으로 측정하는 방법을 배우고 있기 때문입니다. 여러분들도 눈치챘겠지만 행복은 최근까지 개인의 주관적인 평가가 아니라 이른바 객관적인 데이터, 즉 수집한 자료에서 얻어낸 관찰값에 근거하여 판단되었습니다. 경제학자들은 사람들이 하는 말, 즉 스스로 보고하는 내용을 신뢰하지 않기 때문에 주로 객관적인 지표를 사용하려는 경향이 있었습니다(이에 대해서는 나중에 좀 더 살펴보겠습니다). 그들은 소득이 증가하면 행복도 증진된다고 가정합니다. 이때 조사 대상자들은 지표를 스스로 선택하지 못하거나 본인이 결론을 내지 않는다는 사실에 주목해야 합니다. 그에 비하면 행복경제학은 완전히 새로운 시도라고 할 수 있어요. 접근 방식과 데이터가 자신의 행복을 스스로 평가하는 개인의 판단에 근거를 두기 때문이지요. 개인이 정보의 유일한 출처이기 때문에 행복 지표는 '주관적인 것'이 됩니다.

객관적인 지표가 개인이 실제로 행복을 얼마만큼 느끼는지에 대해 정확한 통찰을 줄 수 있다면 우리는 이를 편리하게 사용할 수 있을 겁니다. 그러나 이러한 지표가 과연 정확한지 의혹이 생기면서 주관적인 지표가 개발되었지요. 이 주관적인 지표를 연구하는 데 있어서 선구자격인 사회심리학자 앵거스 캠벨Angus Campbell은 객관적인 데이터에 대한 자신의 회의적인 시각을 다음과 같이 분명하게 보여주었습니다.

> 나는 소득과 같은 '객관적인' 지표와 (…) (이러한) 삶의 여건에 대한 '주관적인 만족도' 중 어느 하나가 다른 것을 대체할 수 있을 정도로 서로 밀접한 관계가 있다는 주장에 공감할 수 없다.[3]

이제 우리는 행복에 대한 객관적인 지표와 주관적인 지표가 실제로는 서로 반대 방향으로 움직이기도 한다는 사실을 알고 있습니다. 뒤에서 다시 살펴보겠지만 1990년대 중국에서 소득이 증가할 때 개인이 느끼는 삶의 만족도는 오히려 감소했어요. 객관적인 지표를 사용하는 경제학자들은 이런 현상을 접하고 상당히 곤혹스러워했지요. 지금은 고인이 된 후생경제학자 E. J. 미샨E. J. Mishan은 이렇게 말했습니다.

> 왕 씨와 정 씨 두 사람의 실질 소득이 10퍼센트 증가한다면, 인간의 변덕스러움을 외면하고 둘 다 더 행복해진다고 주장하고 싶은 (…) 유혹이 생길 수 있다. (…) 그러나 (…) 행복이 무엇을 '경험'하는가를 뜻한다면 정당한 분노에서 헤어 나오기 어렵다.[4]

간단히 말하자면 이렇습니다. 누군가 소득이 증가하고 예전보다 더 많은 것을 살 수 있는데도 그다지 기분이 나아지지 않거나 심지어 더 나빠졌다고 하는데 우리 관찰자들은 그들과 반대되는 말을 하고 있다면, 도대체 무슨 의미가 있는 걸까요?

앞으로 살펴보겠지만 사람들이 돈과 물질적 재화가 더 많아졌는데도 행복하다고 느끼지 않는 데에는 여러 가지 심리적 원인이 있습니다. 따라서 우리의 목표가 사람들이 실제로 얼마나 행복한 기분을 느끼는지 밝혀내는 것이라면, 소득과 같은 객관적인 지표는 신뢰하기 어렵고 정확한 답을 얻으려면 주관적인 지표가 필요하다는 결론에 이르게 됩니다.

행복경제학에서는 당신의 기분이 상당히 중요합니다.

✦ 가장 좋은 행복 지표는 무엇인가?

"교수님 말씀 재미있게 잘 들었습니다. 그런데 지표에는 여러 가지가 있잖아요? 어느 것이 가장 좋은 지표입니까?"

타일러가 좋은 질문을 던졌습니다. 지금까지 저는 개인의 주관적 행복에 관해 세계적으로 널리 사용되는 지표 세 가지, 즉 전체적인 행복 수준, 삶의 만족도, 삶의 사다리를 설명했습니다. 이중 개인의 행복을 가장 잘 나타내는 건 무엇일까요? 이는 답하기 어려운 질문입니다. 확실한 답이 없기 때문이지요. 하지만 제 생각에 이 부분은 크게 중요하지 않습니다. 우리가 관심을 기울이는 행복에 대한 다양한 지표는 대체로 비슷한 결과를 보여주기 때문입니다.

한 가지 사례를 살펴봅시다. 우리가 빈곤율의 증가 혹은 감소에 관심이 있다고 가정해봐요. 예전에 미국인구조사국United States Census Bureau이 12년에 걸쳐 빈곤율에 관한 15개의 지표(그렇습니다, 15개!)를 만들고 이 조사를 토대로 통계를 내본 적이 있었습니다. 연간 빈곤율을 나타내는 지표들의 범위는 10퍼센트에서 많게는 20퍼센트까지 넓게 분포되었지요. 그러나 특정 시점에서 이렇게 큰 차이를 보였어도, 한 해가 지나고 그다음 해가 되었을 때 혹은 이보다 더 오랜 기간이 지났을 때 빈곤율이 상승하거나 하락한 정도는 어느 지표를 선택했는지 여부와 상관없이 거의 비슷하게 나타났습니다. 예를 들어 1979년부터 1983년까지 살펴보면 15개의 지표 모두 빈곤율이 상승했음을 보여주었고 상승한 정도도 거의 비슷했어요. 가장 적게 상승한 지표는 2.9퍼센트였고, 가장 많이 상승한 지표는 3.8퍼센트였습니다. 즉 15개의 지표 모두 빈곤율이 약 3% 증가했다는 사실에 부합했습니다.

주관적 행복에 관한 세 가지 지표도 마찬가지입니다. 시점에 따라 조금 다른 결과를 보이지만, 오랜 시간에 걸친 행복 수준의 변화, 부유한 사람과 가난한 사람 같은 인구 집단 사이에서 행복 수준의 차이, 통계적 관계에서는 비슷한 양상을 보입니다. 실제로 이러한 주제가 우리의 관심을 끌지요. 예를 들어 미국인의 행복 수준이 10점 만점에 7.4점이라는 발표는 많은 사람들의 관심을 끌지 못하지만, 행복 수준이 크게 감소했다는 발표는 주목받습니다.

주관적 행복을 나타내는 최선의 지표가 무엇인지는 틀림없이 연구할 만한 가치가 있습니다. 그러나 다양한 지표들이 전하는 이야기에는 공통점이 있기 때문에, 이들 중에서 어느 하나를 최선의 지표로 골라내고 그 밖의 것들을 버릴 필요는 없습니다. 오히려 설문조사에서 활용한 지표라면 무엇이든 활용하는 것이 바람직하고, 저역시 그렇게 하고 있어요.

자, 이제 사람들을 행복하게 하는 것이 무엇인지 알려주는 지표에 대해 한번 살펴봅시다.

문제는 '얼마나'가 아니라 '남보다' 많이 버느냐다

✦ 행복과 소득의 역설

이번 강의는 미국의 33대 대통령 해리 트루먼의 유명한 말로 문을 열어볼까 합니다.

"한편으로만 말하는 경제학자를 데려오게. 경제학자라는 사람들은 꼭 '한편으로는 이러이러 한데 다른 한편으로는 저러저러하다'고 한단 말이야."

제가 "더 많은 소득을 받으면 더 행복해질까요?"라고 묻는다면 여러분은 아마 그렇다고 대답하겠지요. 모든 국가에서 볼 수 있는 보편적인 반응일 겁니다. 모든 부류의 사람들이 돈이 많으면 더 행복해지리라고 생각해요. 그러나 이는 생각일 뿐이고, 때로는 생각이 틀리기도 하지요. 이러한 질문에 대한 만족스러운 답을 얻으려면 사람들의 행복 수준과 소득에 대한 '데이터'가 필요합니다. 그래야 이 두 가지가 실제로 함께 움직이는지, 어떻게 그렇게 되는지 살펴볼 수 있어요.

트루먼이라면 증거에 기반한 저의 대답에 만족하지 않을 겁니다. 절반의 데이터가 절반에도 못 미치는 이야기를 들려줄 테니까요. 한편으로 특정 시점에서 본 사람들의 반응(횡단면 데이터)이 있고, 다른 한편으로는 다양한 시점에서 본 사람들의 반응(시계열 데이터)이 있습니다. 이 두 가지 데이터는 상당히 다른 대답을 내놓지요. 횡단면 데이터에서는 소득이 높은 사람들이 더 행복하지만, 시계열 데이터에서는 소득이 증가한다고 행복 수준도 함께 증가하지 않습니다. 물론 원칙에는 항상 예외가 있어요. 소득이 증가해도 행복해지지 않는 사람이 있으니까요. 그러나 제가 여기서 말하는 건 평균적인, 혹은 전형적인 관계입니다. 다시 한번 강조하지만, 바로 이 관계로부터 무엇이 사람들을 행복하게 하는지에 대한 일반화를 시작해볼 것입니다.

특정 시점에서 행복과 소득의 정의 관계는 우리가 특정 국가 내의 사람들을 관찰할 때뿐만 아니라 서로 다른 국가들을 비교할 때도 나타납니다. 부유한 국가의 국민들은 가난한 국가의 국민들에 비해 대체로 더 행복합니다. 그러나 시간이 흐르면서 소득이 빠르게 증가한 국가여도 행복 수준이 반드시 더 높아지는 것은 아니에요. 시계열 데이터가 바로 이런 사실을 뒷받침하지요.

따라서 횡단면 데이터와 시계열 데이터의 차이에 관해 좀 더 생각해볼 필요가 있습니다. 횡단면 연구에서는 개인이든 국가든 특정 시점에서 조사한 행복과 소득을 비교하지요. 이에 반해 시계열 연구에서는 같은 사람 혹은 집단에서 연이어(주로 매년) 수집한 행복과 소득 데이터를 연구합니다.

횡단면 연구에서 소득 증가가 행복에 미치는 영향은 실제로 소득이 오르거나 내릴 때에 행복에 어떤 결과가 발생하는가에 따라 결정되지는 않습니다. 소득과 행복의 관계는 본인보다 소득이 더 많은 사람이나 더 적은 사람과의 비교를 통해 결정됩니다. 미시간대학교 알랜드 손턴Arland Thornton 사회학과 교수에 따르면 횡단면 연구는 "역사를 옆으로 읽습니다".

횡단면 연구에는 왜 문제가 발생할까요? 특정 시점에서 사람들 간에 발생하는 차이를 연구함으로써 시간이 흐름에 따라 특정 사람에게 어떤 결과가 나타나는지 알아내려는 연구에는 왜 문제가 생기는 걸까요? 좀 더 구체적으로 설명해보겠습니다. 2010년 한 해 동안 메리Mary라는 이름의 모든 사람이 존John이라는 이름의 모든 사람보다 돈을 더 많이 벌었고 더 많이 행복했다고 가정해봅시다. 이처럼 특정 시점에서 메리라는 사람들과 존이라는 사람들이 느끼는 행복 수준이 달랐기 때문에 2010년부터 2011년까지 존이라는 사람들의 소득이 증가하면 그들의 행복 수준도 높아질 것으로 예측됩니다.

그럼에도 영화 〈카사블랑카〉에서 샘이 불렀던 〈애즈 타임 고우즈 바이As time goes by〉의 가사에 나오듯 "근본적인 것은 변하지 않습니다The fundamental things apply".

실제로 횡단면 연구는 시간의 흐름을 고려하지 않습니다. 따라서 소득의 변화가 행복 수준에 실제로 어떠한 영향을 미치는지 알아내려면, 같은 사람 혹은 집단을 대상으로 그들의 소득이 변하는 시간 동안 어느 한 시점부터 그다음 시점까지의 결과를 추적하는 시계열 데이터가 필요합니다. 시계열 분석은 횡단면 분석보다 훨씬 더 선호되는데, 사람들의 소득이 늘어나거나 줄어들 때 행복 수준에 실제로 어떠한 결과가 발생하는지 관찰할 수 있기 때문입니다. 앞서 소개한 간단한 사례를 들자면, 시계열 분석으로 2010년과 2011년에 존이라는 이름을 가진 사람들을 조사하고 그 2년에 걸친 데이터에 근거해 그들의 행복 수준과 소득이 실제로 함께 움직이는지 확인할 수 있지요.

그렇다면 실제 결과는 어땠을까요? 시계열 연구에 따르면 행복과 소득은 함께 움직이지 않는 것으로 밝혀졌습니다. 존의 소득은 증가했지만 행복 수준이 높아지지는 않았지요.

안타깝게도 연구자들은 시계열 분석보다 횡단면 분석을 더 많이 사용하는 경향이 있습니다. 시계열 분석에서는 특히 선택지의 일관성 문제가 더 많이 발생하기 때문이지요. 예를 들어 조사를 시작한 첫해에는 '매우 행복하다', '그저 그런대로 행복하다', '그다지 행복하지 않다'라는 선택지를 제시했다가 그다음 해에 중간에 있는 선택지 '그저 그런대로 행복하다'를 '상당히 행복하다'로 바꾸었다고 해봅시다. 그러면 첫해와 그다음 해의 행복 수준이 실제로는 같더라도 단어가 바뀌면서 중간에 나오는 선택지를 선택한 사람들의 수가 달라지고, 마치 행복 수준이 변한 것 같은 결과가 나올 수 있지요. 우리는 설문 조사에서 조사 대상자에 따라 혹은 연도에 따라 이렇게 선택지가 바뀌는 것을 자주 볼 수 있습니다. 연구자들은 이와 같은 비교 가능성의 문제 때문에 시계열 분석을 기피하고 횡단면 분석에 집중합니다. 하지만 저는 시계열 분석을 신뢰합니다. 다만 시계열 분석으로 일반화할 때는 시간이 흘러도 행복의 비교 가능성 문제가 발생하지 않는지 면밀하게 검토한 데이터에 기초합니다.

어느 한 국가의 행복 수준은 소득이 증가한다고 반드시 높아지는 것은 아니라는 사실을 시계열 분석으로 처음 확인했지만, 이는 미국 데이터만으로 도출한 결과였습니다. 1974년을 기준으로 한 연구에서 장기간에 걸친 시계열 데이터를 보유한 국가는 미국이 유일했기 때문입니다. 그러나 이후에 진행된 연구도 미국의 결과가 보편적이라는 사실을 증명했습니다. 행복 데이터가 점점 축적되면서 다른 여러 선진국에서도 행복과 소득은 아무런 관계가 없다는 결과가 도출되었지요. 사회주의에서 자본주의로 이행한 국가들뿐 아니라 개발도상국들의 데이터에서도 이 같은 사실을 확인할 수 있었습니다. 가장 오랜 기간에 걸친 시계열 데이터를 보유한 미국의 경우 지난 70년 동안 실질소득이 3배나 증가했는데도 행복 수준의 장기적인 추세는 변동이 없거나 심지어 하락세였습니다.

결국 우리는 이런 결과에 맞닥뜨리게 됩니다. 한편으로 횡단면 데이터에 따르면 '소득이 증가하면 행복 수준이 높아지는가'라는 질문에 '그렇다'라고 답할 수 있습니다. 다른 한편으로 시계열 데이터를 통해서는 '그렇지 않다'라고 답할 수 있습니다. 트루먼 대통령이 분통을 터뜨릴 만하지요.

횡단면 분석과 시계열 분석 결과가 일치하지 않는 경우는 흔치 않지만 경제학에서 유례가 없는 일도 아닙니다. 이와 비슷한 불일치의 사례로는 오랜 세월에 걸친 경제학 논쟁인 저축과 소득의 역설이 있지요. 이때는 연구자들이 횡단면 데이터를 활용해 소득이 증가함에 따라 소득에서 저축이 차지하는 비율인 저축률도 증가한다는 것을 보여주었습니다. 그러나 시간이 지나면서 소득이 계속 증가하는 추세에도 불구하고 소득에서 저축이 차지하는 비율은 거의 변동이 없었습니다. 이런 현상을 우리가 앞서 살펴본 사례에 대입해볼까요? 횡단면 데이터에서 메리라는 사람들은 존이라는 사람들보다 소득이 더 많고 소득에서 더 많은 비율을 저축합니다. 그러나 시간이 지나면서 존이라는 사람들과 메리라는 사람들의 소득이 둘 다 증가했는데도 두 집단 모두 소득 대비 저축의 비율이 증가하지 않습니다.

행복과 소득의 역설은 저축과 소득의 역설과 닮은 데가 많습니다. 횡단면 데이터에서는 정의 관계가 보이는데, 시계열 데이터에서는 아무런 관계가 발견되지 않지요. 따라서 행복과 소득의 (이스털린의) 역설은 다음과 같이 말할 수 있습니다.

한 국가 내에서든 국가들 사이에서든, 특정 시점에서 행복은 소득과 정의 관계를 보이면서 변합니다. 그러나 시간이 지나면서 행복의 추세는 소득의 추세와 정의 관계를 보이지 않습니다.

우리는 장기적인 경향에서 행복과 소득의 추세는 아무런 관계가 없다는 사실에 주목해야 합니다. 단기적으로 보면 행복과 소득은 대체로 함께 증가하거나 감소하지요. 2007~2009년의 대침체Great Recession는 이러한 단기적인 관계를 보여주는 최근의 사례입니다. 당시 미국인들의 소득이 급격히 감소하면서 그들의 행복 수준도 사상 최저 수준으로 떨어졌습니다. 하지만 미국 경제가 회복하기 시작한 이후로는 행복 수준도 함께 상승했지요. 매년 행복 데이터를 발표하는 유럽과 라틴아메리카 국가들에서도 행복과 소득이 단기적으로 함께 움직이는 것을 볼 수 있습니다.

그러면 단기와 장기의 차이는 과연 무엇일까요? 한 가지 사례를 살펴봅시다. 의사가 진료실로 들어오는 데릭에게 이렇게 묻습니다. "체중 관리를 하고 있습니까?"

데릭이 당당하게 대답합니다. "네, 1킬로그램이 빠졌습니다."

의사는 진료 기록을 확인하면서 이렇게 말합니다. "좋습니다. 하지만 작년 이맘때쯤 저희 병원에 처음 방문하셨을 때보다는 2킬로그램 더 나가는군요."

데릭은 편리하게도 단기적인 관찰값에만 관심을 뒀지만, 의사는 장기적으로 바라보고 있습니다. 단기적으로 데릭의 체중은 오르락내리락합니다. 그런 가운데 데릭의 대답은 최근의 하향 추세만을 반영하고 있지요. 그의 대답이 틀린 것은 아닙니다. 반면 의사의 경우에는 데릭의 체중에서 단기적인 등락을 무시하고 장기적인 경향(즉 추세)만을 확인하고 있지요.

행복과 소득의 단기적, 장기적인 관계를 나타내는 그림1을 살펴봅시다.

먼저 우리는 행복과 소득의 고점(p)과 저점(t)이 동시에 발생한다는 사실을 알 수 있습니다. 따라서 실선으로 표시된 단기적인 관계를 보면 행복과 소득이 같은 방향으로 움직이는 걸 확인할 수 있지요. 그러나 장기적인 경향을 확인하기 위해 행복과 소득의 추세선을 점선으로 그려보면 어떨까요? 소득은 상승하는 추세를 띠지만, 행복은 이에 상응하는 추세를 띠지 않습니다. 소득은 상승하는 추세

그림1. 행복과 소득의 단기적인 변동과 장기적인 추세: 사례

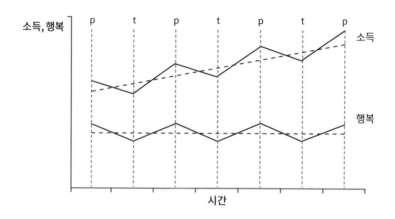

선을 따라 움직이지만, 행복은 평평한 추세선을 따라 움직이고 있지요. 행복과 소득의 변동은 단기적으로는 정의 관계를 갖지만, 장기적인 경향은 그렇지 않다는 걸 알 수 있습니다.

단기적인 관계와 장기적인 관계 사이의 이러한 차이, 즉 단기적인 변동에서는 정의 관계를 갖지만 장기적인 추세에서는 아무런 관계도 없다는 이러한 차이를 이해하는 것은 상당히 중요합니다. 예를 들어 박식한 경제학자 다이앤 코일Diane Coyle은 행복과 소득의 역설을 잘못 이해하고 이렇게 말하기도 했지요. "GDP의 상승이 행복 수준을 전혀 높여주지 않는다는 주장은 잘못되었다. 이는 불황 시기에 GDP가 조금이라도 하락할 때 사람들이 매우 불행해지는 것을 보면 금방 알 수 있다."[1] 여기서 코일은 행복과 소득의 추세 사이에 아무런 관계가 없다는 주장을 반박하기 위해 행복과 소득의 변동 사이에서 나타나는 정의 관계를 잘못 인용하고 있습니다. 우리가 앞으로 살펴보겠지만 이것은 흔히 볼 수 있는 오류이지요.

또 다른 오류는 행복과 소득의 역설에 따르면 행복은 장기적으로 일정한 수준을 유지한다는 것입니다. 하지만 이 역설이 오직 행복에 관한 것이 아님을 알아야 합니다. 행복과 소득의 관계에 관한 것이지요. 국가에 따라서 행복의 추세가 상승할 수도 있고, 하락할 수도 있고, 일정한 수준을 유지할 수도 있습니다. 행복과 소득의 역설은 행복의 추세와 소득의 추세 사이에 체계적인 상관관계가 존재하지 않는다는 것을 의미합니다. 어느 나라에서 소득이 상승 추세에 있더라도 행복이 반드시 상승 추세에 있지는 않은 것이지요. 중국과 브라질이 훌륭한 사례입니다. 1990년부터 2012년까지 중국은 1인당 실질 GDP가 브라질보다 훨씬 더 빠른 속도로 증가했지요. 같은 기간 동안 브라질 국민들의 행복 수준은 상승한 반면, 중국 국민들의 행복 수준은 하락했습니다.

✦ 사회적 비교가 역설을 만든다

행복과 소득의 역설에서 행복과 소득이 함께 움직이는 횡단면 부분에 문제를 제기하는 사람은 없습니다. 이건 모두가 알고 있는 내용이지요. 문제는 행복과 소득이 아무런 관계가 없는 시계열 부분입니다. 시계열 분석 결과는 소득이 증가할 때 행복 수준이 실제로 어떻게 되는지 보여주기 때문에 우리를 고민에 빠뜨립니다.

왜 그럴까요? 횡단면 데이터는 소득이 증가하면 행복 수준이 상승한다고 말하지만, 시계열 데이터는 소득 증가가 행복에 아무런 영향을 미치지 않는 것을 보여줍니다. 이 역설에서 한 부분은 옳고 다른 부분은 틀린 걸까요? 두 부분이 모두 옳을 수 있을까요? 만약 그렇다면 그것은 어떻게 가능할까요?

답은 둘 다 옳다는 것이고, 이들은 사회적 비교social comparison라는 개념으로 조화를 이룰 수 있습니다. 이 사회적 비교의 특징을 이해하기 위해 간단한 사고 실험을 하나 해봅시다. 당신의 소득은 엄청나게 증가했는데 주변 사람들의 소득은 아무런 변화가 없다면, 당신은 예전보다 행복할까요? 저한테서 행복경제학을 배우는 학부 학생들을 포함해 대다수가 "그렇다"라고 대답할 겁니다.

자, 그럼 질문을 뒤집어봅시다. 당신의 소득은 아무런 변화가 없고 다른 모든 사람의 소득이 엄청나게 증가했다면, 당신은 예전보다 행복할까요? 저한테서 행복경제학을 배우는 학부 학생들을 포함해 대다수가 "아니요"라고 대답할 겁니다. 이처럼 다른 사람들이 벌어들이는 소득은 자신의 소득에 대한 만족도에 영향을 미칩니다. 이를 다른 말로 표현하면, 당신은 다른 사람의 관점에서 당신의 상황을 평가하는 사회적 비교를 한다고 볼 수 있습니다. 사람들은 스스로 의식하든 그렇지 않든 간에 항상 자신을 다른 사람과 비교하지요.

사회적 비교의 효과가 더욱 분명하게 나타나는 또 다른 사고 실험이 있습니다. 그런데 이 실험을 하기 전에 한 걸음 물러서서 소득이라는 게 구체적으로 무엇을 의미하는지 분명히 해둘 필요가 있습니다. 우선 여기서 소득은 실질소득을 말합니다. 예를 들어 한 가계의 명목소득이 연간 3만 달러라고 했을 때 이것이 고소득인지 아닌지 잠시 생각해볼까요? 답은 3만 달러로 얼마나 많이 구매할 수 있는지에 달려 있습니다. 물가가 지금의 10분의 1 수준에도 못 미치던 1950년에는 3만 달러가 고소득이었지요. 당시 그 정도 돈이면 오늘날보다 10배는 더 많이 구매할 수 있었을 겁니다. 하지만 오늘날 3만 달러는 저소득에 해당합니다. 미국노동통계국US Bureau of Labor Statistics 자료에 따르면 1950년 3만 달러 소득은 상위 3퍼센트에 해당합니다. 그러나 2018년 3만 달러 소득은 상중하로 보면 하에 속하지요. 제가 사람들의 소득 혹은 소득 변화를 비교할 때는 항상 실질소득(물가 차이를 조정한 소득), 즉 소득으로 구매하는 것을 의미합니다.

경제학자들과 그 밖의 연구자들은 어느 한 나라의 1인당 평균 소득의 근삿값으로 1인당 국내총생산(GDP, 경제에서 재화와 서비스의 총생산을 의미한다)을 자주 사용합니다. GDP 통계는 쉽게 구할 수 있기 때문이지요. 여기서 제가 1인당 GDP를 언급할 때는 항상 어느 한 나라의 1인당 재화와 서비스의 평균 수량을 나타내는 1인당 실질 GDP를 뜻합니다.

잠시 주제를 벗어난 이야기를 해서 미안하지만, 예전 강의 때 소득에 대한 혼란을 피하는 게 좋겠다고 생각해서 미리 밝혀두는 것입니다.

자, 그럼 이제 또 다른 사고 실험으로 넘어가 봅시다.

1. 당신은 지금 막 대학교를 졸업하고 첫 번째 직장을 구하려고 합니다. 다음에 나오는 A와 B 중 어느 직장을 선호합니까?

   A) 졸업하고서 10만 달러를 번다.

   B) 졸업하고서 5만 달러를 번다.

답은 간단합니다. 당연히 A를 선호하겠지요.

2. 그렇다면 A와 B의 조건이 아래와 같을 경우, 둘 중 어디를 선호합니까?

   A) 졸업하고서 10만 달러를 번다. 그런데 동기들은 20만 달러를 번다.

   B) 졸업하고서 5만 달러를 번다. 그런데 동기들은 2만5천 달러를 번다.

쉽지 않은 선택입니다.

아마 당신은 망설이겠지요. 여기서 10만 달러는 동기들이 당신보다 2배 더 번다는 바람직하지 않은 상황과 함께 제시됩니다. 반면 5만 달러는 당신이 동기들보다 2배를 번다는, A와 반대되는 상황과 함께 제시됩니다. 실제로 제가 가르쳤던 학생들 중 약 3분의 2가 B를 선택했습니다. 다른 사람들이 버는 소득은 이 학생들이 자신의 소득에 얼마나 만족하는가에 결정적인 영향을 주었지요. 그들은 절대적인 금액이 더 적더라도 자신이 소득이 다른 사람들보다 훨씬 더 많은 상황을 선호했습니다.

최근 심리학자 대니얼 카너먼Daniel Kahneman과 에이머스 트버스키Amos Tversky가 발견한 것은 이 모든 문제를 풀기 위한 실마리를 줍니다. 이 둘은 사람들이 특정한 상황을 평가하는 경우, 그들이 상황을 판단할 때 마음속으로 생각하는 기준인 준거 기준reference level을 대체로 염두에 둔다는 사실을 밝혀냈습니다. 이러한 준거 기준은 대부분 사회적 비교, 즉 다른 사람들의 상황을 관찰하면서 설정됩니다. 예를 들어 키가 175센티미터인 사람이 큰 편이라고 할 수 있을까요? 그 대답은 대답하는 사람이 갖는 신장의 준거 기준에 달려 있습니다. 남성들의 평균 신장이 168센티미터인 인도에서 그 사람은 키가 큰 편입니다. 그러나 남성들의 평균 신장이 178센티미터인 미국에서는 그 정도는 키가 큰 편으로 여겨지지 않지요. 미국인들이 갖는 신장의 준거 기준은 인도인들의 준거 기준보다 높습니다. 이는 자신과 비교 대상이 되는 사람들이 인도인들의 비교 대상보다 키가 더 크기 때문입니다.

"그러면 사람들은 왜 소득이 많을수록 행복하다고 생각할까요?"

릴리가 당혹스러운 표정으로 묻습니다.

앞선 사고 실험의 첫 번째 질문을 다시 떠올려봅시다. 이 질문과 사람들에게 소득이 많을수록 행복한지 묻는 질문 사이에 공통점이 있을까요? 이 두 질문 모두 자신의 소득은 증가하지만 다른 사람들의 소득은 증가하지 않는 상황을 전제로 합니다. 그런데 현실 세계에서는 어떤가요? 실제로는 경제의 총생산이 증가하면서 사람들 대부분의 소득도 대체로 함께 증가합니다. 자신의 소득이 증가할 때 소득의 준거 기준(다른 사람들의 소득)도 함께 증가하기에 증가한 소득이 행복에 미치는 순효과는 얼마 되지 않는 것이지요. 실제로 사람들은 자신의 소득 증가가 행복에 미치는 정의 효과와 다른 사람의 소득 증가가 자신의 행복에 미치는 부의 효과를 이중으로 동시에 경험합니다. 물론 자신의 소득이 평균보다 더 많이 증가해서 행복 수준도 더 높아진 사람들도 있겠지요. 그러나 그런 사람이 있다면, 소득이 증가하기는 했지만 다른 사람보다 그 폭이 적어서 행복 수준이 더 낮아지는 사람들도 있게 마련입니다. 따라서 모든 사람의 평균적인 행복 수준에서 본다면 전체적인 효과는 아무런 변화도 없는 것으로 나타납니다.

✦ 좋은 삶: 가지고 있는 것과 가지고 싶은 것

1970년대 중반 이후 로퍼 오거니제이션Roper Organization에서는 간헐적으로 연간 설문 조사를 시행했습니다. 이 조사에서는 좋은 삶에 관한 질문을 던졌는데, 그 대답을 살펴보면 소득을 평가하는 준거 기준이 소득과 더불어 얼마나 높아지고 있는지 알 수 있습니다. 여기서는 "좋은 삶(당신이 원하는 삶)을 영위하려면 이 목록 중 무엇이 당신이 개인적으로 생각하는 좋은 삶의 한 부분을 이룹니까?"라는 질문이 주어집니다. 응답자들은 목록에서 좋은 삶을 이루는 데 필요한 것들(실제로는 그들이 가지고 싶어 하는 것들)을 살펴본 후 "목록에서 지금 당신이 가지고 있는 모든 것들"을 표시합니다. 이 결과를 보면 사람들이 가지고 싶어 하는 것과 그것을 얼마만큼 가지고 있는지 알 수 있지요. 응답자들이 가지고 있는 것을 통해 그들의 소득이 얼마나 되는지 알 수 있고, 그들이 가지고 싶어 하는 것을 보면 소득의 준거 기준을 예측할 수 있습니다. 이 준거 기준은 그들이 얼마나 많이 가지고 있는지를 평가하는 기준이 됩니다.

좋은 삶을 구성하는 것들을 담은 이 목록에는 주택, 자동차, 텔레비전, 해외여행, 수영장, 별장에 이르기까지 10대 고가 소비재가 포함되어 있습니다(표2에서 구체적인 질문과 응답 항목을 확인할 수 있습니다). 사람들은 시간이 지나면서 소득이 증가함에 따라 대체로 이 목록의 소비재들을 더 많이 취득합니다. 그러니까 더 많이 '갖게' 되는 것이지요. 그러나 설문 조사 결과를 보면 그들이 가지고 싶어 하는 것들의 수도 함께 증가하는데, 거의 가지고 있는 것들의 수만큼 증가합니다. 간단한 사례를 볼까요? 존이라는 사람들이 대학교를 졸업할 때 자동차와 텔레비전을 가지고 있었고, 그로부터 5년이 지난 후 주택과 세컨드 자동차를 소유하게 되었다고 해봅니다. 그들이 가지고 있는 10대 고가 소비재 품목의 수는 평균 2개만큼 증가했지요. 그런데 같은 기간 동안 좋은 삶을 구성하는 목록에서 그들이 가지고 싶어 하는 것들의 수도 2개만큼 증가합니다(예를 들면 수영장과 별장). 그들이 갖고 있는 것과 가지고 싶은 것이 같은 수만큼 증가한 것이지요. 이는 (누군가가 가지고 있는 것을 평가할 때 사용하는 기준인) 소득의 준거 기준이 소득과 함께 계속 높아진다는 것을 의미합니다.

그럼 그 결과는 어떻게 될까요?

랠프 월도 에머슨이 설득력 있게 표현했듯 "욕구는 자라나는 거인과 같아서, 그가 입는 외투가 자신을 충분히 덮을 만큼 컸던 적은 한 번도 없습니다".

가지고 싶은 고가 소비재 품목 수와 가지고 있는 고가 소비재 품목 수의 차이인 부족분은 일정한 수준을 유지합니다. 실제로 소득(가지고 있는 것)과 소득의 준거 기준(가지고 싶어 하는 것)은 같은 정도로 증가하지요. 가지고 싶지만 가지고 있지 않은 품목의 수는 일정한 수준을 유지합니다. 즉 소득은 증가하지만 행복 수준이 증가하지는 않습니다. 소득의 준거 기준도 함께 증가하기 때문입니다.

표2. 로퍼 설문 조사에 나오는 좋은 삶에 관한 문항

사람들은 살면서 무엇이 가지고 싶은지에 대해 자주 이야기를 나눕니다. 여기에 그 목록이 있습니다.

---

1. 좋은 삶에 대해 떠올려봅시다. 아래 목록 중 당신이 개인적으로 생각하는 좋은 삶의 한 부분에 속하는 것은 무엇일까요?

고가 소비재	자기 명의의 집
	잔디가 깔린 마당
	자동차
	세컨드 자동차
	별장
	수영장
	해외여행
	컬러 텔레비전
	세컨드 컬러 텔레비전
	명품 의류
가정	행복한 결혼 생활
	자녀 없음
	자녀 1명/자녀 2명
	자녀 3명
	자녀 4명 이상
	자녀 대학 교육 지원
건강	건강한 삶
직업	즐거운 직장 생활
	평균을 훨씬 넘는 수입이 보장되는 직장
	사회 복지에 기여하는 직장

2. 이제 목록에서 지금 당신이 가지고 있는 것들을 표시하십시오.

고가 소비재	자기 명의의 집 잔디가 깔린 마당 자동차 세컨드 자동차 별장 수영장 해외여행 컬러 텔레비전 세컨드 컬러 텔레비전 명품 의류	
가정	행복한 결혼 생활 자녀 없음 자녀 1명 자녀 2명 자녀 3명 자녀 4명 이상 자녀 대학 교육 지원	
건강	건강한 삶	
직업	즐거운 직장 생활 평균을 훨씬 넘는 수입이 보장되는 직장 사회 복지에 기여하는 직장	

✦ (다시 살펴보는) 사회적 비교

"교수님, 저는 이해하기 어렵습니다. 저희 세대가 그렇게 물질적인 것에만 치우치지는 않는다고 생각합니다."

테드가 불쑥 끼어듭니다. 그의 말이 옳을 수도 있지요. 하지만 사회적 비교는 생각보다 훨씬 더 흔하게 나타나고, 소득에만 적용되는 것도 아닙니다. 사회적 비교는 일상적으로 나타납니다. 줄리아는 통계학에서 A 학점을 받아서 기뻤지만 (준거 기준인) 학생들 대다수가 같은 학점을 받았다는 사실을 알고 나자 기쁨이 갑자기 반감됩니다. 매트는 100미터 달리기 기록이 (준거 기준인) 자기 연령대 혹은 코호트(cohort, 통계 인자를 공유하는 집단으로 동시대의 출생 집단 등이 여기에 해당한다—옮긴이)에서 평균에 해당한다는 사실을 깨닫고 나자 자부심이 줄어듭니다. 우리는 의식하든 그렇지 않든 다양한 상황에서 자신을 다른 사람들과 비교합니다.

사회적 비교는 세계 어디에서든 나타난다고 생각해도 좋습니다. 저는 행복과 소득의 역설에 관한 논문을 발표한 이후 얼마 지나지 않아 동료이자 지금은 고인이 된 어빙 크래비스Irving Kravis 교수와 점심을 먹은 적이 있습니다. 당시 그는 막 마오쩌둥 시대의 중국을 방문하고 돌아왔었지요. 모든 중국인이 단조로운 푸른색의 제복을 입을 정도로 사회적 차이가 거의 없었던 시절이었습니다. 저는 그에게 그런 상황에서도 국민들의 차림에서 지위가 드러나는 부분이 있는지 물었습니다. 그는 곧바로 답했지요.

"물론입니다. 시계를 보면 됩니다."

"그럴 수가." 고개를 저으며 타일러가 내뱉습니다.

이해가 가는 반응입니다. 마오쩌둥은 엄청난 노력을 기울였지만, 그조차도 사회적 비교가 완전히 사라지게 하지는 못했지요.

앞서 저는 행복에 대한 주관적인 지표와 객관적인 지표를 설명하면서 소득이 증가해도 행복 수준이 증가하지 않는 이유에는 심리적 원인이 상당히 작용할 수 있다는 점을 지적했습니다. 이제 우리는 그 원인이 사회적 비교에 있다는 사실을 알고 있지요. 다른 사람들의 소득이 증가하면 모든 이들이 생각하는 소득의 준거 기준도 높아지고, 따라서 자신의 소득 증가가 행복에 미치는 정의 효과도 약화됩니다.

사회적 비교는 행복과 소득이 장기적인 추세에서 아무런 관계가 없으며 횡단면 분석에서는 정의 관계가 있다는 것을 설명합니다. 특정 시점에서 소득이 높은 사람들은 소득이 평균인 사람들보다 더 행복합니다. 그 이유는 그들의 비교 대상이 되는 사람들 대부분이 그들보다 덜 부유하기 때문입니다. 달리 말하자면 더욱 부유한 사람들의 소득은 그들이 생각하는 소득의 준거 기준보다 더 높습니다. 거꾸로 말하면 소득이 낮은 사람들은 덜 행복한데, 자신과 비교되는 사람들 대부분이 그들보다 더 부유하기 때문입니다. 덜 부유한 사람의 소득은 그들이 생각하는 소득의 준거 기준보다 더 낮습니다. 높은 수준의 행복은 높은 소득과 함께 가고, 낮은 수준의 행복은 낮은 소득과 함께 갑니다. 이처럼 특정 시점에서 행복과 소득은 정의 관계입니다. 횡단면 분석에서 나오는 이러한 정의 관계, 즉 부유한 사람이 가난한 사람보다 더 행복하다는 결과는 매년 데이터에서 확인할 수 있지요. 이런 결과는 특정 시점에서 부유한 사람, 가난한 사람 그리고 그 사이에 속하는 모든 사람을 대상으로 같은 유형의 비교를 계속하기 때문입니다. 그렇다면 시계열 분석에서는 어떨까요? 행복과 소득 사이에 장기적으로 아무런 관계가 나타나지 않는 현상이 계속 관찰됩니다. 고소득자와 저소득자 모두 첫 번째 해에서 그다음 해까지 소득이 증가하면 그에 상응하여 체감하는 소득의 준거 기준도 높아집니다. 따라서 소득의 증가가 행복에 미치는 정의 효과는 줄어드는 것이지요.

사회적 비교는 횡단면 분석과 시계열 분석의 결과가 그랬던 것처럼, 행복과 소득의 역설을 이해하고 설명할 수 있는 실마리를 줍니다. 이것으로 모든 현상을 설명할 수는 없지만 중요한 부분인 것은 맞습니다. 또한 사회적 비교는 행복과 소득의 역설이 발생하는 원인을 알려주기도 합니다. 횡단면 데이터에서 나타나는 정의 관계가 왜 시계열 데이터에서는 나타나지 않는지 보여주기 때문이지요.

✦ **모두가 행복해지는 윈-윈 처방**

"그럼 행복 수준을 높이고 싶다면 소득을 증가시키는 게 확실한 방법일까요?"

여전히 궁금한 것이 많다는 표정으로 질이 손을 듭니다.

그렇지는 않습니다. 목표가 행복 수준을 높이는 데에 있다면, 모든 사람 혹은 거의 모든 사람에게 효과가 있는 처방이 필요하겠지요. 소득을 증가시키는 것이 행복 수준을 높일 수 있는 확실한 방법은 아닙니다. 모든 사람의 소득이 증가하면 평균적으로는 아무도 더 행복해지지 않기 때문입니다. 다른 사람들의 소득이 증가하면서 소득의 준거 기준이 높아지면 자신의 소득 증가로 발생하는 정의 효과가 약화되고, 평균적으로 볼 때 결국 누구도 더 행복해졌다고 볼 수 없게 되지요.

소득 증가가 행복에 아무런 영향을 미치지 않는 현상은 합성의 오류fallacy of composition를 보여줍니다. 개인에게 참이어도 전체적으로는 반드시 참이라고 할 수 없다는 겁니다. 레스토랑에서 나 혼자서만 목소리를 높이면 내가 하는 말이 더 잘 들리겠지요. 하지만 모두가 자기 목소리를 높이면 어떻게 될까요? 모두들 머리만 아플 뿐 누구의 말도 잘 들리지 않을 겁니다. 관람석에서 축구 경기를 보다가 나 혼자만 일어나면 운동장 전체를 잘 조망할 수 있습니다. 그러나 모두가 일어나면 앉아 있을 때보다 운동장이 더 잘 보이지 않을 것이고, 서로 말다툼을 해서 경기에 집중하지 못하게 되는 위험도 따르겠지요.

행복을 증진하기 위한 처방으로 소득을 증가시키는 방법은 합성의 오류에 잘 부합합니다. 나 혼자만 소득이 증가하면 나는 더욱 행복해질 겁니다. 이와는 대조적으로 모든 사람의 소득이 증가하면 평균적으로 볼 때 아무도 더 행복해지지 않습니다. 행복을 증진하기 위한 처방으로서 소득 증가는 제로섬 게임에 해당합니다. 소득이 평균 이상으로 증가한 사람 때문에 증가한 행복 수준은 소득이 평균 이하로 증가한 사람 때문에 감소한 행복 수준으로 상쇄됩니다.

"잠깐만요, 교수님! 저는 이것이 우울한 과학과 작별하기 위한 계기가 될 수도 있다고 생각합니다. 이게 그 반대 사례가 될 수도 있어요."

릴리가 반대 의견을 제시합니다.

그렇습니다. 우리에게 필요한 건 윈-윈 제안이지요. 이것은 행복을 증진하기 위한 수단으로 (각각의 개인들이 따른다면) 모두에게 이로우면서 모든 사람을 더욱 행복하게 만듭니다.

그러나 행복에는 소득 말고도 건강이나 가정생활 같은 중요한 원천이 있다는 사실을 명심해야 합니다. 그렇다면 이러한 요소들은 어떻게 행복에 영향을 미칠까요? 건강과 가정 문제에 대한 윈-윈 방안이 있을까요?

릴리, 포기하기엔 아직 이릅니다.

앞으로 살펴보겠지만, 결론부터 말하자면 가능한 일이니까요.

3강

행복의 절대 조건 1
건강

✦ 건강과 행복의 관계

"정말이지 오늘은 더 나쁜 소식을 듣지 않았으면 좋겠네요."

교실 분위기가 차분해지면서 중얼거리는 테드의 목소리가 들리는군요. 글쎄, 어디 한번 살펴볼까요?

사람들이 행복을 위해 무엇이 중요한지 이야기할 때 건강은 주요 관심사에 해당합니다. 예를 들어 모든 실현 가능한 최선과 최악의 삶에 관한 캔트릴의 설문 조사에는 이런 응답이 있었지요.

"저는 앞으로 병에 걸리지 않았으면 좋겠습니다. 제가 지금 기침을 하고 있거든요."

2장에서 살펴봤던 좋은 삶에 대한 설문 조사에서도 남녀노소를 불문하고 거의 모든 응답자들이 좋은 삶의 한 부분으로, 즉 완전한 행복의 주요 요소로 건강을 꼽았습니다.

그러면 건강이 좋고 나빠지는 것에 따라 행복의 수준이 달라질까요?

심리학자들에 따르면 사람들은 건강의 변화에 금방 그리고 완전하게 적응합니다. 이것은 심리학자들이 '적응'이라고 부르는 일종의 발달입니다. 이러한 견해에 따르면 사람들은 신체 상태의 변화에 금방 익숙해집니다. 그러니 행복은 아무런 영향을 받지 않겠지요.

"믿을 수 없어요." 테드가 끼어듭니다.

물론 그럴 수 있습니다. 하지만 저는 한 명의 학자로서 개인적인 믿음은 제쳐두고 (행복과 소득의 관계를 살펴봤을 때와 마찬가지로) 이에 관한 증거가 무엇을 의미하는지 알아보기로 했습니다.

먼저 횡단면 분석을 살펴볼까요?

필립 브릭먼Philip Brickman과 그의 동료 연구자들이 쓴 논문은 비록 40년이 지났지만, 여전히 (좋든 나쁘든) 개인의 건강이 행복에 거의 영향을 미치지 않는다는 심리학자들의 주장을 뒷받침하는 주요 근거로 쓰이고 있습니다. 이러한 결론은 사람들이 (아주 심각한 문제라고 하더라도) 건강 문제에 금방 그리고 완전하게 적응한다는, 이 논문이 제시하는 증거에서 나온 것입니다. 이 증거는 사고를 당한 사람들이 사고를 당하지 않은 사람들보다 덜 행복한 건 아니라는 조사 결과에 기초를 두고 있지요. 이 논문에 등장하는 사고를 당한 사람들이 하반신 마비 혹은 사지 마비 환자라는 사실을 고려하면 상당히 놀라운 결과입니다. 사고를 당한 지 1년이 되지 않은 사람들을 대상으로 조사한 바에 따르면 그들은 사고를 당하지 않은 사람들과 비슷한 정도로 행복한 삶을 살고 있었습니다.

이 논문은 심리학자들에게 널리 인정받고 있지만 실제로는 많은 문제가 있습니다. 우선 표본 수가 통계적인 일반화를 뒷받침하기에는 너무 적다는 것이지요. 사고를 당한 사람들이 29명이고, 대조군에 해당하는 사람들(실제로 사고를 당한 것은 아니지만 사고를 당한 사람과 함께 응답한 사람들)이 22명이었습니다. 경험으로는 신뢰할 만한 결론을 도출하려면 표본이 100개는 필요합니다.

그러나 이 문제는 논문을 주의 깊게 읽으면 확인할 수 있는 오류에 비하면 아무것도 아닙니다. 앞에 나오는 결론은 심리학 문헌에 자주 언급되는데, 실제로 잘못된 것입니다. 브릭먼과 그의 동료 연구자들은 (하반신 마비 혹은 사지 마비) 사고를 당한 사람들이 대조군에 해당하는 사람들과 비교했을 때 현저히 덜 행복하다고 분명하게 주장했습니다. 흔한 오해는 사고를 당한 사람들이 '예상했던 만큼' 불행하지는 않다는 저자들의 그다음 주장에서 비롯됩니다. 여기서 누가 무엇을 예상했다는 걸까요? 무엇이 '예상했던 만큼'인지 알 수 있는 방법은 없습니다. 이것은 상상의 문제이고, 좀 더 정확하게 말하자면 이와 관련된 상상은 셀 수 없을 정도로 많습니다. 실제로 이 연구는 심각한 사고가 행복에 나쁜 영향을 미친다는 사실을 분명하게 보여줍니다. 그러니까 이 논문이 제시하는 증거에 따르면 행복과 건강은 같은 방향으로 움직입니다. 이 두 가지는 정의 관계를 갖고 있지요.

행복과 건강에 관한 훨씬 더 유익하고도 광범위한 횡단면 증거가 있습니다. 토머스 메너트Thomas Mehnert와 그의 동료 연구자들은 1990년 상당히 전문적인 저널 《재활 심리학Rehabilitation Psychology》에 발표한 비교적 덜 알려진 논문에서 건강 문제를 겪는 응답자 675명과 전국을 대표할 만한 표본으로 건강 문제가 없는 1000명 이상의 응답자를 대상으로 삶의 만족도를 비교했습니다. 건강 문제에는 신체장애, 심장병, 호흡기 질환, 암, 감각기 질환, 정신 질환이 포함되었습니다. 표본이 많을 뿐 아니라 각종 질환을 앓는 사람들을 망라했기에 하반신 마비와 사지 마비 환자만을 대상으로 한 브릭먼의 연구와 비교하면 일반화를 위한 더욱 가치 있는 연구라고 할 수 있지요. 또한 이 논문에는 응답자들의 건강 문제가 얼마나 심각한지, 한 가지 이상의 심각한 장애 혹은 질병을 앓고 있는지, 옷을 입고 몸을 치장하는 것과 같은 일상생활을 수행하는 데 어느 정도로 제한을 받고 있는지에 관한 정보도 들어 있었습니다.

결론은 어땠을까요? 건강 문제가 있는 사람들은 아무런 문제가 없는 사람과 비교했을 때 자신의 삶에 훨씬 덜 만족하는 것으로 나타났습니다. 이것은 브릭먼과 그의 동료 연구자들이 실제로 확인한 결과와 일치합니다. 또한 건강 문제가 있는 사람들과 그렇지 않은 사람들 사이에서 발생하는 삶의 만족도 차이는 건강 문제가 가장 심각할 때 가장 커지는 것으로 나타났습니다. 예를 들어 신체장애가 없는 사람 중 90퍼센트는 자신의 삶에 어느 정도 혹은 완전히 만족한다고 대답했습니다. 이에 반해 신체적으로 심각한 장애가 있는 사람들(브릭먼의 조사에 나오는 하반신 마비와 사지 마비와 같은 장애가 있는 사람들도 포함된 것으로 추정됩니다) 중에는 49퍼센트만이 같은 대답을 했지요. 건강 문제를 두 가지 이상 겪는 사람들 혹은 일상생활을 수행하는 데 심각한 제한을 받는 사람들의 경우에는 당연히 이러한 차이가 더욱 컸습니다.

결론적으로 이 증거는 건강 문제가 행복 수준을 낮추고, 이러한 문제가 더욱 악화될수록 행복 수준도 더욱 낮아진다는 사실을 뒷받침합니다.

우리는 브릭먼과 메너트의 논문 모두 횡단면 연구에 기초했다는 점에 주목해야 합니다. 행복과 소득의 역설은 횡단면 연구에서 확인한 사실이 시간이 지나면서 실제로 어떤 일이 일어나는지에 대해서는 반드시 훌륭한 지침이 되는 것은 아니라는 점을 분명히 보여줍니다. 그러나 건강과 행복의 경우에는 시계열 연구 결과가 횡단면 연구에서 확인한 관계와 일치하는 것으로 나타납니다.

몇 년 전 코호트에 속한 사람들이 나이가 들어가면서 신체 건강에 어떤 일이 생기는지 추적하고 그들이 자신의 건강에 얼마나 만족하는지 확인하기 위해 미국 데이터를 수집한 적이 있습니다. 예상했던 대로 사람들은 나이가 들면서 신체 건강이 나빠졌는데, 그것도 상당히 지속적으로 나빠졌습니다. 그러면 건강에 대한 만족도는 어땠을까요? 사람들이 악화된 건강에 금방 그리고 완전하게 적응한다면, 그들이 자신의 건강을 평가하는 응답에는 아무런 변화가 없어야 합니다. 그러나 실제로 건강이 나빠지면 건강에 대한 만족도도 떨어졌습니다. 간단히 말하자면 사람들은 나이가 들어가면서 건강이 나빠지고, 건강에 대한 만족도도 떨어집니다. 그리고 다른 조건들이 변하지 않는다면 건강에 대한 만족도가 떨어지면서 행복 수준도 떨어집니다. 따라서 시계열 분석과 횡단면 분석의 결과는 일치합니다. 건강과 행복은 정의 관계를 갖지요. 그리고 이 두 가지는 같은 방향으로 함께 움직입니다.

✦ 건강의 준거 기준

"그렇지만 사회적 비교에 대해서는 어떻게 설명할 수 있죠? 여기서도 사회적 비교가 작용하나요? 제 할머니께서는 '몸이 예전 같지가 않아. 하지만 나이가 들면 원래 그런 거야. 나 같은 늙은이들은 어쩔 수 없어'라고 생각하실 수도 있어요. 그렇게 생각하신다면 건강에 대한 할머니의 만족도는 실제로 건강이 나빠지더라도 달라지지 않을 것 같습니다."

릴리가 좋은 지적을 해주었군요. 릴리 할머니의 사례는 (건강을 평가하는 기준인) 건강의 준거 기준으로 개인의 실제 건강을 순순히 받아들이는 경우입니다. 릴리의 할머니가 자신의 건강을 평가하는 기준은 같은 연령대에 속한 다른 사람들의 건강에 있다고 가정할 수도 있겠지요. 할머니의 건강이 나빠질 때 또래의 다른 사람들도 마찬가지로 건강이 나빠지기 때문에 할머니가 생각하는 건강의 준거 기준도 똑같이 낮아진다면, 할머니의 건강 혹은 행복에 대한 만족도에는 아무런 변화가 없을 것입니다.

그러나 건강에 대한 우리의 준거 기준은 실제로 어디에 있을까요? 소득의 준거 기준과 마찬가지로 다른 사람들의 건강에 있을까요?

할머니가 이렇게 생각한다면 어떨까요?

"이제 나는 젊었을 때 하던 일 중 많은 걸 할 수 없게 되었어. 예전처럼 빨리 걸을 수도 없고, 멀리까지 걸어갈 수도 없고, 노래를 잘

할 수도 없어. 테니스를 칠 수도 없지. 손주들이 아주 귀여운데, 이제 나는 자녀들과 놀던 때처럼 바닥에 앉아서 손주들과 함께 놀 수도 없어. 나는 하루 중 특정한 시간대에만 운전할 수 있고, 시력이 예전 같지 않아서 책을 제대로 읽을 수도 없어."

이런 경우 할머니의 준거 기준은 과거의 경험에 있지, 같은 연령대 다른 사람들의 건강에 있지 않습니다. 할머니가 젊었을 때는 지금보다 훨씬 더 건강했고, 더 많은 일들을 할 수 있었겠지요. 할머니의 준거 기준이 과거의 경험에 있고 나이가 들면서 건강이 점점 더 나빠진다면, 준거 기준에 대비하여 건강이 못 미치는 정도가 커집니다. 따라서 할머니는 자신의 건강에 점점 덜 만족하게 되고, 행복 수준도 낮아지겠지요.

그렇다면 할머니는 자신의 건강을 평가할 때 같은 연령대 다른 사람들의 건강과 비교할까요? 아니면 과거의 경험에 준거 기준을 둘까요? 예전에 제시된 증거는 나이가 들어감에 따라 실제 건강이 나빠지면서 건강에 대한 만족도가 떨어지는 추세를 보이는데, 이는 건강의 준거 기준이 다른 사람들과의 비교가 아니라 주로 과거의 경험에 기초한다는 것을 보여줍니다. 개인 간의 비교가 할머니가 생각하는 건강의 준거 기준을 결정한다면 할머니의 건강 만족도는 나이가 들어간다고 떨어지지는 않을 겁니다. 할머니와 같은 연령대의 사람들도 건강이 나빠지는 것을 경험하기 때문이지요.

대체로 두 가지 유형의 비교가 준거 기준에 영향을 줍니다. 하나는 다른 사람들과의 비교이고, 다른 하나는 자신이 과거에 겪은 경험과의 비교입니다. 개인 간의 그리고 개인 내의 비교가 두 가지 유형의 준거 기준에 영향을 미친다는 말이지요. 2장에서 살펴봤듯 개인 간의 비교는 사회적 비교, 즉 다른 사람들과의 비교를 의미합니다. 반면 개인 내의 비교는 자신이 겪은 최선의 경험과 비교하여 평가하는 것을 의미합니다. 예를 들어 제가 예전에 72타를 쳤던 최상급 골퍼와 골프 경기를 한다고 해봅시다. 지금 그는 나이가 들어서 80~90타를 치는데 여기에 만족하지 못합니다. 왜냐하면 그의 준거 기준은 예전에 자신이 기록한 최고 기록이기 때문이지요. 그런데 그가 준거 기준을 함께 골프 치는 저의 경기 수준에 둔다면(개인 간의 비교를 한다면) 어떨까요? 행복에 겨워할 테지요. 하지만 안타깝게도 그는 제가 100타 이상을 치든 말든 관심이 없을 겁니다. 그의 판단 기준은 자신의 최고 기록(개인 내의 비교)에 있을 테니까요.

행복과 소득에 관한 분석은 다릅니다. 개인의 준거 기준에 개인 간의 비교 혹은 사회적 비교가 더 큰 영향을 미칩니다. 사람들의 물질적 생활 수준은 그들의 소득이 얼마나 되는지 보여주고 다른 사람들이 이것을 쉽게 알아챌 수 있습니다. 우리는 다른 사람들이 어떤 옷을 입고 어떤 차를 몇 대나 보유하고 있는지, 어떤 집에 살고 집에 어떤 가구가 있고 심지어는 어디서 휴가를 보내는지 보면서 그들의 생활 조건을 면밀하게 관찰할 수 있지요.

그러나 소득과 건강은 다른 사람들이 인식할 수 있는 정도가 완전히 다릅니다. 우리가 다른 사람들의 건강에 대해 실제로 얼마나 많은 정보를 얻을 수 있을까요? 물론 주변의 누군가가 자신의 건강 문제에 대해 가끔 이야기할 수 있고, 어쩌면 당신이 그 사람의 기침 소리를 듣거나 힘겹게 걷는 모습을 볼 수도 있겠지요. 하지만 우리가 의례적인 인사를 건네면 사람들 대부분은 습관적으로 "잘 지내요"라고 대답합니다. 심장 질환, 호흡기 질환, 악성 종양을 눈으로 확인할 수 있는 것도 아니고, 환자가 이를 널리 알리지도 않습니다. 질환은 겉으로 드러나지 않는 것이 대부분이고 의학 교육을 받은 사람보다 그렇지 않은 사람이 훨씬 많기 때문에 우리가 다른 사람들을 관찰한다고 해서 그들의 건강 상태에 대해 많은 걸 알 수는 없는 노릇입니다. 최근에 뇌종양으로 세상을 떠난 동료 교수가 있는데 그가 세상을 떠나기 거의 직전까지 교실에서 강의를 계속했기에, 안타깝게도 저는 그가 환자라는 사실을 전혀 알지 못했습니다. 질환은 본질적으로 사적인 것입니다. 인터넷 프라이버시에서 가장 우려하는 문제 중 하나가 바로 진료 기록이 유출되는 것이기도 하지요. 그러니 건강에 대한 정보가 얼마나 비밀스러운 것인지는 다들 이해할 겁니다.

따라서 소득과 건강의 준거 기준을 결정할 때 개인 간 그리고 개인 내 비교 모두 작용하지만 영역에 따라 상대적 중요성이 달라집니다. 개인 간의 비교는 소득 증가를 평가하는 준거 기준에서 중요하게 작용하고, 개인 내의 비교는 건강을 평가하는 준거 기준에서 중요하게 작용합니다. 이러한 차이는 다른 사람들의 건강에 대한 정보를 얻기는 어려운 데 반해 소득에 관한 정보는 상대적으로 얻기 쉽기 때문에 발생합니다. 저는 동료 교수들의 소득에 대해서는 잘 알고 있어요. 그러나 그들의 실제 건강 상태에 대해서는 아는 바가 별로 없습니다.

소득 증가가 행복에 미치는 영향의 경우, 우리는 개인 간의 비교를 할 수 있기 때문에 자신의 실제 소득이 증가하면서 소득의 준거 기준(다른 사람들의 소득)도 높아지고, 이에 따라 행복 수준이 변하지 않습니다. 이와는 대조적으로 건강이 그랬듯, 준거 기준을 결정할 때 개인 내의 비교가 주로 작동하는 경우에는 건강 상태에 따라 행복 수준이 달라집니다. 건강의 준거 기준은 과거의 경험에 바탕을 두고 있고 소득의 준거 기준보다 훨씬 덜 변합니다. 할머니는 주로 예전에 자신이 할 수 있었던 많은 일들을 기준으로 지금 자신이 할 수 있는 일들을 평가합니다. 이러한 준거 기준은 대체로 변하지 않지요. 준거 기준이 변하지 않으면 행복은 현재 상황에 따라 달라집니다. 이는 건강의 경우 건강이 좋아지면 행복 수준이 높아지고, 건강이 나빠지면 행복 수준이 낮아진다는 것을 뜻하지요.

✦　건강해지면 더 행복해진다

건강의 경우 개인의 실제 건강 상태가 변화함에 따라 횡단면 데이터와 시계열 데이터에서 행복 수준이 높아지거나 낮아집니다. 현재의 건강 상태가 건강이 행복에 미치는 영향을 결정하지요.

"나이 드는 건 우리가 어떻게 할 수 없는 문제 아닌가요?"

테드가 실망스러운 표정으로 묻습니다.

그렇습니다. 그러나 한 가지 진실은, 나이가 드는 데는 시간이 걸린다는 것이지요. 따라서 이 문제는 이렇게 바라보아야 합니다. 건강과 행복의 정의 관계는 말하자면 다이어트나 운동으로 건강이 좋아지면 더 많이 행복해지고, 건강을 소홀히 여기면 덜 행복해진다는 겁니다. 건강과 행복이 같은 방향으로 움직이는 것은 건강을 평가하는 우리의 준거 기준이 주로 과거의 경험(건강이 가장 좋았던 시절)에 달려 있고, 우리가 살아가는 동안 거의 변하지 않기 때문입니다. 이와는 대조적으로 소득을 평가하는 우리의 준거 기준은 주로 다른 사람들의 현재 상황에 달려 있고, 이러한 기준은 경제가 성장하면서 우리의 소득이 증가함에 따라 높아집니다.

이렇게 오늘은 좋은 소식으로 마무리할 수 있게 되었군요. 소득을 높이는 것과 다르게 건강을 증진하는 것은 윈-윈 상황입니다. 모두가 자신의 소득을 높이려고 한다면 준거 기준도 함께 높아지기에 어느 누구도 예전보다 더 행복해지지 않을 겁니다. 이에 반해 모두가 운동을 해서 건강을 증진하고 과거의 개인적 경험에 바탕을 둔 준거 기준은 변하지 않는다면 모두가 예전보다 더 행복해지겠지요.

그러니 계속 웃을 수 있는 방법은 어렵지 않습니다. 산책을 시작하고, 패스트푸드를 피하고, 정기적으로 의사를 찾아가면 됩니다. 예전보다 더 건강해지고 행복해질 겁니다.

테드가 교실 문으로 향하며 큰소리로 외칩니다.

"좋았어요, 교수님. 지금 당장 체육관으로 달려가겠습니다!"

행복의 절대 조건 2

배우자와 자녀

✦ 파트너와 행복의 관계

오늘따라 학생들이 제 이야기에 더 귀를 기울이는 것 같군요. 아무래도 관심이 가는 내용일 테니까요. 이번 주제는 바로 이겁니다. 배우자가 있으면 더 행복해질까요?

조지 버나드 쇼의 말에 따르면 그렇지 않은 것 같기도 합니다.

"인생에는 두 가지 종류의 비극이 있다. 하나는 원하는 것을 얻지 못할 때고, 다른 하나는 원하는 것을 얻었을 때다."

재치 있는 쇼의 이 말은 지난 장에서 살펴보았던 심리학자들의 관점을 보여줍니다. 사람들은 삶의 환경이 변화하는 것에 금방 그리고 완전하게 적응하기 때문에 행복 수준이 달라지지 않는다는 주장이었지요. 이러한 관점에 따르면 천생연분을 찾는다 해도 금방 과거의 일이 됩니다.

쇼와 심리학자들의 말이 과연 옳은 걸까요? 평생의 동반자를 찾으면 더 행복해질까요? 아니면 사람들이 배우자와 함께 사는 데 금방 적응하여 예전보다 더 행복해지는 건 아닐까요? 자녀를 가지면 아이들이 행복을 더해줄까요?

자, 다시 증거를 살펴봅시다. 이번에는 가정생활과 행복에 관한 증거입니다. 이 데이터는 무엇을 말하고 있을까요?

대부분의 횡단면 연구에 따르면 결혼한 사람들은 혼자서 사는 사람들보다 훨씬 더 행복합니다. 따라서 연구자들은 대체로 결혼이 행복을 증진한다는 결론을 내렸지요. 그런데 행복이 증진되는 이유는 구체적으로 결혼을 했기 때문일까요, 아니면 결혼과는 별개로 평생의 동반자를 찾았기 때문일까요?

실제로 결혼은 하지 않고 동거만 하는 사람들까지 포함한 횡단면 연구들을 살펴보면 동거하는 사람과 결혼한 사람이 거의 같은 정도로 행복하다는 결과가 나옵니다. 따라서 이러한 증거는 파트너가 있어서 더욱 행복해지는 것이지 결혼 자체가 행복을 증진하지는 않는다는 것을 보여줍니다. 그러나 이러한 주제를 다루는 연구 대부분이 결혼으로 형성된 파트너 관계를 살펴봅니다. 바로 이런 이유로 여기서는 주로 결혼에 관해 논의하려고 합니다.

결혼한 사람이 결혼하지 않은 사람보다 더 행복하다는 횡단면 연구 결과는 배우자를 찾고 나면 금방 그리고 완전하게 적응한다는 심리학자의 견해를 부정합니다. 그런데도 심리학자들은 이러한 연구 결과에 동의하지 않을 뿐 아니라 다른 해석을 내놓습니다. 그들의 관점에 따르면, 결혼했을 때와 결혼하지 않았을 때 특정 시점에서 행복이 다르다고 배우자를 찾은 것의 효과가 입증되는 건 아닙니다. 이는 주로 '선택 효과(자신의 의도에 맞게 표본을 추출하여 통계적으로 왜곡된 결과를 얻는 효과—옮긴이)'때문에 나타납니다. 이 경우 선택 효과가 성격으로부터 영향을 받습니다(그들의 분석에 따르면 결혼한 사람이 결혼하지 않은 사람보다 외향적이고 신경질을 덜 내는 편이지요).

젊은 사람들을 대표하는 표본, 예를 들어 18~25세 사이에 있는 사람들을 생각해봅시다. 젊은 사람들 사이에서 성격의 차이는 상당히 많이 나타나는데, 심리학자들은 이를 외향성, 신경성, 친화성, 개방성, 성실성이라는 5대 성격 특성으로 정리했습니다. 이러한 성격 특성이 행복에 영향을 미치는 한, 연구 결과는 외향적이고 신경질을 덜 내는 사람이 그렇지 않은 사람보다 훨씬 더 행복한 것으로 나타납니다. 또한 외향적이고 신경질을 내지 않는 사람들은 파트너에게 매력적으로 보이고 결혼으로 이어지기 더 쉽지요. 따라서 심리학자들은 결혼한 사람들이 결혼하지 않은 사람들보다 더 행복하다는 횡단면 분석 결과가 성격의 영향을 받았다고 해석합니다. 외향적이고 신경질을 덜 내는 사람들이 더 행복하고 결혼할 가능성도 더 높다는 것입니다. 그들의 논리에 따르면 결혼한 사람들은 결혼하기 전에도 다른 사람들보다 더 행복합니다. 선택 효과가 성격으로부터 영향을 받기 때문입니다. 결혼 그 자체가 행복을 증진하지는 않는 것이지요.

테드가 말합니다. "좋아요, 저는 헬스클럽에서 시간을 보내는 편이 더 낫겠어요."

뿐만 아니라 2003년 《성격 및 사회심리학 저널Journal of Personality and Social Psychology》에 실린 어느 수상 논문의 공동 저자들은 파트너가 행복에 아무런 영향을 미치지 않는다는 결론을 뒷받침하는 시계열 분석 결과를 제시했습니다. 이 연구에서는 저자들이 젊은 독일인들을 대상으로 결혼하기 2년 전 혹은 그 이상의 기간(기준 기간)부터 결혼하고 2년 후 혹은 그 이상의 기간까지 느끼는 행복을 추적합니다. 패널 연구라고 불리는 이 연구가 지닌 매력적인 특징은 같은 사람과 매년 면담을 한다는 것이지요. 이를 통해 결혼 이후로 조사 대상자들의 행복 수준이 기준 기간, 즉 결혼하기 2년 전 혹은 그 이상의 기간과 비교했을 때 더 높아졌는지 살펴볼 수 있습니다.

저자들은 (결혼에 대한 기대감이 생기는) 결혼 이전 1년 사이에 응답자의 행복 수준이 기준 기간의 수준과 비교하여 크게 높아지고, 결혼 이후 1년 사이에도 또다시 통계적으로 유의미하게 크게 높아지는 것을 확인했습니다. 그럼에도 이 연구에서 확인한 중요한 사실은 결혼하고 2년이 지나면 행복 수준이 결혼 이전인 기준 기간의 수준으로 되돌아온다는 것이었지요. 저자들은 사람들은 평균적으로 결혼에 금방 그리고 완전하게 적응한다는 결론을 분명하게 내렸습니다.

배우자를 찾은 것은 행복에 지속적인 영향을 미치지 못합니다.

"흠, 그렇군요."

심드렁해진 테드 말고도 이 연구 결과를 수긍하지 않는 학생은 많았습니다. 좋은 삶에 관한 설문 조사를 자세히 살펴보면 학생들이 생각하는 좋은 삶의 구성 목록에 행복한 결혼이 맨 위를 차지한다는 사실은 전혀 놀랍지 않습니다. 하지만 학생들에게 한 가지 다행스러운 사실은 당시 제가 지도하는 대학원생이었던 앙케 치머만 플라뇰Anke Zimmermann Plagnol의 연구 덕분에 심리학자들의 분석에 반론을 제기할 수 있게 되었다는 것입니다. 앙케는 변수들을 통제하는 데 더욱 세심한 주의를 기울이며 심리학자들의 분석을 다시 시도해본 결과 사람들이 결혼에 어느 정도 적응하지만 완전한 적응에는 크게 못 미친다는 사실을 알아냈습니다. 자, 여기서 앙케가 확인한 사실은 구체적으로 무엇일까요? 이는 결혼하고 2년 혹은 그 이상의 기간이 지나면 결혼한 사람들의 행복 수준이 결혼하기 전 기준 기간에 비교하여 크게 높아진다는 사실입니다.

그림2를 함께 살펴봅시다. 이 그래프는 결혼 이전과 이후의 행복 추세에서 앙케가 확인한 결과(실제 행복 수준)와 심리학자들이 확인한 결과(심리학자들이 확인한 행복 수준)를 비교해 보여줍니다. 앙케가 확인한 행복 수준에서는 맨 끝에 나오는 값이 초기값(혹은 기준 기간의 값)보다 더 높습니다. 이에 반해 심리학자들의 값은 기준 기간 수준으로 되돌아오는 걸 확인할 수 있지요. 결혼이 행복에 매우 긍정적인 영향을 미친다는 사실을 확인한 앙케의 연구 결과는 결혼과 행복의 정의 관계를 보여주는 횡단면 연구 결과와 일치합니다. 이에 반해 심리학자들의 연구 결과는 결혼이 행복에 지속적인 영향을 미치지 않는 것으로 나타나지요.

그림2. 결혼 이전과 이후의 행복 수준

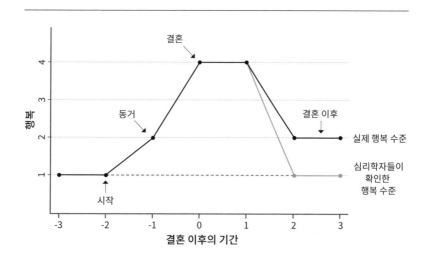

행복 수준은 결혼 전년도에 오르고 결혼하는 해에 다시 증가합니다. 결혼 이후로 1년이 지나면 행복 수준이 감소하다가 기준 기간보다 높은 수준에서 계속 머물지요(굵은 선). 반면 심리학자들은 기준 기간의 수준으로 되돌아온다고 주장합니다(가는 선).

앙케는 한 가지 사실을 더 발견했습니다. 결혼 전년도에 행복 수준이 증가하는 이유는 심리학자들의 주장대로 결혼에 대한 기대감 때문이 아니라 미래의 배우자와 함께 동거를 시작했기 때문이라는 것입니다. 또한 결혼 이후로 2년 혹은 그 이상의 기간이 지나면 행복 수준은 기준 기간에 비해서는 높지만, 동거가 시작되는 결혼 전년도의 수준과는 차이가 없다는 것을 확인했습니다(그림2를 보라). 그럼 앙케의 결론은 무엇일까요? 결혼을 하든 하지 않든, 파트너가 생기면 더 행복해진다는 것입니다. 결혼 그 자체가 부가적인 효과를 내지는 않지요. 이러한 결론은 제가 이번 논의를 시작하면서 주목했던 횡단면 연구의 결과와 같습니다.

건강과 마찬가지로, 결혼의 경우에도 횡단면 연구와 시계열 연구의 결과는 일치합니다.

예상했겠지만 제 강의를 듣는 학생들은 제가 추천하는 온갖 문헌과 자료 중에서 앙케의 논문을 가장 좋아합니다.

배우자가 있으면 행복 수준이 높아진다는 말은 맞습니다. 결국 우리는 사회적 동물이지요. 배우자가 있으면 정서적으로 안정되고, 성적으로 친밀감을 느끼고, 동반자 관계를 형성할 수 있습니다. 독신자들이 일반적으로 갖는 불만은 외로움입니다. 물론 예외는 있겠지요. 그러나 그들이 말하듯 예외는 법칙이 있다는 증거입니다.

"이제야 맘에 드네요! 운동이 끝나면 시원한 음료도 한잔 마시러 가야겠어요."

다른 학생들도 테드를 따라갈 것 같군요.

✦ 이혼하면 더 행복해지는가?

이혼하는 부부들이 많다는 소식은 이제 그다지 새롭지 않습니다. 미국의 경우 처음 결혼한 부부의 40~50퍼센트가 이혼하지요. 이혼하면 더 행복해질까요? 배우자가 세상을 떠나는 경우는 어떨까요? 배우자와의 사별은 살아남은 사람의 행복에 어떤 영향을 미칠까요? 혹은 이혼하고 새로운 파트너가 생기면 어떻게 될까요? 두 번째 결혼에서는 행복해질 수 있을까요?

앞서 살펴본 횡단면 연구에 따르면 혼자 사는 사람들이 배우자와 함께 사는 사람들보다 훨씬 덜 행복합니다. 그런데 혼자 사는 사람들의 행복 수준은 혼자 살게 된 이유에 따라 달라집니다. 결혼 경험이 없는 사람이나 배우자와 사별한 사람의 경우 행복이 기대에 못 미치는 정도가 크지 않습니다. 이혼한 사람의 경우에는 이러한 정도가 훨씬 더 커지지요. 가장 불행한 사람은 별거 중인 사람들입니다. 결혼 상태는 유지하고 있지만 이제 더 이상 함께 살지 않는, 과도기에 있는 사람들이지요. 그럼에도 횡단면 데이터에 따르면 결혼 관계가 깨진 사람들에게 희망이 없는 건 아닙니다. 재혼한 사람들이 첫 번째 결혼을 유지하고 있는 사람들만큼이나 행복하기 때문이지요.

결혼 관계가 깨진 사람들에 대한 시계열 연구는 많지 않습니다. 그러나 이혼과 사별에 대한 단편적인 증거들은 횡단면 연구 결과와 일치합니다. 앙케는 자신의 표본 중에서 이혼한 사람들을 관찰한 결과 이혼 후 행복 수준이 결혼하기 전 기준 기간과 비교하여 크게 감소한 것을 확인했습니다. 따라서 횡단면 연구과 시계열 연구의 결과는 (이혼한 사람들이 별거 중인 사람들보다는 더 행복하더라도) 이혼이 사람들을 더 행복하게 해주지는 않음을 보여줍니다.

심리학자들은 사별한 사람들을 대상으로 한 조사에서 횡단면 데이터와 일치하는 연구 결과를 내놓았습니다. 사별한 사람들의 행복 수준은 기준 기간의 수준과 비교하여 현저히 낮았지요.

우리는 이 결과가 결혼은 행복을 증진하지 않는다고 주장하며 결혼하면 행복해진다는 의견에 의문을 제기한 이전의 연구 결과와 일치하지 않는 데 주목해야 합니다. 결혼이 행복을 증진시키지 않는다면, 배우자를 잃는다고 해서 왜 행복의 수준이 낮아질까요? 이에 반해 앙케는 배우자가 있으면 행복이 증진되고 배우자를 잃으면 행복이 줄어드는 대칭 관계를 확인했습니다. 그리고 횡단면 연구는 이러한 대칭 관계를 뒷받침합니다.

✦ 자녀가 있으면 더 행복해지는가?

　　좋은 삶에 대한 설문 조사에서 사람들 대부분이 자녀를 원하는 것으로 나타납니다. 제 강의를 듣는 학생들도 마찬가지였지요. 그럼에도 자녀가 있으면 부모들이 인생 전반에 걸쳐 실제로 더 행복해지는지는 불확실합니다.

　　이번에는 제가 지도했던 또 다른 대학원생 매기 스위텍Maggie Switek의 연구 결과를 인용해보려고 합니다. 매기는 스웨덴의 인구통계학자 에바 베른하르트Eva Bernhardt가 수집한 상세한 패널 데이터를 활용하여 스웨덴 부모들로 구성된 몇몇 코호트들이 성인이 되고 20년이 지나 40세에 이르기까지 행복 수준이 어떻게 변해가는지 추적했습니다. 매기는 여성들이 출산 전년도에서 출산 2년 후까지는 행복 수준이 증가하지만, 이후로는 행복 수준이 낮아진다는 것을 확인했습니다. 남성의 행복 수준도 여성과 비슷하게 변했지만 변화한 정도는 그다지 크지 않았습니다. 성별에 따라 자녀가 행복에 미치는 영향이 다른 이유는 아마도 가치관의 차이에서 비롯되는 것으로 보입니다. 여성은 출산을 직장보다 더 중요하게 생각하지만 남성의 경우 그 반대이기 때문이지요.

　　학생들이 자녀 때문에 행복이 부정적인 방향으로 돌아선다는 사실에 실망하는 건 놀랍지 않았습니다. 자녀가 행복을 끊임없이 증진하리라는 그들의 믿음에 반하기 때문입니다.

　　"그러면 제가 전업주부가 되어야 더 행복하다는 말씀이에요?"

질이 물었습니다.

그렇지는 않습니다. 지금 우리가 그런 이야기를 하려는 건 아닙니다. 대신에 자녀가 행복에 미치는 상반된 효과 혹은 심지어 부의 효과에 대한 훌륭한 해석을 설명하려고 합니다. 이른바 '미운 네 살'을 뛰어넘는 이야기이지요. 자, 먼저 자녀가 행복에 미치는 효과를 가정생활에 대한 만족도와 가정 재정에 대한 만족도라는 두 가지 요소에 따른 결과로 생각해볼까요? 가정생활에 대한 만족도의 경우 자녀가 있어서 처음에는 행복 수준이 증가합니다. 그러나 가정 재정에 대한 만족도는 자녀 양육비가 발생하면서 감소하지요. 임신 시기와 자녀가 유아기일 때는 가정생활에 대한 만족이 우위를 점하여 행복 수준이 증가합니다. 그러나 얼마 지나지 않아 자녀 양육에 따른 재정적 압박이 가정생활에 좋지 않은 영향을 미치기 시작하지요. 따라서 자녀 나이가 네 살 이상인 부모에게 "요즘 재정 상황이 어때요?"라고 물어보면 예전과 비교하여 부정적인 대답을 훨씬 더 많이 듣게 됩니다. 시간이 지나면 일과 자녀 양육을 병행하기가 어려워지고 약물 복용이나 또래 집단의 따돌림 같은 청소년 문제로 고민하게 되면서 가정생활에 대한 만족도도 감소하는 경향이 있습니다.

✦ 가정생활의 준거 기준

이번에는 제가 릴리보다 한발 앞선 것 같군요! 하지만 곧 앤디가 날카로운 질문을 던집니다.

"가정생활의 준거 기준은 어떤가요? 이 기준이 행복과 가정생활에 영향을 주지는 않는지요? 배우자가 있는 사람과 없는 사람을 대상으로 비교한다면 제 생각에는 개인끼리 비교할 수 있는 여지가 많을 것 같습니다."

이 문제에 대한 대답을 들으면 앤디가 조금 놀랄 것 같군요. 가정생활의 준거 기준은 건강의 준거 기준과 마찬가지로 상당히 고정되어 있고, 개인 간의 비교보다는 개인 내의 비교에 더 많이 좌우되기 때문입니다. 결혼의 경우에는 확실히 그렇지요. 좋은 삶에 대한 설문 조사에 따르면 거의 모든 사람이 연령대를 가리지 않고 행복한 결혼 생활을 원합니다. 결혼에 대한 욕구는 나이에 따라 크게 달라지지 않는다는 말입니다. 가장 놀라운 점은 결혼한 적이 없는 45세 이상의 여성들도 이러한 열망을 표현한다는 것입니다. 비록 그들이 실제로 배우자를 찾을 가능성은 낮지만, 그들 중 대다수가 '행복한 결혼 생활'이 좋은 삶을 구성하는 한 부분에 속한다고 응답했습니다. 이들은 중년이 되도록 독신으로 살아왔기 때문에 이러한 생활에 적응이 되어서 자유롭게 독립적으로 사는 삶을 이상적으로 여기리라고 생각할 수도 있습니다. 그러나 많은 사람들이 여전히 행복한 결혼 생활을 원하고 있고, 이는 변화를 강력하게 원하는 사람들조차도 가정생활(이 경우에는 결혼 생활)의 준거 기준이 꽤 견고하다는 점을 시사합니다. 결혼했음에도 행복해지는 데 실패한 사람들이 좌절을 느낀다는 사실을 알면 그들이 왜 결혼한 사람들과 비교했을 때 상당히 덜 행복한지 이해할 수 있습니다.

또한 건강에서도 그랬듯 사회적 비교는 가정생활의 준거 기준에 크게 영향을 미치지 못합니다. 그 이유 역시 건강과 마찬가지로 다른 사람의 상황을 알기 어렵기 때문이지요. 우리는 동료들의 가정생활에 대해 얼마나 많이 알고 있나요? 부부 사이가 어떤지, 자녀들과는 잘 지내고 있는지 과연 얼마나 알고 있을까요? 이상적인 부부라고 생각했는데 돌연 이혼한다는 소식에 놀란 적은 또 얼마나 많았던지요? 개인적으로 저는 제 자녀들조차 결혼을 하고 이후에 어떻게 될지 전혀 알 수 없습니다. 우리는 친척들과 동료들의 재정 상황에 대해서는 어느 정도 알 수 있지만 가정생활에 대해서는 그만큼 많이 알지 못합니다. 따라서 가정생활을 평가하는 준거 기준은 사회적 비교보다 각 개인의 과거 경험에 훨씬 더 많이 의존합니다.

가정생활의 목표가 기본적으로 변하지 않는다는 사실은 결혼뿐 아니라 자녀 양육에도 적용됩니다. 경제학자들은 부부가 원하는 자녀의 수를 의미하는 자녀의 '양quantity'과 자녀의 건강이나 교육 같은 측면을 의미하는 자녀의 '질quality'을 구분합니다. 좋은 삶에 대한 설문 조사는 부부가 원하는 이러한 양과 질이 부부의 삶 전반에 걸쳐 크게 바뀌지 않는다는 것을 보여줍니다. 한 부부가 원하는 자녀의 수는 다른 사람들이 자녀 몇 명을 원하는지와 상관없이 대체로 고정되어 있습니다. 프레드와 클라리사는 결혼 후 자녀가 두 명이었으면 합니다. 그들의 친구 피터와 애그니스는 세 명의 자녀를 원합니다. 두 부부는 그들이 원하는 만큼 자녀가 생기면 만족합니다. 여기서 사회적 비교는 작동하지 않습니다. 피터와 애그니스는 자녀가 세 명이어서 행복하지만, 프레드와 클라리사는 두 명만으로도 행복해하지요. 이에 반해 피터와 애그니스가 아일랜드 식탁, 화강암 조리대, 오크 진열장을 구매해서 주방을 현대식으로 꾸며놓은 걸 보니 프레드와 클라리사는 자신들의 주방이 이제는 재래식 부엌 같습니다. 리놀륨 장판이라! 이 부부는 요리를 안 하는데도 물질적 여건을 평가하는 기준, 즉 소득의 준거 기준이 높아졌습니다. 프레드와 클라리사는 자신이 살고 있는 집에 예전보다 덜 만족하게 되었지요.

자녀의 건강과 교육에 대한 목표, 즉 자녀의 '질'도 부부가 살아가는 동안 크게 변하지 않습니다. 부모가 되어 자기 자녀가 항상 건강하기를 바라는 건 전혀 놀랍지 않은 일이지요. 그러나 소득이 평균적으로 증가하는 상황에서도 자녀가 대학교에 진학하기를 바라는 부모와 그렇지 않은 부모의 비율이 거의 변하지 않는다는 사실에는 놀랄 수밖에 없을 겁니다. 피터와 애그니스는 돈을 더 많이 벌었지만 자기 자녀들이 고등학교를 졸업하는 것만으로 만족합니다. 설문 조사 결과도 이러한 사실을 뒷받침하고 있지요.

"그럴 수도 있겠지만 부모들은 자녀를 최고의 학교에 보내려고 경쟁하지 않나요? 이것은 개인 간의 비교에 해당합니다."

릴리가 앤디를 흘끗 바라보면서 끼어듭니다.

확실히 많은 부모들이 자녀가 어릴 때부터 좋은 학교에 입학시키려고 합니다. 그런데 부모들이 자녀 교육을 위해 어떤 식으로, 그리고 어느 정도로 경쟁할까요? 구체적으로 다시 묻자면, 사회적 비교가 자녀 교육의 목표를 끌어올릴까요? 쟁점은 여기에 있습니다. 한편으로 피터와 애그니스가 리모델링한 주방을 보고 프레드와 클라리사는 새로운 기준을 정할 겁니다. 프레드와 클라리사는 주방에서 파티를 열어 브리 앙 크루트^{brie en croute}와 데친 야채를 대접하고, 프랑스산 와인을 새로 구입해 아일랜드 식탁의 화강암 조리대에 멋지게 전시해둘 것입니다. 하지만 다른 한편으로 그들은 피터와 애그니스의 자녀들에 기준을 맞춰서 자녀 교육의 목표를 향상시키지는 않을 것입니다. 사회적 비교가 교육열을 부추겨서 (예를 들어 가정교사를 고용하거나 최근 언론에 보도되었듯 엘리트 학교의 입학사정관에게 뇌물을 제공하는 식으로) 지출이 늘어날 수는 있어도, 자녀 교육의 목표는 대체로 변하지 않습니다.

✦   행복한 가정생활은 누구에게나 윈-윈

"그러면 가정생활은 건강처럼 행복해질 수 있는 쉬운 방법인가요?"

이번에는 테드가 질문을 던집니다.

바로 그렇습니다! 우리 모두 가정생활과 건강을 개선하여 행복을 증진할 수 있습니다. 저는 아내와 자녀들과 보내는 시간을 늘려서 가정생활을 개선할 수 있습니다. 하지만 이러한 행동이 다른 사람들에게 영향을 미치지는 않습니다. 그들의 준거 기준은 그들의 과거 경험에 바탕을 둔 것이기 때문이지요. 결과적으로 저를 포함한 가족들은 더욱 행복해지고, 저와 똑같이 행동하는 사람들도 마찬가지일 것입니다. 이것은 간단한 이치입니다. 행복에 이르는 길이 모두에게 열려 있다는 것이지요. 가족들과 함께 산책하거나 자전거를 타면서 시간을 보내면 가족들은 건강도 얻고 더욱 행복해집니다.

그렇다면 결론은 무엇일까요? 모든 사람의 행복이 증진된다는 것입니다. 바로 윈-윈 상황이지요.

행복은 당신만의
것이어야 한다

✦ 가지고 있는 것과 가지고 싶은 것

"알겠습니다, 교수님, 그런데 행복이 이렇게 힘든 일인지는 몰랐어요."

테드가 낙담한 목소리로 말합니다.

언제라도 자리를 박차고 일어나 강의실을 나갈 수 있다는 듯 헤드폰을 목에 두르고 있군요.

"그래서 오늘의 강의 주제를 보고 정말 기뻤습니다. 어떻게 해야 더 행복해질 수 있을까요?"

그렇습니다. 이제 우리는 아주 중요한 문제를 다룰 준비가 되었습니다.

지금까지 했던 이야기를 '가지고 있는 것'과 '가지고 싶어 하는 것'이라는 쉬운 단어로 다시 정리해볼까요? '가지고 있는 것'은 당신의 실제 상황을 의미하고, '가지고 싶어 하는 것'은 (우리가 자기 자신에 대해 제대로 알지 못할 때가 상당히 많기는 하지만) 준거 기준, 즉 상황을 평가할 때 마음속으로 생각하는 기준을 의미합니다. 간단한 예를 봅시다. 일곱 살인 팀은 슬링키 장난감 1개를 가지고 있습니다. 하지만 팀은 4개를 가지고 싶어 합니다. 팀이 완전한 행복을 느끼려면 3개가 더 필요합니다.

대체로 당신이 가지고 있는 것이 많을수록, 그리고 가지고 싶어 하는 것이 적을수록, 행복의 수준이 높아집니다. 당신이 가지고 싶어 하는 것이 변하지 않으면, 당신이 가지고 있는 것이 더 많아질수록 행복 수준이 높아집니다. 그러나 당신이 가지고 있는 것이 변하지 않았는데 가지고 싶어 하는 것만 많아지면 행복 수준은 낮아집니다. 따라서 팀이 가지고 있는 슬링키 장난감 개수가 1개에서 2개로 늘어나고 그가 가지고 싶어 하는 장난감 개수가 4개에서 변하지 않으면 부족분이 2개로 줄어들면서 예전보다 더 행복해집니다. 그러나 팀이 가지고 있는 슬링키 장난감 개수가 1개에서 변하지 않았는데 그가 가지고 싶어 하는 장난감 개수가 4개에서 5개로 늘어나면 부족분이 4개로 증가하여 예전보다 훨씬 덜 행복해집니다.

당신이 가지고 싶어 하는 물건의 개수와 가지고 있는 물건의 개수가 모두 똑같이 증가하면, 행복 수준은 변하지 않습니다. 팀이 가지고 있는 슬링키 장난감 개수가 1개에서 2개로 늘어나고 그가 가지고 싶어 하는 장난감 개수가 4개에서 5개로 늘어나면, 부족분은 3개에서 변하지 않고, 따라서 팀은 더 행복해지지도 덜 행복해지지도 않겠지요.

그다지 새로운 이야기는 아닙니다. 지금부터 250여 년 전에 새뮤얼 존슨Samuel Johnson이 이렇게 말했지요. "자신이 가지고 싶어 하는 것을 얼마나 가지고 있는가에 따라 부유한 사람과 가난한 사람이 결정된다. 따라서 가지고 싶어 하는 것이 많아지면 가지고 있는 것이 적어질 때만큼 행복에 좋지 않은 영향을 미친다."[1]

이제 어른들의 세계로 돌아와봅시다. 개인의 행복은 기본적으로 경제 상황, 가정생활, 건강이라는 세 가지 요소에 달려 있습니다. 당신이 가지고 싶어 하는 것(당신이 가지고 있는 것을 평가할 때 준거 기준이 된다)은 대체로 다른 사람들과의 비교(개인 간의 비교 혹은 사회적 비교)와 과거 경험과의 비교(개인 내의 비교)에 달려 있지요. 많은 사람들이 경제 상황을 평가할 때 개인끼리 비교하지만, 건강과 가정생활을 평가할 때는 개인 내에서 비교합니다. 개인 간의 비교는 건강과 가정생활보다 경제 상황을 평가할 때 더욱 중요합니다. 그 이유는 우리가 다른 사람들의 생활 방식을 일상적으로 관찰하면 건강이나 가정생활보다 경제 상황을 훨씬 더 쉽게 알 수 있기 때문입니다.

내가 돈을 더 많이 벌어서 경제 상황이 좋아지면 내가 가지고 싶은 것이 내가 가지고 있는 것만큼 많아집니다. 내가 가지고 싶은 것이 많아지는 이유는 다른 사람들의 소득이 나의 소득과 함께 증가하고, 이에 따라 사회적 비교를 하게 되어서 나의 소득이 만족스러운지 판단하는 기준인 소득의 준거 기준이 높아지기 때문입니다. 내가 가지고 싶은 것이 내가 가지고 있는 것만큼 많아지면서 나의 행복 수준은 소득이 증가하더라도 변하지 않게 되지요.

그러나 건강과 가정생활의 경우에는 내가 가지고 싶은 것이 내가 가지고 있는 것에 따라 달라지지 않습니다. 왜 그럴까요? 우리가 건강과 가정생활에 적용하는 준거 기준은 과거의 경험에 바탕을 두고 거의 변하지 않습니다. 따라서 건강 혹은 가정생활이 개선되면, 즉 내가 가지고 있는 것이 나아지면, 나의 행복 수준도 높아집니다. 내가 가지고 싶어 하는 것이 변하지 않기 때문이지요.

✦ 더 행복해지기 위해 내가 할 수 있는 일

엠마가 뒤를 흘끗 보면서 말합니다. 처음으로 대화에 끼어드는군요.

"좋은 생각이 떠올랐어요. 테드가 개인 간 비교를 좀 그만둬야 할 것 같아요."

갑자기 폭소가 터져 나옵니다.

"그러면 필요하지도 않은 것들을 더 많이 가지고 싶어 하지도 않을 거예요. 단지 다른 사람들이 더 많이 가지고 있다고 해서 덜 행복해지지도 않을 거고요."

좋은 생각이군요, 엠마. 테드가 희생양이기는 하지만!

많은 사람들이 부를 과시하기 위해 필요 이상으로 넓은 집이나 고급 자동차를 구매합니다. 그 결과 큰 빚에 시달리게 되지요. 연료비가 부담스럽다면 BMW를 모는 일이 즐겁지만은 않을 겁니다.

한창 일할 나이인 사람들은 소득이 계속 상승하기 때문에 자신의 재정 상황에 더욱더 만족하게 되리라고 생각하기 쉽습니다. 그러나 실제로 한창 일할 나이에 있는 사람들의 경우 가지고 싶은 것들이 끊임없이 많아지고, 이에 따라 빚을 갚아야 하는 부담이 발생하면서 재정 상황에 대한 만족도에는 거의 변화가 나타나지 않습니다. 그러다 퇴직할 나이가 되어 소득이 더 이상 증가하지 않거나 심지어 감소할 때가 되면 재정 상황에 대한 만족도가 현저하게 높아지지요. 자녀들은 학교를 졸업하고 자립합니다. 노후에는 필요한 것들이 줄어들면서 물질적 욕구도 감소합니다. 그리고 주택담보 대출금과 그밖의 빚들을 상환하면서 빚을 갚아야 한다는 부담도 현저히 줄어들지요.

자, 여기서 교훈은 무엇일까요?

테드가 큰소리로 말합니다.

"주변 사람들을 따라가려고 하는 대신 자기가 정말 갖고 싶은 것에 집중하면 더 행복해질 수 있다는 거죠."

그렇습니다. 테드와 엠마의 말이 맞아요. 우리는 자신이 정말 원하는 것을 쟁취하고 불필요한 빚을 만들지 않으면 더 행복해질 수 있습니다.

하지만 사회적 비교를 하지 않는 게 말이 쉽지, 실천에 옮기는 건 다른 문제이지요. 예를 들어 저는 아주 좋은 집에 살고 있는데, 얼마 전 내 딸 몰리의 축구 코치의 집에서 열린 선수들과 학부모들의 친목회에 참석하게 되었습니다. 그런데 그의 집이 정말로 훌륭한 대저택이었기에 저는 집으로 돌아와서 조금은 의기소침해졌지요.

카를 마르크스가 이렇게 말했습니다. "집은 넓을 수도 있고, 좁을 수도 있다. 이웃집이 마찬가지로 좁다면 이 집은 거주 공간으로서 사회적 요건을 충족시킨다. 그러나 바로 옆에 넓은 궁전이 들어선다면 이 집은 오두막이 되어버린다."[2]

우리는 사회적 비교에 빠져들지 말아야 합니다. 그러나 이 습관을 끊어버리기는 어렵지요. 그럼에도 이러한 노력을 기울일 만한 가치는 확실히 있습니다(이것은 정말 중요하니까 명심하시기를!).

자, 그럼 더 행복해지기 위한 두 번째 방법을 살펴볼까요? 어쩌면 이 방법이 더 쉬울 수도 있습니다. 바로 시간을 이전보다 더 잘 활용하는 것이지요. 우리에게 주어진 시간은 한정적입니다. 어느 한 가지 일, 예를 들어 돈을 버는 일에 더 많은 시간을 쓸수록 다른 일, 즉 건강과 가정생활을 개선하는 일에 쓸 수 있는 시간은 줄어들지요. 중요한 점은, 물질적 생활 조건을 개선하는 데 필요한 것들은 점차 달라지는데 비해 건강과 가정생활을 개선하는 데 필요한 것들은 상대적으로 달라지지 않는다는 겁니다. 그러니 시간을 건강이나 가정생활을 개선하는 데 쓰면 돈을 더 많이 버는 데 쓰는 것보다 행복에 더욱 지속적인 효과를 줄 것입니다.

하지만 안타깝게도 사람들은 가정생활과 건강보다 돈을 더 많이 버는 일에 시간을 훨씬 더 많이 씁니다. 예를 들어 설문 조사를 하나 살펴봅시다. '당신이 38세라고 가정하고, 당신이 원하는 분야에서 새로운 자리를 제안받았다고 하자. 지위와 권한도 현재보다 높고 연봉도 15퍼센트 더 받게 된다. 하지만 그만큼 야근도 많이 해야 하고 직장이 집에서 멀리 떨어져 있다. 당신이 이 제안을 받아들일 가능성은 얼마나 되는가?'[3]

여기에는 4개의 선택지가 있습니다. 응답자의 약 3분의 1이 그 제안을 받아들일 가능성이 '아주 많다'라고 대답했지요. 또 다른 3분의 1이 그럴 가능성이 '어느 정도는 있다'라고, 나머지 3분의 1은 그럴 가능성이 '별로 없다'라고 답했습니다. 그럴 가능성이 '거의 없다'라고 대답한 사람은 아무도 없었지요. 따라서 설문 조사에서 행복한 결혼 생활이 인생의 최고 목표라고 대답했던 사람들이 돈을 더 많이 벌기 위해 가정생활을 희생하고 있는 것입니다. 게다가 야근을 많이 하고 출퇴근시 도로에서 보내는 시간이 길어지면 건강이 나빠질 가능성도 상당히 높아지겠지요. 그런데도 이런 제안을 받아들일 가능성이 높다는 것은 사람들이 돈을 더 많이 벌려고 가정생활과 건강을 중시하지 않음으로써 시간 분배를 잘못 하고 있다는 사실을 보여주지요.

돈을 선택한 응답자 중에는 가족과 함께 있는 시간이 줄어들더라도 돈이 행복한 가정생활에 기여한다는 이유로 자신의 결정을 합리화하는 이들도 있을 겁니다. 돈이 가족과의 시간을 대체하는 셈이지요. 이 말도 일리는 있어요. 그러나 무엇이 사람들을 행복하게 할까요? 사람들을 즐겁게 하는 것들, 가장 행복하게 하는 것들 중에는 시간은 필요한 반면 돈이 거의 혹은 전혀 필요하지 않는 것들도 많이 있어요. 지난 수십 년 동안 사람들이 시간을 어떻게 보내는지에 대한 수많은 조사 연구가 이루어졌습니다. 응답자들은 개인적인 일기에 바탕을 두고 대답했는데, 여기에는 평소의 일상적인 활동이 대부분 포함되어 있었지요. 여기에서 한 가지 다행스러운 점은 전국적인 조사에서 응답자들에게 각각의 활동이 얼마나 즐거웠는지 물어봤다는 것입니다. 응답자들은 1~10점 척도에 근거하여 1점(싫어한다)부터 10점(좋아한다)까지 하나를 선택했습니다. 다음은 가장 즐거웠던 행동(7.5점 이상)을 평균 점수에 따라 높은 순서로 정렬한 표입니다.

9.3 성생활	8.5 교회, 잠, 영화 감상
9.2 스포츠 활동	8.3 독서, 산책
9.1 낚시	8.2 쉬기, 잡지 읽기, 타인의 집 방문, 휴식, 외식
9.0 전시회 감상, 연주회	8.0 가족들과 대화하기, 음악 감상
8.9 술집, 카페	7.9 점심 시간
8.8 아이들과 놀기, 포옹하고 키스하기	7.8 집에서 식사, 텔레비전 시청, 신문 읽기
8.6 아이들과 대화하기, 책 읽어주기	7.7 뜨개질, 바느질

한 가지 두드러지는 점은 이러한 활동 대다수가 비용이 많이 들지 않고, 일부는 전혀 들지 않는다는 것이지요. 다만 이러한 활동에는 시간이 필요합니다. 야근을 많이 해야 하고 직장이 집과 멀리 떨어져 있으면 이처럼 행복해지기 위한 활동을 할 시간이 얼마 남지 않게 되지요.

즐거운 활동에 대한 이 설문 조사는 30년 이상 지난 것이라서 뜨개질이나 바느질 같은 몇 가지 항목은 시대에 뒤떨어진 것으로 보이기도 합니다. 아마 지금은 웹서핑과 트위터가 뜨개질과 바느질을 대체하겠지요. 그럼에도 이 설문 조사에서 나타난 중요한 결과는 2004년 심리학자 대니얼 카너먼(맞아요, 준거 기준을 개척한 바로 그 사람입니다)과 그의 동료 연구자들이 발표한 이와 유사한 공동 연구 논문에서도 확인됩니다. 여기서 설문 조사 대상자들은 과거에는 일을 했던 텍사스 거주 여성들이었습니다. 표본은 무작위가 아니라 편의에 따라 접근이 쉬운 곳에 있던 사람들로 선정되었지요. 그들이 꼽은 가장 즐거운 활동 세 가지는 바로 친밀한 관계 맺기, 사교 활동, 휴식이었습니다. 이 세 가지 활동은 앞서 소개한 설문 조사의 결과와 비슷합니다. 이러한 활동들은 분명 시간이 필요하지만 돈은 거의 혹은 전혀 필요하지 않습니다.

"그러면 왜 사람들은 돈을 버는 데 시간을 다 써버리나요?"

릴리가 당황한 표정으로 질문을 던집니다.

좋은 질문입니다. 사람들은 왜 그런 선택을 할까요? 실제로 사람들은 삶의 다른 목표를 희생시키고 돈을 추구하기로 선택함으로써 시간을 잘못 배분할 때가 아주 많습니다. 왜 그럴까요?

"사람들은 돈이 많아야 행복하다고 생각하기 때문이에요."

테드가 무심코 말합니다.

바로 그렇습니다. 돈이 많으면 더 행복해진다는 일반적인 믿음 때문입니다. 사람들은 물질적으로 가지고 있는 것이 많을수록 갖고 싶은 것도 함께 많아진다는 사실을 깨닫지 못합니다. 가정생활과 건강을 희생시켜서 불행해지는 상황이 실제로 발생하면서, 돈이 많으면 더 행복해질 것이라는 기대는 환상에 불과한 것으로 드러났습니다.

그러면 당신을 더욱 행복하게 하는 것은 무엇일까요? 저 역시도 축구 코치의 집에서 나온 뒤 조금 의기소침해지기는 했지만, 가정생활과 건강을 위해 시간을 더 많이 쓰고 돈을 위해서는 시간을 덜 쓰는 것이 바로 답이라는 걸 알고 있습니다.

축구 코치의 집이 아니라 축구에 집중해야 하는 것이지요.

두 번째 강의

당신의 행복을 위한
국가의 일

정부가 내 행복에
영향을 끼칠까?

✦ 뜻밖의 사례: 통일 전과 후의 독일

다시 강의실에 돌아와보니 걱정스러운 표정의 학생이 눈에 띕니다.

"교수님, 강의를 시작하기 전에 이런 말씀을 드려서 죄송합니다. 예전에 이 과목을 수강했던 친구가 다음 시간에는 사회주의를 찬양하는 내용이 나올 것이라고 해서요." 잭이 불안한 눈빛으로 말합니다.

오늘의 주제는 그런 내용이 전혀 아닙니다. 중요한 문제는 '정부가 개인의 행복을 증진할 수 있는가'입니다. 그리고 제가 하려는 이야기는 그 답이 사회주의 정부든, 자본주의 정부든, 분명히 '그렇다'라는 것이지요.

공공 정책은 중요합니다. 그리고 복지국가는 행복을 확실하게 증진합니다. 이제 제가 우울한 사회주의자라는 결론을 내리기 전에, 이것이 제 이야기의 출발점이 전혀 아니라는 사실을 분명히 해두고 싶군요. 또한 여러분이 복지국가 정책을 신봉하는 사회주의자가 되어야 한다는 것을 의미하지도 않습니다. 다만 복지국가 정책이 행복에 정의 효과가 있다는 사실을 뒷받침하는 증거가 쌓이면서 이 사실을 서서히 인정하지 않을 수 없게 되었습니다. 엘리자베스 워런 Elizabeth Warren 상원의원이 가계가 파산한 원인을 뒤집은 것에 대해 분명한 어조로 이렇게 말하기도 했지요. "나는 조사를 해보았다. 그리고 데이터는 나를 완전히 다른 곳으로 안내했다."

자, 이제 제가 깨달음에 도달했던 여정으로 함께 떠나볼까요? 이번 시간에는 이 여정의 시작, 즉 사회주의에서 자본주의로 이행한 동유럽 국가들과 중국으로 가보려고 합니다.

먼저 사회주의 국가 동독의 사례로 시작해봅시다. 1990년 10월 서독과 통일한 이후 동독 사람들의 행복이 증진되었을까요? 서구의 경제학자 대부분과 마찬가지로, 저는 동독이 사회주의에서 자유 시장 자본주의로 이행했기 때문에 그 대답이 무난하게 "그렇다"일 것으로 기대했지요.

그러나 데이터는 완전히 다른 이야기를 들려줍니다. 놀랍게도 자본주의로의 이행이 시작된 지 25년(데이터가 생성되는 기간)이 지나서도, 동독 사람들의 행복은 사회주의 국가였던 1990년 6월에 조사한 결과와 비교했을 때 거의 증진되지 않았습니다. 통일을 이루어 낸 1990년부터 1991년까지는 행복 수준이 갑자기 하락했고, 이후 25년 동안 자본주의로의 이행이 시작되기 직전 수준으로 서서히 회복되었지요.

"하지만 동독은 경찰국가입니다. 경찰국가의 정부가 조사한 결과를 믿을 수 있을까요? 아마도 통일 이전에는 사람들이 큰 두려움에 떨었을 겁니다. 따라서 그들은 '당신은 얼마나 행복합니까'라는 질문에 대답을 부풀려서 했을 거예요."

타일러가 좋은 지적과 함께 대답하기 힘든 질문을 던졌습니다. 그에 대한 답은 조금 놀랍겠지만, 우리는 조사 결과를 신뢰할 수 있습니다. 두 가지 증거가 있지요. 첫 번째 증거는 설문 조사가 소득,

건강, 가정생활에 대한 만족도와 같이 삶의 특정한 영역에 대한 만족도를 의미하는 영역 만족도domain satisfaction를 묻는 질문으로 구성되어 있다는 것입니다. 1990년 통일 이전 동독에서 실시한 설문 조사에서는 이 세 가지 영역 모두 0~10점 척도에서 평균 6점이 넘는 것으로 나왔습니다. 그러나 환경과 물품의 이용 가능성에 대한 만족도를 묻는 질문에서는 현저하게 낮은 점수가 나왔습니다. 평균 점수가 3점이 조금 넘는 정도였지요. 유럽 국가들에서 실시하는 국민들에게 만족도를 묻는 설문 조사에서 평균 점수가 3점 정도에 그치는 것은 그 영역이 무엇이든 매우 드문 일입니다. 주목할 점은, 이처럼 낮은 점수가 동독을 방문한 외국인들이 공해와 상점에 물건이 별로 없는 상황에 대해 불만을 자주 토로한다는 사실과도 상당히 일치한다는 겁니다. 동독이 실시한 설문 조사 결과와 이곳을 찾은 외국인들의 환경과 물품의 이용 가능성에 대한 불만이 같다는 것은 동독인들이 설문 조사에서 실제 느낀 대로 대답했다는 사실을 강력하게 뒷받침합니다. 다시 말해 그들이 정부가 책임져야 할 대기의 질, 부족한 물품, 결핍 상태에 대해 솔직하게 대답한다면, 소득, 건강, 가정생활에 관한 질문에 눈치를 살피면서 대답할 이유도 없지 않을까요?

이제 두 번째 증거입니다. 경제학자 티무르 쿠란Timur Kuran의 연구에 따르면 소비에트식 경찰국가에서 국민들이 자신이 처한 상황에 대해 공공연히 불만을 표현하는 것은 이상한 일이 아닙니다. 쿠란은 이러한 일부 국가에서 자본주의로 이행되기 전 상황을 조사하고는 신문사에 특히 경제 상황에 불만을 품은 편지가 많이 접수되는 것을 확인했습니다. 진짜 속마음과 공개적으로 언급한 견해의 차이를 확인하고자 쿠란이 창안한 개념인 선호 위장preference falsification도 나타났지만, 이는 거의 전적으로 정치 문제에만 국한되었지요. 환경과 물품의 이용 가능성 같은 생활 여건에 대한 불만을 표현하는 일은 확실히 허용되었고, 사람들은 기회가 주어질 때마다 이를 활용했습니다.

따라서 1990년 사회주의 국가인 동독에서 실시한 삶의 만족도 조사에 대한 응답은 신뢰할 만합니다. 물론 그렇다고 하더라도 우리에게는 이보다 훨씬 더 어려운 문제가 남아 있지요.

"예, 알겠습니다. 그런데 어떻게 그럴 수 있었나요?"

바로 그겁니다. 질의 질문은 정확히 제가 알고 싶던 것입니다. 어떻게 자본주의 체제보다 사회주의 체제에서 삶의 만족도가 더 높을 수 있을까요?

저는 이러한 수수께끼를 풀기 위해 사회주의에서 자본주의로 이행하기 이전과 이후 동독의 여건이 어떠했는지 깊이 살펴보아야 했습니다.

1990년부터 1991년까지 삶의 만족도가 크게 떨어질 때 생산량도 급격하게 하락했습니다. 이 시기 GDP는 예전과 비교하여 3분의 1만큼 하락했지요. 생산이 하락한 이면에는 기업이 파산하고 이에 따라 실업이 급증한 현상이 있었습니다.

어느 나라에서든 실업이 행복 수준을 엄청나게 감소시키는 것으로 나타납니다. 당연하지 않냐고요? 하지만 동독의 경우 일자리를 잃은 사람뿐 아니라 일을 하고 있는 사람도 행복 수준이 감소했습니다. 일을 하고 있는 사람들도 일자리를 잃게 될까봐 두려워했기 때문입니다. 실업이 만연하면서 삶의 만족도도 크게 떨어졌지만 이러한 현상은 오래가지 않았지요. 서독이 개입한 대규모 소득 지원 프로그램이 추락하던 동독 경제의 완충제 역할을 했기 때문입니다. 그 이후로 동독인들이 느끼는 삶의 만족도는 서서히 증가했습니다.

경제가 악화되면서 두 번째 요인인 사회안전망이 붕괴되었고, 그 때문에 행복 수준도 더 하락했습니다. 여기서 영역별 만족도가 또다시 조명을 받게 됩니다. 자본주의로의 이행 시기인 1990년 이후 조사에서 보건, 보육, 노동에 대한 만족도는 모두 현저하게 하락했습니다. 사회주의 체제에서는 일자리가 보장되었고, 취업 연령인 남성과 여성 대다수가 일을 하고 있었습니다. 실업은 거의 존재하지 않았지요. 고용주가 보육을 제공하고 의료비를 지원했습니다. 그러나 자유 시장 자본주의로의 이행이 시작되면서 더 이상 사회주의 체제하에 있을 때처럼 고용이 보장되지 않았고, 이에 따라 노동에 대한 만족도도 하락했습니다. 보건, 보육에 대한 만족도도 낮아졌고, 기업이 국가에서 개인 소유로 넘어가면서 실업 수당도 사라졌습니다. 이것은 일부 작가들이 '사회주의 온실'이라고 비꼬듯이 부르던 시대의 종말이었지요. 그 작가들은 사회주의 온실을 좋아하지 않았을지도 모르지만, 영역 만족도에 따르면 많은 사람들이 온실을 좋아했다고 합니다. 보건, 보육, 노동에 대한 만족도 모두 1990년 이후보다는 사회주의 체제에서 훨씬 더 높았지요.

여기에 나오는 수치만으로 상황을 이해하기 충분하지 않다면, 자본주의로의 이행이 사람들의 삶에 어떤 영향을 미쳤는지에 대한 정성적 설명을 보면 됩니다. 삶의 만족도가 초기에 급격하게 하락한 것에 대한 정량적 증거의 타당성을 뒷받침하고 있지요. 영국 노동시장 분석가 로저 럼리Roger Lumley가 통일 이전과 이후의 상황을 대비한 글을 인용해보겠습니다.

40년 넘게 존재하던 동독은 서독과 완전히 다른 국가가 되었다. 실업도 없고, (외부에 알려진) 인플레이션도 없고, 노동 강도는 약하고, 무상 의료와 사회복지 서비스를 제공하고, 주택 가격과 공공요금도 낮았다…. 동독인들에게는 통일 이후로 1년도 되지 않아 환멸, 차별, 불안이 엄습했다. 모든 일들이 단순하게 돌아가고, 음식이 더 맛있고, 사람들이 공동체의 구성원으로 여겨지던 동독 시절을 회상하면서, 그때가 좋았다고 생각하는 사람들도 많이 있었다.[1]

일례로 럼리는 동독인들을 대상으로 1991년에 실시한 설문 조사의 결과를 인용했습니다.

통일 과정에서 나는 매달 400마르크를 지출한다. 나는 이것으로 올라버린 집세와 교통비를 포함한 각종 비용을 부담해야 한다. 교통, 범죄, 물가, 집세, 난민, 의료, 사회보장 등 모든 곳에서 문제가 발생한다. 나는 개인적으로 이것이 방대하고도 심각한 문제라고 생각한다. 사람들은 과거의 체제와 확실성을 잃었다. 그리고 이러한 상황에 어떻게 대처해야 할지 모른다. 나는 이곳 동독에 사는 우리가 이행 과정을 겪어야 한다는 사실을 잘 안다. 그러나 이 과정은 무척 힘들고, 많은 사람들에게 더 이상 타당하게 느껴지지 않는다.

이러한 개인적인 증언은 경제 통계에 생명력을 불어넣습니다. 1990~1991년 동독에서 행복 수준이 급격하게 하락한 현상은 경제가 갑자기 침체되고, 실업이 만연하고, 사회 안전망이 붕괴되면서 새롭게 등장한 일자리, 가정, 건강에 대한 절박한 우려를 반영합니다. 상황이 더 악화되지 않도록 서독이 정책을 신속하게 개편하고 경제적·사회적 상황을 근본부터 점진적으로 개선하면서 삶의 만족도가 서서히 회복되었지요.

타일러는 조용히 이야기에 수긍하는데, 이번에는 키튼이 문제를 제기합니다.

"알겠습니다. 하지만 정치 상황도 살펴봐야 할 것 같아요. 이 부분에선 어떠한 변화가 있었나요? 동독은 권위적인 경찰국가에서 민주 국가로 이행하고 있었습니다. 그런 점이 행복을 증진할 수 있지 않을까요?"

좋은 지적입니다. 하지만 세계 13개국 국민들의 소망과 두려움을 알아본 해들리 캔트릴의 설문 조사 결과를 되짚어봅시다(2장). 정치 상황이야 어떠하든 사람들에게 행복을 위해 중요한 것이 무엇인지 물어보면 대체로 생계를 유지하고 자녀를 양육하고 건강을 지키는 일처럼 그들이 당면한 개인적인 상황을 거론합니다. 이러한 일들이 그들의 일상을 지배하고 있으며 자신이 이에 대해 무엇이든 할 수 있다고 생각하지요. 정부의 형태와 정치적 권리, 시민의 권리와 같은 정치 체제 문제를 언급하는 사람들은 겨우 25명 중 1명 정도에 불과합니다.

캔트릴이 확인한 사실이 동독인들을 대상으로 실시한 설문 조사의 결과를 어떻게 설명할 수 있을까요? 통일은 보통의 동독인들에게 새로운 정치적 자유를 가져다주었지만, 그 점이 개인의 행복에 미친 정의 효과는 취업, 가족 부양, 건강과 같은 일상에 나타난 새로운 문제에 비하면 아무것도 아니었지요.

민주주의 국가로 이행한 남아프리카공화국의 사례도 정치 상황보다는 개인적인 관심사가 사람들이 느끼는 삶의 만족도에서 훨씬 더 중요하게 작용한다는 것을 보여줍니다. 1994년 아프리카민족회의African National Congress가 정권을 잡았을 때 행복 수준은 일시적으로 급등했지만, 1년이 지나고 삶의 여건이 더 나아지지 않아서 행복 수준이 민주주의 이전으로 되돌아왔지요. 민주주의로의 이행이 행복을 지속적으로 증진하지는 않았습니다.

동독이 자본주의로 이행하기 전에는 국민들의 행복을 증진하기 위해 완전 고용을 촉진하고 강력한 사회 안전망을 구축하려는 정책들이 효과가 있었습니다. 제가 예상했던 것과는 달리 사회주의 체제하의 행복 수준은 대체로 상당히 높았지요. 예전에 저는 계획 경제에서 시장 경제로 제도가 변화하면 행복이 증진된다고 생각했답니다. 하지만 동독이 자본주의로 이행했던 시기에 관한 연구 결과는 캔트릴의 설문 조사 결과와 마찬가지로 생계를 유지하고 가정생활과 건강을 돌보는 당면한 개인적인 관심사가 행복에 가장 중요하다는 것을 보여주었지요. 사회주의 체제에서 정부 정책은 국민들이 요람에서 무덤까지 맞닥뜨리는 모든 문제를 책임지고자 합니다. 이에 반해 자본주의 체제에서는 이러한 문제를 자유 시장이 해결하도록 내버려 둘 때가 많지요.

✦ 　**구소련: 동독과 똑같은가?**

　　하지만 학생들은 쉽게 수긍하지 않는군요.

　"다른 국가들도 똑같은 패턴을 보이나요? 다른 국가들은 동독과는 다를 것 같습니다. 동독은 서독과 통일했습니다. 사회주의에서 자본주의로 옮겨갔던 다른 동유럽 국가들에서도 행복 수준이 동독처럼 변했나요?" 수가 질문합니다.

　사회주의 국가에서 실시한 삶의 만족도에 관한 통계는 구하기 어렵기 때문에 수의 질문은 대답하기가 쉽지 않습니다. 다행스럽게도 우리는 구소련 다섯 개 국가, 즉 벨라루스, 러시아, 발트 3국의 데이터를 얻을 수 있었습니다. 이들 국가에서는 1990년대에 삶의 만족도 조사를 세 차례에 걸쳐 진행했지요. 첫 번째 조사는 이행 시기 직전인 1990년에, 두 번째는 1990년대 중반에, 세 번째는 1990년대가 끝나갈 무렵에 실시한 것입니다. 헝가리 국민들의 삶의 만족도 통계도 있긴 하지만 1990년대 중반 자료는 없어서 그 당시에 어떤 일이 일어났는지는 알 수가 없습니다.

1990년대 중반 데이터를 보유한 5개 국가의 자료를 살펴본 결과, 모두 동독과 이행 패턴이 비슷한 것으로 나타났습니다. 이들 국가에서는 1990년대 전반에 걸쳐서 GDP가 갑자기 하락했다가 회복하기 시작했는데, 당시 간간이 이루어졌던 삶의 만족도 조사에서 대체로 비슷한 양상을 보여주었지요. 실업률과 사회안전망도 동독과 같은 패턴이었습니다. 심각하게 악화되다가 점진적으로 개선되었지요. 이행 시기 이전의 러시아에 대한 경제학자들의 논평을 살펴봐도 앞에서 인용했던 동독의 사례와 유사하다는 것을 알 수 있습니다.

> 1989년 이전 러시아인들은 경제적 안정을 보장하는 국가에서 살았다. 실업자는 거의 없었고, 사람들에게는 적절한 생활 수준이 보장되었다. 미시경제적 안정은 평범한 사람들에게 별다른 영향을 미치지 않았다.[2]

실제로 자본주의로의 이행이 시작될 무렵인 1990년, 삶의 만족도는 사회주의 체제에서 잘나가던 수준보다 낮았을 겁니다. 1980년대 데이터가 존재하는 러시아와 헝가리의 사례를 보면 삶의 만족도가 1990년보다 1980년대에 훨씬 더 높았다는 걸 알 수 있습니다.

자본주의로의 이행이 시작될 무렵 발생한 경제 붕괴는 모든 지역의 가정생활을 파괴했다고 해도 과언이 아닙니다. 그동안 익숙했던 체제가 붕괴되면서 고용 기회가 사라지고 사회 안전망이 무너졌습니다. 많은 가정에서 가족을 제대로 부양하지 못하면서 사회 전체가 혼란에 빠졌습니다. 일부 가정은 도시와 가까운 지역으로 이주하여 생계형 농업과 농업 이외의 일을 병행하려 했지요. 사회적 스트레스에 시달리는 사람들도 점점 많아졌습니다. 특히 남성들 사이에서 음주, 흡연, 마약 복용이 더 널리 퍼졌고 자살률도 높아졌습니다. 이와 함께 가정 폭력도 늘어났고 이혼 가정도 많아졌지요. 평범한 삶의 기반이 완전히 파괴된 겁니다. 이 모든 현상은 삶의 만족도가 급격하게 하락했다는 사실을 뚜렷하게 보여줍니다. 캔트릴의 설문 조사를 보면 알 수 있듯, 가정생활에서 엄청난 고통을 받으면 행복 수준은 급격하게 떨어지지요.

앞서 말했지만 저는 동독을 살펴보기 전까지는 서구 세계의 경제학자 대부분과 마찬가지로 4억 명에 달하는 동유럽 사람들 모두 자본주의로 이행해서 훨씬 더 행복해졌을 것이라고 생각했습니다. 그들에게 실제로 어떤 일이 일어났는지는 그다지 관심 갖지 않았지요. 아주 큰 착각을 했던 것입니다. 그곳에서의 재앙은 1930년대 대공황 시기 서구 자본주의 국가의 국민들이 겪었던 고통에 비견된다고 해도 과언이 아닙니다. 당시 미국에서는 실업률이 사상 유례가 없을 정도로 증가했습니다. 대공황이 절정에 이르렀을 때는 4명 중

1명이 실업자일 정도였지요. 사람들은 노후 대비로 모은 자금을 다 잃고, 집도 날리고, 거리로 쫓겨나서 무료 급식소에서 빵을 배급받으려고 줄을 서야 했습니다. 오늘날의 노숙자 수용소와 같은 빈민촌이 곳곳에 등장했지요. 많은 사람들이 극심한 정신적 고통에 시달렸고 가정은 무너졌습니다. 그러니 동유럽에서 어떤 일이 일어났는지 이해하려면 서구 세계의 대공황을 살펴보는 것만으로도 충분합니다.

경제 붕괴로 인한 엄청난 인적 피해는 동유럽 모든 국가에서 별반 다르지 않았습니다.

지난 20년 동안 동유럽 국가들의 행복 수준은 점진적으로 상승하는 추세였지만, 자본주의로의 이행이 일어나기 10년 전의 수준에는 아직도 못 미칩니다. 많은 사람들의 삶에서 이처럼 길고도 힘든 시기가 상당한 부분을 차지했지요.

✦ **중국이 이야기의 매듭을 짓는다**

"그러면 중국 같은 과거에 가난했던 국가도 동유럽 국가들의 패턴을 따랐나요? 이러한 현상이 모든 곳에서 별반 다르지 않다는 뜻인가요?"

수의 질문에 여기저기서 학생들이 웅성거리는군요. 모두가 궁금했던 내용인가 봅니다. 이러한 사례들이 세계 보편적인 것이라고 할 수 있을까요?

　이런 의문이 생기는 것은 지극히 당연한 일입니다. 솔직하게 말하면 저는 우리가 세계적인 패턴을 발견했다고 생각하지는 않아요. 중국은 GDP가 하락하지 않고 급격하게 상승하면서 동유럽 국가들과는 크게 대조를 이루었습니다. 1990년부터 2015년까지 중국의 GDP는 세계에서 가장 빠른 속도로 증가하여 2배가 되고 또 2배가 되었지요. 이 시기가 끝날 무렵에는 도시 가정 대부분이 컬러텔레비전, 에어컨, 세탁기, 냉장고, 컴퓨터를 보유했습니다. 중국이 자본주의로 이행하기 직전인 1990년에는 1인당 GDP가 미국의 10퍼센트보다 아래일 정도로 생활 수준이 아주 낮았기 때문에, 이행 시기에 삶의 만족도가 떨어졌다는 사실을 믿기가 어려웠습니다.

　그러나 실제로 그런 일이 일어났습니다. 1990년부터 2002년까지 중국 사람들의 삶의 만족도가 크게 하락한 겁니다. 이후 상승하기는 했지만 2015년에도 여전히 1990년과 비교하면 낮았습니다. 놀랍게도 중국은 삶의 만족도에서 동유럽 국가들과 마찬가지로 U자형 곡선의 움직임을 보여주었습니다. 중국에서 실시한 5개의 설문 조사가 똑같은 패턴이었습니다. 저의 기대는 다시 한번 어긋났지요.

　"이해할 수가 없어요. 1인당 GDP가 그렇게나 많이 상승했는데 어떻게 사람들의 행복 수준이 떨어질 수 있나요? 교수님께서 방금 말씀하셨던 것들을 모두 가지게 되면 훨씬 더 행복해지는 것 아닌가요?"

방금 질의 질문은 저도 궁금한 것입니다. 이러한 사실에 저 역시 당혹스러웠지요. 아주 유용한 제품들을 포함한 고가의 소비재들은 사람들을 행복하게 해주어야 마땅한 것 아닌가요?

앞에서와 마찬가지로 이러한 수수께끼를 풀려면 근원적인 여건을 규명해야 합니다. 저는 놀랍게도 자본주의로 이행하기 이전인 1990년에 중국 도시 노동자들이 느끼는 삶의 만족도가 높다는 사실을 확인했습니다. 그뿐 아니라 두 명의 중국 전문가들은 이행 이전에 삶의 만족도가 높았던 원인을 미니 복지국가가 존재했기 때문이라고 명시적으로 밝혔지요.

> 최근까지 중국의 도시 지역에는 일할 권리가 확고하게 뿌리내리고 있었다. (…) 국유기업은 주택, 의료, 연금, 보육, 자녀들의 직업 등 광범위한 복지 혜택을 제공했다. 따라서 국유기업의 노동자들과 이보다 규모가 큰 공동 사업체 노동자들의 자리는 '철밥통'이었고 (…) 미니 복지국가를 상징하는 기업에서 평생직장과 상대적으로 높은 임금이 보장되었다.[3]

1990년 중국의 물질적 생활 여건은 세계 전체 기준으로 보면 낮았지만 이러한 여건에 적응하면서 살아가는 사람들은 자기 삶에 상당히 만족했습니다. 미니 복지국가가 일, 가정, 건강에 대한 걱정을 덜어준 덕분이지요. 물론 도시 사람들이 만족스러운 삶을 살게 하는 것은 모든 정부가 내세우는 중요한 정책 목표일 것입니다. 이 경우는 당시 중국인들 대다수가 좋은 삶이라고 인식하던 철밥통을 보장해주는 대가로 도시에 잠재된 불만을 억제시키는 모종의 거래라고도 볼 수 있지요.

그런데 상황이 바뀝니다. 1990년대 초반 중국의 지도자들은 경제 성장을 촉진하기 위해 경제 개혁에 착수하고 부분적인 민영화를 추진합니다. 이 정책의 공식 명칭은 '조대방소抓大放小'였지요. 큰 것은 붙잡고 작은 것은 놓아준다는 뜻입니다. 수천 개의 기업 중 생산성이 높은 소수의 대기업을 맨 위에 배치하고 생산성이 낮은 다수의 소기업을 맨 아래에 배치하는 그림을 떠올리면 이해하기 쉬울 겁니다. 생산성이 낮은 소기업은 그 수도 많고 그만큼 고용한 사람들도 많지만, 생산성이 높은 소수의 대기업은 총생산이라는 면에서 더 많은 기여를 합니다. 정부는 소기업을 가동하기 위해 사용하던 자원을 대기업에 투입하면서 대기업을 붙잡고 소기업은 놓아주는 정책을 펼칩니다. 대기업에 금융 자원뿐 아니라 (블루칼라든 화이트칼라든) 최고의 인재를 지원했지요.

이 새로운 정책은 총생산을 증대하는 데 큰 성공을 거둡니다. 정부가 생산성이 높은 대기업에 더 많은 자원을 분배하는 쪽으로 정책의 방향을 바꾸면서 GDP가 사상 유례없는 속도로 증가한 겁니다. 그런데 같은 기간에 노동시장은 어떻게 되었을까요? 이후의 일은 사실상 인재人災라고 할 수 있습니다. 정부 지원금에 의존하던 수많은 소기업들이 파산하면서 실업자가 속출했지요. 언뜻 보면 모순적인 상황이 발생한 건데, (대기업의 실적으로) GDP는 빠른 속도로 증가했지만 (주요 고용주라 볼 수 있는 수많은 소기업들의 파산으로) 실업자가 속출한 겁니다.

이전까지 저는 경제학자들이 즐겨 사용하는 지표인 GDP에 현혹된 나머지 선입견이 있었습니다. 그러나 사람들에게 돈 혹은 숫자는 중요하지 않습니다. 저는 GDP가 아니라 일자리가 행복에 중요하다는 사실을 배웠습니다.

데이비드 블랜치플라워David Blanchflower와 앤드류 오즈월드Andrew Oswald는 미국인의 정신적 고통을 다룬 최근 논문에서 일자리가 대단히 중요하다는 사실을 일깨워주었습니다. 1993년 이후로 사실상 '내 삶의 하루하루가 힘들다'고 대답한 사람의 비율이 현저하게 증가했는데, 교육 수준이 낮은 중년의 백인 남성과 여성 대다수 그리고 미국인 10명 중 1명 이상이 이 말에 공감했습니다. 왜 이런 결과가 나왔을까요? 통계적 증거에 따르면 주요 원인은 제조업 일자리가 현저하게 줄어서 사람들이 일을 할 수 없었기 때문이지요.

이것 말고도 중국이 주는 교훈은 또 있습니다. 정부가 추진한 정책으로 일자리가 사라졌을 뿐 아니라 도시 노동자들이 누렸던 사회 안전망도 만신창이가 되었지요. 요람에서 무덤까지 보장받았던 평생 고용 철밥통이 사라졌습니다. 게다가 일자리를 잃은 사람 중 실업 수당을 받을 수 있는 이들은 소수에 불과했습니다. 정부가 의료 시스템을 민영화하면서 치료를 받을 수 없는 사람들도 넘쳐났고, 퇴직 연금 혜택도 급감했지요.

유럽과 마찬가지로 중국의 노동자들은 경제 개혁의 예봉을 피해갈 수 없었습니다. 노동자 중 가장 힘없는 계층, 특히 교육을 덜 받고 소득이 낮은 계층이 많은 피해를 보았습니다. 또한 농촌 지역에서 도시 지역으로 이주한 사람들이 극심한 고통에 시달렸지요. 이와는 대조적으로 교육을 많이 받고 부유한 계층일수록 과거의 일자리를 유지하거나 새로운 일자리를 찾기가 더 쉬웠습니다. 그들은 삶의 만족도가 크게 달라지지 않았지요. 그러나 전체 인구 중 대다수는 삶의 만족도가 현저하게 감소했습니다. 예전에는 삶의 만족도가 부유한 계층에 근접했던 사람들이었지요. 일자리를 찾고, 질병과 사고로 입은 부상을 치료하고, 자녀와 노인을 부양하고, 자녀가 기반을 잡도록 지원하는 데 걱정이 커지면서 이들의 행복 수준은 바닥으로 떨어졌습니다.

2000년대 초반 실업률이 급등하자 중국 정부는 1990년대의 정책에 수정을 가하기 시작했습니다. 덕분에 고용률이 점진적으로 개선되기는 했지만 과거의 완전 고용 수준에는 크게 미치지 못했습니다. 또한 정부는 사회 안전망을 복구하기 위해 의료 시스템과 연금 제도를 개선하는 새로운 조치를 도입했습니다. 결과는 어땠을까요? 삶의 만족도가 U자형 곡선의 상승 국면에 접어들면서 어느 정도 회복되기 시작했습니다. 그러나 2015년까지도 여전히 이행 시기 이전과 비교하면 낮은 수준에 머물렀습니다.

"하지만 교수님께서는 중국의 생활 여건이 엄청나게 좋아졌다고 말씀하셨습니다. 이것이 사람들을 훨씬 더 행복하게 하지는 않았나요?" 키튼이 손을 들고 질문합니다.

문제는 사회적 비교입니다. 앞서 살펴봤듯이 사회적 비교는 물질적 개선이 행복에 미치는 정의 효과를 약화시킵니다. 물론 중국인 연구자들이 이웃집 마당을 들여다보는 자국인들의 습관을 간과한 것은 아닙니다. 그들은 중국에서 사회적 비교가 만연한 현상, 즉 왕서방 따라잡기를 지적했습니다. 그러나 소득의 준거 기준이 높아진 상황은 아마도 중국 인기 작가 지앙 빙이 쓴 소설의 우스갯소리 같은 결말이 가장 잘 포착한 것 같습니다. 이 소설에서 주인공으로 등장하는 정부 관료는 약혼녀에게 최근 구매한 아파트를 보여주며 이렇게 말합니다.

남자: "이곳이 우리의 작은 보금자리야. 내부를 꾸미는 데 10만 위안이 들 거야."

여자: "VCD 플레이어, 29인치 텔레비전, 세탁기, 에어컨 같은 가전제품도 풀 세트로 구매해야 해. 바닥 장판도 교체해야 하고."

그리고 행복으로 향하는 문이 열렸지요.

이처럼 환멸에 찬 목소리가 25년 전 1인당 GDP가 미국의 10퍼센트에도 못 미치던 국가에서 흘러나왔습니다.

정말 그래요. 가지고 싶어 하는 것은 가지고 있는 것과 함께 늘어납니다.

북유럽 국가의 행복도가
높은 진짜 이유

✦ 행복한 복지국가라고?

　　지금까지 우리는 사회주의에서 자본주의로 이행하는 국가들을 살펴보았습니다. 이 국가들에서 시계열 분석 결과는 본질적으로 같았지요. 사회주의 체제에서 일자리는 확실했고 광범위한 사회 안전망이 제공되었습니다. 사람들은 일자리와 소득의 안정성, 가정 생활, 건강에 대해서 대체로 걱정하지 않았습니다. 전체 인구에서 사회적으로 혜택을 받지 못한 계층이 혜택을 받은 계층에 못지않게 행복했기 때문에 전반적인 행복 수준이 높았지요. 하지만 자유 시장 경제로 이행하면서 고용 안정성이 사라졌고 사회 안전망이 무너졌습니다. 특히 혜택을 받지 못한 계층이 막대한 타격을 받았지요. 일자리와 실업 수당을 보장하기 위한 정책이 사라지면서 그들은 눈앞의 생계를 걱정하는 처지에 놓였고 이에 따라 행복 수준이 급격히 하락했습니다.

　　자본주의로 전환한 국가들의 사례는 국민이 행복하려면 고용을 유지하고 사회안전망을 제공하는 정책이 절실히 요구된다는 사실을 일깨워주었습니다.

　　"그건 모두에게 좋은 일이에요. 하지만 사회주의 체제에서 행복을 증진하기 위한 정책들이 자본주의 체제에서도 효력을 발휘한다고 볼 수 있을까요? 그렇다면 그 점을 어떻게 입증할 수 있나요?"

　　라이더가 좋은 질문을 던졌습니다. 이제 이러한 증거가 우리에게 시사하는 의미를 살펴봅시다. 개인의 행복에 영향을 미치는 것들은 자본주의 국가와 사회주의 국가에서 다르지 않기 때문에, 질문에 대한 답은 아마도 '그렇다'일 겁니다. 이 말이 옳은지 확인하기 위해 복지국가의 전형으로 알려진 노르웨이, 스웨덴, 덴마크, 핀란드와 같은 북유럽 국가들의 사례를 들어봅시다. 이 국가들은 19세기가 끝날 무렵 고용과 사회안전망에 관한 법률을 도입하고 20세기 전반에 걸쳐 이러한 기반을 구축하는 데 앞장섰습니다. 오늘날 이러한 국가들은 GDP 대비 사회안전망에 지출하는 비용이 세계에서 가장 높습니다. 복지국가 정책의 도입이 행복에 얼마나 많은 영향을 미쳤는지 측정할 수 있을 정도로 행복에 관한 시계열 데이터가 오래된 과거까지 커버하는 것은 아니지만, 최근의 횡단면 분석을 보면 이러한 복지국가들이 행복 수준에서 세계 선두의 자리를 일관되게 차지한다는 사실을 알 수 있습니다. 이는 복지국가 정책과 행복이 함께 간다는 것을 의미하지요.

"네, 알겠어요. 하지만 북유럽 국가들은 소득이 아주 높습니다. 아마도 사람들을 행복하게 하는 건 복지국가 정책이 아니라 소득 아닐까요?" 라이더가 다시 응수합니다.

글쎄요. 지금까지 우리는 소득의 증가가 행복의 증가를 의미하는 것은 아니라는 꽤 많은 사례를 살펴보았습니다(예를 들면 2장의 미국과 6장의 중국이 있지요). 그러니 이번에는 북유럽 국가들의 사례를 자세히 살펴보는 것이 좋겠습니다. 비록 우리가 원하는 만큼 시계열 데이터가 충분하지는 않지만, 북유럽 국가와 소득 수준은 비슷한 반면 사회안전망이 그만큼 확보되어 있지 않은 국가들과 북유럽 국가의 행복 수준을 비교할 수는 있습니다. 이렇게 하면 북유럽 국가들과 비교 대상 국가들 사이에 발생하는 행복 격차의 요인에서 (주로 1인당 GDP로 측정되는) 소득을 배제하고, 정책 차이가 행복에 영향을 미칠 수 있는지 알아볼 수 있지요.

우선 첫 번째 집단에는 덴마크, 스웨덴, 핀란드를 선정해봅시다('울트라 복지 집단'이라고 부르기로 하지요). 노르웨이는 소득이 다른 3개 국가보다 현저하게 높기 때문에 배제했습니다. 두 번째 집단에는 준복지 집단으로 영국, 프랑스, 독일, 오스트리아를 넣어봅시다. 이 국가들을 선택한 것은 2007년 조사에서 이들의 1인당 GDP가 울트라 복지 집단과 비슷하기 때문입니다. 두 집단의 실업률과 물가상승률도 비슷합니다. 따라서 이들 두 집단은 1인당 GDP뿐 아니라 전체적인 경제 상황이 비슷하다고 볼 수 있지요. 그런데 복지 혜택의 자격 조건, 지속 기간, 임금 대체율을 포함해 사회복지가 얼마나 풍부하게 제공되는지 살펴보면 울트라 복지 집단이 훨씬 더 높은 수준이라는 것을 알 수 있습니다.

복지 혜택을 풍부하게 제공하는 울트라 복지 집단이 준복지 집단보다 훨씬 더 행복하다는 사실을 납득할 수 있나요?

하지만 학생들은 여전히 회의적이군요.

"울트라 복지 집단의 국민들이 어쩌면 다른 이유 때문에 더 행복한 건 아닐까요?" 라이더가 반문합니다.

맞아요. 그렇다면 경제 상황은 잊어버립시다. 범죄율이 낮을 수도 있지 않을까요? 아니면 신선한 생선이나 강한 맛의 맥주 때문일 수도 있지요(학생들이 낄낄거리면서 웃는군요). 다시 진지하게 말해서, 다양한 복지 혜택이 정말로 이 집단의 행복 수준이 높은 원인이라 할 수 있을까요? 사람들은 이러한 복지를 실제로 인식하고 있을까요? 그렇다고 한들 우리는 다양한 복지 혜택이 그들을 더욱 행복하게 한다는 사실을 어떻게 알 수 있을까요?

라이더의 지적이 옳았습니다. 울트라 복지 집단이 더욱 행복한 원인으로 1인당 GDP를 배제하더라도, 단순히 복지 혜택이 더 많기 때문에 더 행복하다고 쉽게 결론 내릴 수는 없습니다.

더 많은 복지 혜택 이외의 다른 설명들을 찾아서 따져보는 일은 끝이 없는 작업이 될 것입니다. 따라서 불확실성의 여지를 완전히 없앨 수는 없겠지요. 그러나 행복과 풍부한 복지 혜택 사이에 인과관계가 있다는 사실은 아주 풍부한 양의 설문 조사 데이터가 강력히 뒷받침하고 있습니다. 설문 조사에서 드물게 묻는 질문 덕분에 울트라 복지 집단의 국민들이 스스로 풍부한 복지 혜택을 누린다는 사실을 인식하고 있으며 이에 대해 만족하고 있다는 사실을 입증할 수 있었습니다. 보건, 교육, 보육, 노인 부양, 연금 등 5개 영역의 공공 서비스 평가 전체에서 울트라 복지 집단의 응답자들이 준복지 집단의 응답자들보다 훨씬 더 높은 점수를 주었습니다. 북유럽 국가의 국민들은 그들이 받는 공공 서비스가 훌륭하다는 사실을 알고 있었지요.

게다가 공공 서비스에 대한 평가는 관련 영역에 대한 사람들의 만족도에 반영됩니다. 예를 들어 건강, 가정생활, 일자리에 대한 울트라 복지 집단의 만족도는 준복지 집단의 만족도보다 훨씬 더 높았습니다. 만족스러운 의료 서비스는 건강 문제에 대한 우려를 잠재우고, 훌륭한 보육 서비스와 노인 부양 서비스는 가정생활에서의 걱정을 덜어줍니다. 설문 조사 결과는 사람들이 자국 사회안전망이 중대하게 기여하고 있음을 잘 인식하고 있다는 것뿐만 아니라 이처럼 풍부한 복지 혜택 덕분에 그들의 행복 수준이 높다는 사실을 보여줍니다. 풍부한 복지 혜택은 울트라 복지 집단의 국민들이 누리는 더 많은 행복의 근간이 되고 있지요.

그렇다면 이러한 증거는 무엇을 시사할까요?

라이더가 손을 들고 일어나 말합니다.

"저는 교수님 말씀을 이렇게 이해해요. '자본주의 체제의 정부는 사회주의 체제에서 유행하던 정책으로 국민의 행복을 증진할 수 있다.'"

교실 전체가 웃음의 도가니에 빠졌군요. 라이더가 너무나도 정확하게 짚었습니다.

더욱 중요한 사실은 복지 혜택이 풍부할 때 행복 수준이 특별히 더 높아진 사람들은 사회적으로 취약한 계층이라는 점입니다. 사회주의 체제에서도 그랬지요. 울트라 복지 집단과 준복지 집단에서 부유한 사람들이 느끼는 삶의 만족도는 거의 비슷했지만, 사회적으로 취약한 사람들이 느끼는 삶의 만족도는 울트라 복지 집단에서 훨씬 더 높았습니다.

✦ 복지국가에 관해 흔히 하는 질문들

엠마가 질문을 계속 이어갑니다.

"네, 그렇지만 스웨덴은 자살률이 아주 높은 국가로 알려져 있어요. 왜 그런가요? 스웨덴은 복지국가 정책으로 세계에서 가장 행복한 국가가 되었는데 말이지요?"

스웨덴은 자살률이 높은 국가라는 믿음이 널리 퍼져 있는데 실은 잘못된 것입니다. 사실 스웨덴을 포함한 북유럽 국가들의 자살률은 높지 않아요. 2015년 스웨덴의 남성 자살률은 세계 183개국 중 68위에 해당합니다. 덴마크는 106위, 노르웨이는 111위이지요. 37위를 기록한 핀란드가 북유럽 국가 중 자살률이 가장 높습니다(핀란드가 왜 다른 북유럽 국가들과 다른지는 나중에 간단히 살펴보겠습니다). 한편 미국의 남성 자살률은 핀란드와 거의 비슷하지요.

핀란드를 제외하면 북유럽 국가들의 남성 자살률은 다른 유럽 국가들의 평균보다 낮습니다. 여기서 저는 자살률만을 살펴보고 있는데, 지구상 거의 모든 국가에서 남성 자살률이 여성 자살률보다 몇 배는 더 높고 남녀를 합친 자살률보다도 더 높기 때문입니다.

엠마의 질문은 행복과 자살률이 역의 관계에 있다고 가정합니다. 행복 수준이 낮으면 자살률이 높다는 것이지요. 사람들 대부분이 직관적으로 이 말에 수긍하겠지만, 실제로 행복과 자살률은 유럽에서든 세계 어디서든 아무런 관계가 없습니다. 자살률에 가장 결정적인 요인이 무엇일까요? 바로 주류, 특히 증류주 소비량입니다. 이와 관련된 전 세계의 통계가 40년에 걸쳐 수집되었고, 이른바 보드카 벨트로 알려진 국가들(주로 이행 시기의 동유럽 국가들)이 세계에서 가장 높은 자살률을 기록하고 있지요. 이에 반해 음주가 금지된 이슬람국가들이 가장 낮은 자살률을 보입니다. 1990년대에는 스웨덴이 보드카 벨트의 일원으로서 지금보다 상당히 높은 자살률을 기록했습니다. 당시의 데이터 덕분에 아직까지도 자살률 높은 국가라고들 오해하는 것이지요. 이후로 스웨덴 정부가 증류주에 높은 세금을 부과하면서 주류 소비 경향이 증류주에서 맥주와 와인으로 바뀌었고 자살률은 현저하게 떨어졌습니다. 북유럽 국가 중 주류 소비에서 증류주가 차지하는 비중이 여전히 높은 국가는 핀란드뿐이고, 앞에서 살펴봤듯 이 국가의 자살률이 가장 높습니다.

행복 격차의 요인으로 주류 소비량을 제외하면 주류 소비량이 비슷한 국가들을 살펴볼 수 있는데, 이에 따르면 높은 자살률과 낮은 행복 수준은 느슨한 상관관계가 있습니다. 이 관계는 실상 거의 의미가 없고, 전 세계 국가별 데이터에만 적용되지요. 유럽 혹은 라틴아메리카 같은 지역별 국가 집단에는 이러한 관계가 적용되지 않습니다. 간단히 말하자면 낮은 행복 수준 그 자체가 자살률의 중요한 원인이라는 강력한 증거는 없습니다.

하지만 학생들은 질문을 멈추지 않는군요. 오언이 묻습니다.

"복지국가가 제공하는 풍부한 복지 혜택이 근로 의욕을 떨어뜨릴 수 있습니다. 이것이 경제 성장을 저하시키지 않을까요?"

일부 분석가들이 (그리고 많은 정치인들이) 이것이 사실이라고 주장합니다. 스웨덴이 자살률이 높은 국가라는 믿음과 마찬가지로 복지 혜택이 국민들의 근로 의욕을 떨어뜨릴 수 있다는 믿음이 만연해 있지요. 그렇지만 이러한 믿음을 뒷받침하는 타당한 증거가 있을까요? 정말 그렇다면 북유럽 국가에서는 일하는 사람이 많지 않을 것입니다. 하지만 북유럽 국가에서는 취업 연령대의 사람들 중 일하는 사람의 비율이 미국과 유럽연합 국가들보다 대체로 높습니다. 게다가 지난 50년 동안 북유럽 국가들에서 1인당 실질 GDP가 증가한 비율도 미국과 유럽연합 국가들의 증가율보다 높지요. 이는 복지국가 정책이 사람들의 근로 의욕, 더욱 일반적으로는 경제 성장률에 나쁜 영향을 미칠 수 있다는 믿음과 반대되는 증거입니다.

하지만 릴리는 여전히 납득할 수 없다는 표정이군요.

"북유럽 국가들은 세금을 많이 내지 않나요? 세율이 아주 높다고 하던데요?"

북유럽 국가들은 사회안전망이 잘 갖추어지지 않은 국가와 비교하면 세율이 상당히 높은 편입니다. OECD는 북유럽 국가들의 GDP 대비 조세 수입이 53퍼센트에 달한다고 발표했습니다. 이 수치는 유럽연합 국가들의 평균인 45퍼센트와 미국의 33퍼센트에 비하면 높은 편이지요. 그럼에도 북유럽 국가 국민들은 고율의 세금을 기꺼이 납부합니다. 왜 그럴까요? 조세 수입이 주로 어려운 처지에 놓인 사람들의 걱정을 덜어주는 프로그램에 쓰이기 때문입니다. 예를 들어 많은 나라에서 고용 안정성은 끊임없는 걱정거리입니다. 오늘날에는 로봇이 생산라인에 투입되면서 많은 사람들이 고용 기회가 사라질까봐 걱정합니다. 그러나 울트라 복지국가 스웨덴은 이러한 걱정을 하지 않지요. 미래의 로봇 때문에 노동자들이 우려하고 있다는 2017년 《뉴욕타임스》의 기사에는 스웨덴 노동자들은 기술 진보 때문에 일자리가 사라질까봐 걱정하지 않는다는 내용이 있습니다. 유럽위원회European Commission가 실시한 설문 조사에 따르면 "스웨덴 국민의 80퍼센트가 로봇과 인공지능을 긍정적으로 생각한다"고 합니다. 이에 반해 미국의 퓨리서치센터Pew Research Center가 실시한 설문 조사에 따르면 "미국인의 72퍼센트는 미래에 로봇과 컴퓨터가 인간을 대체할 것"이라며 걱정하고 있습니다.

스웨덴 국민들은 왜 로봇의 등장을 걱정하지 않을까요? 답은 간단합니다. 《뉴욕타임스》가 스웨덴 고용통합부 장관의 말을 인용하여 보도했듯 "일자리는 사라집니다. 그러면 우리는 새로운 일자리에 맞게 사람들을 훈련시킵니다. 우리는 일자리를 보호하지 않아요. 우리가 보호하는 것은 노동자입니다".

스웨덴 국민들도 이러한 사실을 잘 알고 있지요.

✦ 복지국가 정책이 부자들의 전유물인가?

엠마가 반론을 제기합니다.

"교수님께서 말씀하신 것처럼 북유럽 국가의 국민들은 소득이 상당히 높아요. 하지만 대부분의 국가에서 교수님께서 말씀하시는 사회안전망을 제공할 형편이 되지 않는 것으로 압니다."

실제로는 그렇지 않습니다. 오늘날에는 복지국가 정책을 지원할 수 있을 정도로 소득이 높은 국가들이 많습니다. 덴마크는 1880년대에 이러한 정책을 도입하는 데 선두주자였지요. 당시 덴마크의 1인당 GDP는 오늘날 가치로 환산했을 때 3000달러가 조금 넘는 정도였습니다. 지금은 저개발 지역 인구의 약 4분의 3이 1인당 GDP가 3000달러 혹은 그 이상인 국가에서 살고 있습니다. 따라서 복지국가 정책은 세계의 많은 지역에서 실현 가능합니다.

적절한 사례로는 코스타리카가 있습니다. 이 나라는 부유하지 않아도 복지국가 정책을 실행하고 유지할 수 있다는 것을 증명했지요. 코스타리카는 1인당 GDP가 1880년대 덴마크와 거의 비슷하던 20세기 중반에 복지국가 정책을 도입했습니다. 오늘날 코스타리카는 행복 순위에서 156개국 중 13위를 기록하며 가장 행복한 국가 중 하나로 꼽히고 있지요. 반면 1인당 GDP가 코스타리카의 4배에 달하는 미국은 18위입니다. 코스타리카의 복지국가 정책이 행복 수준을 높이는 데 중요한 역할을 했다는 점은 확실합니다.

따라서 국민 소득을 높이는 경제 성장이 복지국가 정책에 꼭 필요하다는 생각은 환상에 불과합니다. 경제 성상이 복지국가 정책을 추진하기 쉽게 해주는 것은 맞지만 반드시 필요한 것은 아니지요. 행복을 증진하려면 조세 수입을 사회안전망을 확충하는 데 기꺼이 사용하려는 정부가 있어야 합니다. 즉 이러한 정책은 경제 성장 없이도 추진할 수 있습니다.

✦ 복지국가 정책은 행복을 증진한다

바로 그겁니다. 과거의 데이터는 복지국가 정책과 행복 사이에 정의 상관관계가 있다는 사실을 일관되게 보여줍니다. 사회주의에서 자본주의로 이행하는 국가들은 정부가 복지국가 정책을 포기하면서 행복 수준이 급격하게 하락했지요. 복지국가 정책을 도입하는 데 앞장선 북유럽 국가들은 세계에서 행복 수준이 가장 높습니다.

이제 두 가지 다른 유형의 증거가 잘 맞아떨어집니다. 하나는 행복에 관해서라면 사람들이 경제 상황, 가정생활, 건강에 가장 많은 관심을 쏟는다는 캔트릴의 증거입니다. 다른 하나는 이들 세 가지 영역에 집중하는 복지국가 정책이 행복을 증진한다는 일관된 증거입니다. 자, 그러니 정부가 개인의 행복을 증진할 수 있느냐고 묻는다면, 답은 단연코 '그렇다'입니다.

또한 복지국가 프로그램에 적합한 선택지가 단 하나만 있는 것은 아닙니다. 그 구체적인 내용은 다양한 이유로 국가마다 크게 다르며 끊임없이 재평가되고 수정됩니다. 그러나 행복을 증진한다는 정부 정책의 개괄적인 목표는 상당히 분명하게 알 수 있습니다. 여기에는 완전 고용과 소득 지원, 주택 지원, 보편적 의료 서비스, 교육, 보육, (자녀가 유아기에서 청소년기를 보낼 때까지) 육아 휴직, 노인 부양과 같은 프로그램이 포함되어 있습니다. 간단히 말해 모든 이들을 위한 철밥통인 셈이지요.

마지막으로 지적해야 할 점이 한 가지 있습니다. 정부 정책과 이러한 정책을 추진하는 정치 혹은 경제 체제는 별개라는 점입니다. 이 장에서는 물론이고 앞서 6장에서도 저는 특정한 정치 혹은 경제 체제가 우월하다는 주장을 하거나 그에 대한 증거를 제시한 적이 없습니다. 그러니 앞서 책이 품었던, 제가 급진적인 정치적 변화를 주장할 거라는 걱정은 하지 않아도 좋습니다. 저의 관심사는 오직 행복에 있습니다. 증거에 따르면 사회주의 체제, 권위주의 체제에서도 행복 수준이 상당히 높을 수 있습니다. 그러나 이것이 사회주의 체제가 자본주의 체제보다 낫다거나, 경찰국가가 민주주의 국가보다 낫다는 걸 의미하지는 않습니다. 북유럽 국가들을 보면 알 수 있듯 실제로 행복 수준은 민주주의 국가와 자본주의 체제에서 상당히 높을 수 있지요. 결론은 행복을 증진하기 위한 구체적인 정책이 중요하고, 이러한 정책은 다양한 정치와 경제 체제에서 추진할 수 있다는 것입니다.

✦ 소비자 주권과 복지국가

'소비자 주권'을 신봉하는 경제학자들이 있습니다. 그들은 소비자의 선택이 무엇을 생산할지 결정해야 하며 정부의 역할은 최소화해야 한다고 믿고 있지요. 이러한 견해에 따르면 자신의 이익에 대해 최선의 선택을 내릴 수 있는 사람은 바로 자기 자신이며, 따라서 다른 사람들에게 피해를 주지 않는 한, 개인은 원하는 대로 자신의 돈을 지출할 수 있어야 합니다. 정부의 조세나 규제로부터도 자유로워야 하지요. 이때 정부가 개인의 지출 결정에 개입하면 가부장주의로 치부되고, '아빠가 가장 잘 알아!'라는 말로 조롱의 대상이 됩니다.

행복에 관한 연구 결과는 이러한 소비자 주권 원칙이 지닌 문제를 드러냅니다. 사람들이 실제로 자신에게 무엇이 가장 이익인지 평가할 때 오류를 범할 수 있다는 것이지요. 가계는 소득 증가가 행복에 미치는 영향을 판단할 때 체계적으로 오류를 범합니다. 돈이 많으면 행복해질 것이라고 생각해서 내리는 선택은 행복을 증진하지 않을 겁니다. (경제학자들과 소비자 주권을 신봉하는 사람들은 무시하지만) 소득의 준거 기준이 높아짐에 따라 기대하는 수준도 높아지기 때문입니다. 사람들이 자신의 이익을 평가할 때 종종 오류를 범하는 게 맞다면, 지금까지 우리가 살펴보았던 증거에 따라 정부에서 행복을 증진하는 정책을 추진할 수도 있지요.

그러나 (특히 미국의) 경제학자들은 소비자 주권의 원칙에서 벗어나는 것을 싫어합니다. 노벨 경제학상을 수상한 미국의 두 경제학자 대니얼 카너먼과 리처드 탈러는 자유 시장이 최선의 결과에 미치지 못하는 다양한 원인을 뛰어난 통찰력으로 설명한 논문에서 다음과 같은 말로 끝을 맺습니다. "사람들이 때로는 효용을 극대화하지 못한다는 사실이 다른 누군가가 (⋯) 선택의 권리를 빼앗아야 한다는 것을 의미하지는 않습니다." 그들은 이후에 넛지nudge라고 불리게 되는 개념을 소개합니다. 이것은 "책임자가… 어느 누구에게도 선택의 자유를 제한하지 않으면서 선택을 안내하고 선택에 영향을 행사하는 과정을 의미합니다."[1]

넛지 접근 방식은 그 자체로 장점이 있습니다. 그러나 정부가 정책에 개입해야 한다고 명시적으로 밝히기를 주저한다면 사회 진보의 역사에 대해 한심하기 이를 데 없이 오해하는 것입니다. 경제 이론과 경제사는 미국 경제학자들의 세계관을 형성합니다. 경제학의 이 분야들은 자유 시장의 이점을 찬양하고 오직 경제적 경험에만 집중하지요. 세상을 경제의 관점으로만 바라보면 사회의 진보와 그 원인을 왜곡해서 인식하게 되지요. 19세기 중반 이후로 평균 수명이 세계 거의 모든 지역에서 2배로 늘었습니다. 인간의 생활 여건에서 이처럼 엄청난 발전을 이룩한 것은 자유 시장 혹은 경제 성장이 아니라 공공 의료 시스템을 정착시킨 의학의 발전 덕분이지요. 이러한 시스템은 때때로 강제 격리나 백신 접종 같은 정책과 절차를 권고하고 추진했는데, 이는 평균 수명을 늘리는 데 큰 역할을 했습니다.

제가 이 글을 쓰고 있을 때는 코로나19가 대유행하던 첫 번째 단계였습니다. 누구도 자유 시장 혹은 정중한 넛지가 팬데믹을 멈추거나 사망자 수를 줄일 것으로 기대하지 않았지요. 우리에게 필요한 것은 강력하고도 신속한 정부 개입입니다. 소비자 주권, 즉 공황 구매는 도움이 되기는커녕 방해만 될 뿐이지요. 백신도 아직 없고 항체 시험도 진행되지 않았던 당시에 표백제를 코로나19 치료제로 둔갑시키거나 화장지를 사재기하는 행위는 공식적으로 권고한 자가 격리, 마스크 착용, 사회적 거리두기의 효과와 비교조차 할 수 없겠지요.

복지국가의 수립도 이와 상당히 비슷합니다. 소비자에게 자신이 원하는 대로 지출할 자유가 있다면 복지국가 수립에 찬성하지 않을 것이고, '넛지'로 접근해도 마찬가지입니다. '소비자 주권'은 그 자체로 매력적인 부분이 있지요. 그러나 사실 이것은 본질적으로 세금을 최소화하라는 요구입니다. 실제로 이번 논의에서 살펴본 것처럼 가장 행복한 국가들은 세계에서 GDP 대비 세금이 가장 많은 북유럽 지역에 있습니다. 이 지역에서 민주적으로 선출된 정부의 정책이 증명하듯 국민의 행복을 증진하려는 목적으로 세금을 부과한다면 소비자 주권에 정면으로 반하는 건 맞지만, 그 목적은 확실히 달성될 것입니다.

GDP는 왜 당신의 행복을
설명하지 못할까?

✦ 행복 vs GDP

"네, 알겠습니다. 아마도 정부 정책이 행복을 증진할 수 있 겠군요. 하지만 정부가 그것까지 신경 써야 합니까? 정부는 경제 성 장에 집중해야 하지 않을까요? 행복이 아니라 GDP에 말입니다." 댄 이 말합니다.

지난 50년이 넘는 시간 동안 1인당 GDP가 번영의 주요 지표였 고, 정책 담당자에게는 GDP를 상승시키는 것이 주요 목표였습니 다. 그러나 GDP에 우선순위를 두면 생산을 늘리기 위한 정책을 통 해 기업이 전면에 내세워집니다. 이에 반해 행복에 우선순위를 두면 정책의 중심에 국민이 있고, 국민의 일상생활을 개선하기 위한 프로 그램이 마련되지요.

1990년대에 GDP와 행복이 반대로 움직였던 중국은 복지를 평 가하고 정책의 지침이 되는 지표로 GDP보다 행복이 더 적합하다 는 것을 입증합니다. 중국이 1990년 이후 역사상 가장 빠른 속도로 GDP가 증가하면서 '중국의 기적China Miracle'이라는 찬사를 받은 일 은 널리 알려져 있습니다. 그러나 같은 기간 행복 수준은 떨어졌지 요. 행복과 GDP 중 국민의 복지에 생긴 변화를 더 잘 포착할 수 있 는 지표는 무엇일까요?

답은 분명히 '행복'입니다. 중국은 경제 개혁 정책으로 GDP가 엄청나게 빠른 속도로 증가했지만 그에 따른 심각한 피해를 겪었습 니다. 가장 중대한 문제로는 대량 실업, 사회안전망의 붕괴가 있지요. 결과적으로 일자리를 잃은 사람뿐 아니라 일을 하고 있는 사람에게도 일자리, 소득의 안정성, 가정생활, 건강에 관한 새롭고도 절박한 걱정거리가 생겼습니다. 사회정책 분석가 제라드 레모스^{Gerard Lemos}가 이런 말을 한 것도 전혀 놀랍지 않습니다. "중국 국민들은 자신의 현재와 미래에 대해 몹시 불안해하고 있다."[1] 정책 담당자들은 생산 확대를 장려하면서 노동자들이 처한 상황을 완전히 무시했습니다. 만약 그들이 행복을 정책 평가의 지표로 삼았더라면 새로운 정책이 중국인들의 삶을 어느 정도로 파괴하는지 확인했을 겁니다. 중국인들의 행복 수준이 하락한 현상은 사람보다 생산을 먼저 생각했을 때 심각한 인적 피해가 발생한다는 사실을 분명히 보여주었지요.

최근 미국에서 일어난 어느 사건과 그에 정부가 대처한 방식은 GDP를 먼저 생각하면 국민의 삶을 얼마나 경시하게 되는지 보여주는 또 다른 사례입니다. 미국 정부가 2018년 12월부터 35일 동안 실시한 부분적인 임시 휴업은 연방 정부가 일반직 직원과 계약직 직원 수십만 명을 해고하게 되는 결과를 불러일으켰습니다. 상무부 장관 윌버 로스^{Wilbur Ross}는 그 직원들의 스트레스와 고통에 이렇게 반응했지요.

상황을 객관적으로 바라보자. 당신은 80만 명의 직원들에 관해 이야기하고 있다. 나 역시 그들이 어려운 상황에 처한 것이 유감이다. 하지만 그들 모두가 임금을 못 받는다 하더라도 미국 GDP의 0.3퍼센트에 해당할 뿐이다. 따라서 전체로 보면 이러한 수치가 크다고 할 수는 없다.

수십만 명에 달하는 이 직원들의 삶과 GDP를 비교한다면 GDP 가 이깁니다. GDP로 상황을 판단하는 로스 장관의 눈에 거의100만 명에 달하는 직원들의 고통은 하찮게 보이겠지요. 그들의 소득 (그리고 생산) 손실분은 GDP의 극히 일부에 불과하기 때문입니다. 솔직히 말해 GDP가 거의 영향을 받지 않는다면 사람들에게 무슨 일이 일어나든 중요하지 않은 겁니다. 과장해서 하는 말이 아니라 이 사례는 생산을 먼저 생각하면 의도하든 그렇지 않든 명백하게 비인도적인 행위에 이를 수 있다는 사실을 분명하게 보여줍니다.

이와는 대조적으로 행복을 먼저 생각하면 사람을 중요하게 여기게 되지요.

왜 GDP보다 행복을 먼저 생각해야 할까요? 행복은 GDP보다 훨씬 더 광범위한 지표입니다. 1인 기준으로 계산하면 GDP는 기껏해야 실질 소득의 평균에 가까운 값을 나타내지요. 이는 생산되고 사회의 구성원들이 대부분 소비하는 재화와 서비스의 평균 수량을 의미합니다. 반면 행복은 소득뿐 아니라 인생의 다른 중요한 측면에서 이루어지는 발전이 복지에 어떤 효과를 미치는지 보여줍니다. 이경우 일자리, 건강, 가정생활이 중심을 이룹니다. 따라서 행복을 측정할 때는 일상의 다양한 관심사가 포함되지요. 그에 반해 GDP는 단순히 소득만을 보여줄 뿐입니다.

그리고 확실히 행복은 GDP와 달리 사람들에게 쉽게 와닿는 지표입니다. 소파에 앉아 있는데 GDP가 5퍼센트 상승했다는 뉴스를 들으면 하품이 나오고 스포츠 중계로 곧장 채널을 돌려버리게 되지요. 그러나 뉴스 진행자가 행복이 5퍼센트 상승했다고 말하면 계속 지켜보게 될 겁니다. 사람들은 행복을 이해하고 신경 씁니다. GDP는 일상생활과 동떨어져 있기 때문에 이해하기 힘든 개념이지요.

게다가 행복을 평가할 때는 제3자가 아닌 당사자가 자신이 행복한지 스스로 판단합니다. 반면 GDP는 이른바 전문가라고 불리는 통계학자들이 당사자와 아무 관계없는 숫자들을 집계하여 계산하지요.

더구나 행복은 부유한 사람이든 가난한 사람이든 모두가 오직 한 표만을 행사할 수 있는 지표입니다. 이에 반해 GDP는 부유한 사람, 즉 구매력이 더 많은 사람이 무엇을 생산할지 결정하고 그 내용을 구성합니다.

"하지만 행복은 사람들의 인식에만 의존해요. 따라서 주관적이지요. GDP는 구체적인 수치니까 더 낫다고 볼 수 있지 않을까요?" 댄이 반론을 제기합니다.

"맞아요. 저도 같은 생각이에요. GDP 통계가 확실한 팩트이지요!" 여기에 잭이 맞장구를 칩니다.

댄과 잭은 경제학자들의 선입관에 공감하는 것인데, 그들은 GDP가 철광석 생산량과 같이 물리적으로 관찰할 수 있는 생산량에 어느 정도 부합하는 구체적인 통계hard statistic라고 생각합니다.

이에 반해 많은 경제학자들이 사람들의 생각과 감정을 반영하는 설문 조사 통계를 소프트 데이터soft data로 간주합니다. 이러한 구분이 그럴듯한 이분법으로 보일 수도 있어요. 그러나 앞으로 살펴보겠지만 소프트 데이터와 하드 데이터, 객관과 주관, 정량과 정성을 구분하는 것은 사람들이 하는 말은 신뢰할 수 없다는 믿음이 유행하던 20세기 행동경제학 시대의 유물입니다.

사실 GDP에 정확한 수치는 단 하나도 없습니다. GDP 측정의 선구자로 노벨 경제학상을 수상한 사이먼 쿠즈네츠Simon Kuznets가 누누이 지적했듯 GDP를 측정하다 보면 무엇을 포함해야 할지 주관적인 판단을 수도 없이 내려야 합니다. 자녀 양육, 식사 준비, 집 청소 같은 임금을 받지 않는 가사 노동을 GDP에 포함해야 할까요? 이런 활동은 포함되지 않지만, 가사도우미가 가사 노동을 하는 경우는 포함됩니다. 농가에서 자체적으로 소비하기 위해 농산물을 생산하는 활동은 어떤가요? 이것은 GDP에 포함됩니다. 그러나 같은 농가에서 이 농산물로 식사를 준비하는 활동은 포함되지 않지요. 매춘, 도박, 주류, 담배는 어떨까요? 대부분은 이러한 상품의 생산과 소비가 합법인지 혹은 불법인지에 따라 다릅니다. 그리고 합법과 불법의 여부는 국가마다 그리고 국가 내에서도 지역별로 서로 다르고, 시간이 지나면서 변합니다(20세기 초 미국에서는 술을 팔지 못했던 시절이 있었지요). 국방비 지출은 또 어떻습니까? GDP에 포함되는 군사비에 엄청나게 투자하는 미국의 국민들은 상비군조차도 없는 코스타리카의 국민들보다 더 행복한가요? GDP를 측정하려면 이처럼 무엇을 포함해야 할지 질문하게 됩니다. 그러니까 GDP는 결코 구체적이지도 객관적이지도 않은 지표이지요. 숫자를 집계하는 사람의 주관적인 판단에 따라 GDP에 포함되는 항목이 결정됩니다.

"와, 저는 전혀 모르겠어요." 릴리가 두 손을 듭니다.

GDP를 무시해야 한다는 소리는 아닙니다. 경제의 생산량을 구체적으로 알고 싶다면 GDP는 유용한 도구이지요. 마찬가지로 보건을 평가하는 지표를 찾고 있다면 평균 수명이 합당한 지표일 겁니다. 그러나 국민의 전반적인 복지를 평가할 수 있는 종합적인 지표와 정책에 대한 분명한 지침을 원한다면 행복이 그 답입니다. 행복은 국민의 삶에서 정말 중요한 것이 무엇인지 보여주지요. 행복은 전 세계 평범한 사람들이 처한 주요한 상황을 직접 반영합니다.

어떤 학자들은 사람들이 자신이 느끼는 행복을 거짓으로 보고할 수도 있다고 주장하며 행복이 복지의 공식적인 지표가 되는 것에 반대합니다. 또 어떤 학자들은 이러한 지표가 정치적 권리와 시민으로서의 권리 같은 사회적·정치적 요인을 너무 간과한다고 지적하지요. 이는 타당한 우려입니다. 그러나 이렇게 걱정하는 사람들은 복지를 평가하는 대안이 될 만한 지표는 제시하지 않은 채 우리에게 GDP만이 답이라고 말합니다. 행복이 복지를 측정하는 완벽한 지표는 아닐지라도 GDP보다는 더 나은 지표입니다.

또 다른 사람들은 행복 지표가 GDP와 달리 특정한 한계가 있다는 이유로 이것을 비판합니다. 현재로서는 (개인이든 국가든) 행복 지표에서 가장 높은 점수가 10점입니다. 이에 반해 GDP는 끝없이 증가할 수 있습니다. 이론적으로 GDP는 상한선이 없지요.

이것은 참으로 기이한 불만입니다. 상계가 없으면 더 나은 지표일까요? 상계가 없어야 한다는 의견은 사회의 목표는 성취 불가능해야 하며(예를 들면 우리는 충분한 생산에 결코 도달할 수 없다는 것) 우리가 상계에 도달하면 불행해진다는 것을 의미합니다. 이러한 관점을 따르면 결론이 불행해질 수밖에 없어요. 앨프리드 테니슨 경Alfred, Lord Tennyson은 이에 대해 다음과 같이 말했습니다. "모든 경험은 통과하는 관문이 되었다./저 멀리 아직 닿지 못한 세상은 빛이 나고 그 가장자리가 사라진다./내가 다가갈 때마다 계속." 행복은 지평선 너머로 사라지고 오직 낭만적인 동경만이 당신을 저 멀리로 이끌어주겠지요.

이보다는 더 유의미한 관점이 있습니다. 모든 사람이 상계, 즉 행복 지표의 가장 높은 점수인 10점을 선택하는 유토피아 사회를 그려보는 것이지요. 모두가 더할 나위 없이 행복한 사회입니다. 가까운 미래에 이런 최고의 행복에 도달하기를 바라는 사람이라면 조바심을 가져서는 안 됩니다. 전 세계 모든 지역에서 우리는 상계에 여전히 크게 못 미치고 있어요. 다들 알다시피 「세계행복보고서」에 따르면 행복 수준이 가장 높은 국가가 10점 만점에 평균 7.5점이고 가장 낮은 국가는 평균 3.0점이지요.

물론 우리 모두가 10점에 도달하지는 못할 것입니다. 현재 행복 수준이 가장 높은 3개국(핀란드, 덴마크, 노르웨이)에서는 인구의 4분의 1이 9점 혹은 10점을 선택했습니다. 현실적인 목표는 전 세계 인구의 행복을 이 정도 수준으로 끌어올리는 것이지요.

따라서 행복의 관점에서 개선하려는 노력은 계속되어야 합니다.

"아마도 이제 행복 올림픽을 열어야 할 때가 됐나봐요!"

테드가 말합니다.

✦　계기판식 접근 방식

GDP를 옹호하는 세력이 약해지면서 계기판식 접근 방식이 한 가지 대안으로 떠올랐습니다. 이것은 이해하기 쉬운 방식입니다. 자동차 계기판을 생각하면 되지요. 자동차 계기판은 (아마도 우리가 원하는 것 이상으로) 다양한 지수를 보여주는데, 각각의 지수는 자동차 기능의 특정한 측면을 나타냅니다. 마찬가지로 연구자들은 행복과 관련된 다양한 경제적·사회적 지수 등을 조합하고 이 지수들로 계기판을 구성할 수 있습니다. 자동차가 얼마나 잘 작동하는지 알려주는 단 하나의 지수 같은 건 없듯이 계기판 그 자체는 전체적인 행복이 어떠한지 말해주지 못합니다. 해가 바뀌면서 어떤 행복 지수들은 상승할 것이고, 또 어떤 행복 지수들은 하락할 것입니다. 상승과 하락의 정도도 다양하게 나타나겠지요. 따라서 대부분의 행복 계기판은 비록 임의적이기는 하지만 이를 구성하는 항목들의 평균값을 낸 개요 지수를 보여줍니다.

1990년 유엔이 처음 발표한 인간개발지수Human Development Index, HDI는 계기판식 접근에서 앞서나간 방식이었는데, 지금도 매년 발표하고 있습니다. HDI는 국가별로 1인당 GDP, 평균 수명, 평균 교육 기간이라는 세 가지 항목의 평균값을 도출한 것입니다. 물론 HDI는 1인당 GDP만으로 세계 순위를 매긴 것과는 상당히 다른 결과를 보여줍니다. 국민 행복을 강조하는 정책을 추진하는 복지국가들이 건강, 교육에 신경 쓰기 때문에 상위 10위권을 휩쓸고 있습니다. 반면 1인당 GDP에서 상위권을 차지하는 국가들은 주로 중동 지역의 산유국이지요. 미국은 1인당 GDP에서 10위를 기록했지만 HDI에서는 영국과 공동 15위를 기록하는 데 그쳤습니다.

　　HDI가 처음 발표된 이후, 훨씬 더 광범위한 계기판과 함께 수많은 지수가 제시되었습니다. 표3에서는 그중 일부 지수와 각 지수를 구성하는 행복 관련 요소의 가짓수를 소개하고 있습니다. 주목할 만한 점은 이러한 가짓수가 최소 3개에서 최대 54개까지 다양하게 분포되어 있다는 점입니다. 또한 표4에서 알 수 있듯 이러한 구성 요소들은 계기판마다 크게 다릅니다. 예를 들면 더 나은 삶 지수Better Life Index에는 정치 참여와 일과 삶의 균형이 포함된 반면 참진보지수Genuine Progress Indicator는 다양한 환경 문제에 특별한 관심을 보이지요.

　　"저는 계기판식 접근 방식이 피상적으로 보입니다. 교수님께서도 특별히 추켜세우지 않는 것 같고요." 키튼이 의문을 제기합니다.

　　계기판식 접근 방식은 GDP의 중요성을 약화시킨다는 측면에

표3. 행복에 관한 계기판

계기판	주요 구성 요소의 수
더 나은 삶 지수Better life index	11
부탄의 국민총행복지수Gross National Happiness index	9
참진보지수Genuine progress index	26
세계평화지수Global peace index	23
행복지수Happy planet index	3
인간개발지수Human development index	3
지속 가능한 경제적 후생 지수Index of sustainable economic welfare	7
레가툼 번영 지수Legatum prosperity index	4
다차원적 빈곤 지수Multidimensional poverty index	10
사회발전지수Social progress index	54

서 실제로 올바른 방향으로 가기 위한 하나의 단계라고 볼 수 있습니다. 또한 계기판의 구체적인 지수는 사람들의 행복에 영향을 미칠 수 있는 다양한 요인이 무엇인지 알려주기도 하지요. 그러나 이 접근 방식에는 많은 문제가 있는데, 이중 상당수가 GDP가 안고 있는 문제와도 비슷합니다. 무엇보다도 우리가 방금 살펴봤듯 계기판에 무엇이 들어가야 하는가에 대해 다양한 관점이 충돌합니다. 이것은 과거 학자들이 좋은 삶에 관해 논할 때 저마다 다른 이야기를 한 것과 같지요. 따라서 주요 지수를 만들기 위해 계기판 항목들을 합칠 때 문제가 발생합니다. 예를 들어 세 가지 항목만 포함하는 HDI를 생각해봅시다. 실제로 비교할 수 없는 항목들이라면 어떻게 평균을

표4. 두 가지 계기판의 주요 구성 요소

더 나은 삶 지수(11개)	참진보지수(26개 중 일부 선별)
주거 환경	**경제**
가계 소득	소득 불평등
고용 안정성과 실업	소비 지출
사회적 지원 네트워크	내구 소비재
교육	불완전 취업의 폐해
환경의 질	
민주적 참여	**환경**
건강	수질오염의 폐해
삶에 대한 만족	대기오염의 폐해
살인 및 폭행 사건 빈도	CO_2배출
일과 삶의 균형	습지대의 감소
	사회
	가사 노동과 자녀 양육의 가치
	범죄에 따른 피해
	자원봉사활동의 가치
	출퇴근 비용

계산할 수 있을까요? GDP, 평균 수명, 평균 교육 기간은 측정 단위가 서로 다릅니다. GDP의 단위는 달러이고, 평균 수명의 단위는 생존한 연수이고, 평균 교육 기간의 단위는 교육받은 연수이지요. 연수로 평균 수명과 평균 교육 기간이 비교 가능하다고 생각한다면 다음을 살펴봅시다. 평균 수명 60년과 평균 교육 기간 12년의 평균을

계산하면 36년이 나와요. 그런데 이 값에 무슨 의미가 있을까요? 차라리 스테이크 27킬로그램과 못 5킬로그램의 평균을 계산하는 편이 더 낫습니다. 이런 문제를 피해가려고 HDI처럼 각각의 측정값을 퍼센트로 표시한 지수로 변환하는 것은 문제를 표현하는 방식만 바꿀 뿐이지요. 행복의 관점에서 스테이크 생산지수가 1퍼센트 변화하는 것과 못 생산지수가 1퍼센트 변화하는 것은 동등한 가치가 있을까요?

계기판의 내용과 주요 지수를 어떻게 구성할지는 누가 결정할까요?(2020년식 프리우스의 계기판인가요, 1920년식 모델 T의 계기판인가요?) 어떤 경우든 이것을 결정하는 사람은 자신의 행복을 평가받는 당사자는 아닐 것입니다. 각각의 계기판이 다양한 항목으로 구성되어 있다는 점을 고려하면 주관적인 분석에 대한 우려는 사라지지 않습니다. 그리고 결국 계기판이 어떤 식으로 확장되든 그 결과로 도출되는 주요 지수는 GDP와 HDI처럼 대중들이 이해하기가 힘든 무언가가 되겠지요.

"아마도 피상적이 아니라 멍청한 게 맞겠네요." 키튼이 불쑥 끼어듭니다.

분명히 사회의 행복에 관한 주요 지수는 필요합니다. 그러나 GDP와 마찬가지로 계기판도 행복의 구성 요소를 결정하는 외부의 관찰자들이 만드는 것입니다. 더 나아가 정책의 타당성은 단순히 계기판을 만든 사람들의 개인적 선입관에 달려 있지요. 이에 반해 행복은 당사자가 자신이 느끼는 복지 수준에 대해 스스로 말해줍니다.

행복이 사회의 복지 수준의 주요 척도가 된다면 공공 정책은 사람들의 삶에 더욱 직접적으로 관여할 수 있는 프로그램으로 전환되겠지요.

이제 사람들의 감정을 중요하게 고려해야 할 차례입니다.

세 번째 강의

당신 곁의 행복에
관한 질문들

9강

누가 더 행복한가

남성, 여성, 젊은이, 노인

✦ 나이가 행복과 무슨 상관인가?

"시작해볼까요?"

이제부터는 학생들이 수업을 진행하는 것이 좋겠습니다.

"나이가 들면 행복이 어떻게 달라지나요?"

질이 먼저 포문을 여는군요.

모두가 반응을 기다리는데 에번이 불쑥 말을 꺼냅니다.

"저는 행복이 U자형 곡선을 그린다고 생각해요. 행복은 50세까지 하락하다가 그다음에는 나이가 들면서 계속 상승하는 거지요. 저는 제 아이패드에서 이런 글을 읽었어요. 당신이 아직 50세가 아니라면, 바닥을 쳐본 적이 없는 것이다."

에번의 이야기가 맞아요. 언론에서는 행복이 U자형 곡선을 그린다고 말합니다. 실제로 행복에 관한 단 하나의 주기 패턴이 전 세계 모든 지역에서 완벽하게 들어맞는 건 아니지만 어느 정도의 일관성은 있습니다. 선진국 중에는 나이가 들면 행복 곡선이 U자형이 아닌 파도 모양을 그리는 국가가 많습니다. 파도 중 하나는 언론이 말한 대로 사람들이 50대일 때 바닥을 치지요. 이것이 바로 U자형 곡선의 바닥에 해당합니다.

지금 우리는 어떤 모양의 파도를 상상하고 있을까요? 해안으로 몰려오는 파도의 높이는 다양합니다. 행복에 관한 생애 주기의 파도도 마찬가지입니다. 때로는 파도가 계속 몰려오다가 잔잔해지기도 하지요. 우리가 해변에서 보는 모습과 같습니다.

그림3. 행복의 생애 주기

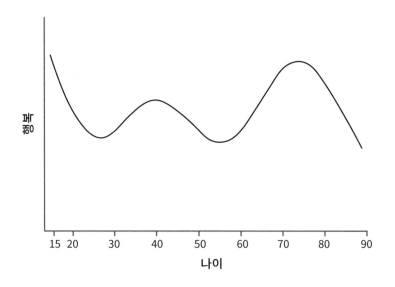

그림3은 평생의 행복에 관한 가장 일반적인 패턴입니다. 사람들 대부분이 학교를 다니는 시기에 높은 행복 수준을 보이는 것으로 시작합니다(학창 시절을 즐겁게 보내도록 합시다!). 즐길 수 있을 때 즐겨야 하는 것이지요. 이후로는 행복이 하락하기 때문입니다. 20대 초반에서 중반에 이르면 행복이 바닥을 칩니다(괴로움에 고통받지요). 이후로 30대 중반 혹은 후반까지 서서히 상승합니다. 그러다가 하락세로 접어들고 50대가 되어 다시 바닥으로 떨어지지요. 마지막으로 가파른 상승세를 타면서 70대에 최고조에 도달합니다. 그런 다음 세 번째로 하락세를 보입니다. 이러한 변화는 대체로 완만하게 전개되지만 첫 번째 하락세, 마지막 상승세와 하락세는 상당히 빠르게 진

행되지요.

행복은 10대, 30대 후반, 70대에 최고조를 보이지만 20대, 50대, 80대 이후에는 바닥으로 떨어집니다.

이러한 패턴으로 경제 상황, 가정생활, 건강이 개인의 행복에 가장 큰 영향을 미치는 요소라는 캔트릴의 결론을 확인할 수 있습니다. 첫 번째 하락세는 직장 때문에 생깁니다. 학교에서 직장으로 넘어가는 시기이지요. 이때는 젊은이들에게 힘든 시기인데, 학교를 떠나 일자리를 찾고 경력의 첫 번째 단계에 진입하면서 스트레스와 불안이 커지게 됩니다(학생들의 표정이 갑자기 일그러지는 모습을 보니 이런 이야기가 얼마나 달갑지 않은지 알 수 있습니다. 학생들은 대학 시절을 힘든 시기로 생각하고 있지요).

20대에서 중년까지는 주로 가정생활이 행복의 주기를 좌우합니다. 앞서 살펴봤듯 사람들은 대체로 20대 중반부터 30대 후반까지 배우자와 함께 가정을 이루기 시작하면서 행복 수준이 높아집니다. 이후로 보이는 하락세는 가정에서의 행복 수준이 서서히 반전되는 것을 반영하는데, 이는 이혼과 한부모 가정의 증가와 관련됩니다.

나이가 60대에 이르면 퇴직이 행복에 상당한 상승세를 부여하지요. 그러나 노년의 황금기와도 같은 시기가 지나면 건강이 악화되고 배우자의 사망으로 외로워지는 노인들이 많아지면서 행복 수준이 하락세로 돌아섭니다. 노벨 경제학상을 수상한 앵거스 디턴Angus Deaton은 이러한 현상을 다음과 같이 간명하게 표현했지요. "늙어갈수록 안 좋은 일들이 일어난다." 이처럼 나이가 들어서도 행복 수준이 계속 상승한다는 U자형 곡선이 많이 언급되기는 하지만, 실제로는 파도 모양의 곡선이 신체적 현실은 물론 솔직히 말하면 일반적인 상식에 더 부합하지요.

물론 개인적 경험은 평균과 다를 수 있고, 때로는 크게 벗어날 수도 있습니다. 그리고 우리는 지금 평균적인 패턴에 관해서 이야기하고 있지요. 제 이야기를 하자면 행복한 삶을 살아서 운이 좋은 사람입니다. 행복이 바닥으로 떨어진다는 50대에 재혼을 하면서 인생에서 가장 행복한 시기를 맞기도 했지요.

"그러면 U자형 곡선의 문제는 무엇인가요? U자형 곡선은 어떻게 널리 알려지게 되었지요?" 에번이 물러서지 않고 다시 질문을 던집니다.

U자형 곡선이 널리 알려져 있기 때문에 에번이 이런 질문을 하는 것도 당연합니다. 당신은 어떻습니까? 행복에 관한 연구에서 U자형 곡선은 주로 20세부터 65세 이상의 나이를 대상으로 한 횡단면 연구에서 나옵니다. 이러한 횡단면 연구는 상당히 많이 진행되었고, 이들 중 대다수가 U자형 곡선을 발견했다고 보고하며 언론의 주목을 받았습니다. 앞서 살펴봤듯이 횡단면 연구는 시간이 흐르면서 어떤 일이 일어날 것인지에 대해서는 신뢰할 만한 지침이 되어주지 않아요. U자형 곡선이 바로 그런 전형적인 사례입니다. 마찬가지로 앞선 논의를 통해 우리는 시계열 연구가 종종 횡단면 연구와는 많이 다른 (그리고 더욱 정확한) 설명을 제공하고, 삶 전반의 행복에 적용된다는 사실을 확인했습니다.

따라서 그림3에 나오는 파도 모양의 곡선이 성인의 생애를 횡단면 연구보다 더욱 충실하게 반영하는 시계열 데이터에 근거한다는 사실은 전혀 놀랍지 않습니다. 이 곡선은 주로 제가 지도했던 대학원생 롭슨 모건Robson Morgan과 켈시 오코너Kelsey J. O'Connor가 최근 발표한 연구 결과에서 나온 것입니다. 이들은 20세에서 80세, 그리고 그보다 나이가 많은(그 이후에도 15년 동안 행복 수준을 관찰합니다) 사람들의 시계열 데이터를 보유한 유럽 17개 국가의 데이터를 분석했습니다. 파도 모양의 곡선은 이 17개 국가의 평균값으로 도출한 것입니다. 대부분의 국가가 이러한 곡선을 보여주지만 예외도 있습니다. 그리고 다시 한번 강조하지만 개인적 경험이 평균에서 크게 벗어날 수도 있습니다.

모건-오코너의 연구 결과에 이어 오코너가 유럽 데이터를 토대로 만든 특별한 도표로 확인한 사실이 추가되었고, 여기에 경제학자 폴 프리지터스Paul Frijters와 토니 비튼Tony Beatton이 독일, 영국, 오스트레일리아 사람들을 대상으로 어떻게 나이가 들어가는지 추적하여 연구한 결과가 포함되었습니다. 이렇게 만들어진 데이터는 생애 주기의 범위에서 15~20세를 가장 어린 나이로 설정하고 가장 많은 나이를 65세 이상으로 확장시켰는데, 파도 곡선의 더 완전한 모습을 보여주는 데 기여했습니다.

여기서 알 수 있듯 행복이 U자형 곡선을 그리는 한 가지 원인은 횡단면 연구에서 생애 기간의 양 끝을 잘랐기 때문입니다. 이러한 연구들은 20세 이전과 65세 이후에 어떤 일이 일어났는지 보여주지 않지요. 그밖에도 횡단면 연구가 U자형 곡선을 그리는 원인은 또 있습니다. 첫째, 연구자 대부분은 최초에 행해진 횡단면 연구를 기계적으로 따르면서 생애 주기 행복 데이터가 2차 방정식의 형태를 띠도록 합니다(저 역시 젊은 시절에 이러한 전철을 밟았던 잘못이 있지요). 그래서 생애 주기 궤적이 U자형 곡선 혹은 언덕 모양으로만 나오는 것이지요. 파도 모양의 곡선은 전혀 그려질 수 없습니다. 그러나 우리가 이처럼 경직된 수학 공식을 버리고 (젊은이부터 노인까지 각 연령 집단의 행복을 간단하게 계산하는) 좀 더 유연한 방법을 적용한다면 여러 상승세와 하락세를 발견할 수 있습니다. 지금 설명한 시계열 연구는 이처럼 유연한 방법을 적용하지요.

둘째, 대부분의 생애 주기 연구는 인생 전반에 걸쳐 나이를 제외한 모든 요소를 상수로 취급하기 때문에 다양한 변수들을 비현실적으로 취급합니다. 사실상 이러한 접근 방식은 비현실적으로 보이는 질문, 더 정확하게 말하자면 경제 상황, 건강, 가정생활 등이 정확히 똑같은 젊은층, 중년층, 노년층을 비교할 때 그들의 행복 수준이 어떻게 다른지 묻는 질문이라면 답을 줄 수 있습니다. 이제 여러분의 가족들을 한번 떠올리고, 그들이 생애 주기에 따라 얼마나 행복한지 생각해본다면 이와 같은 질문이 비현실적이라는 사실을 금방 깨닫게 될 겁니다. 부모님, 조부모님이 인생에서 여러분과 똑같은 상황에 처해 있는 경우가 얼마나 될까요? 저는 아무도 없을 것이라고 감히 예상합니다.

살아가면서 나이가 들면 주변 상황이 변하게 마련입니다. 물론 이러한 변화(진학, 취업, 결혼, 퇴직, 노화 등)가 모든 사람들에게 똑같이 나타나지는 않지만 비슷한 연령대에 있는 사람들이 공유하는 경험도 상당히 많지요. 이러한 경험은 사람들의 행복에 상당히 체계적으로 영향을 줍니다. 나이가 들어가면서 사람들이 느끼는 행복의 일반적인 흐름을 알고 싶다면 생애 주기 전반에 걸쳐 이렇게 정기적으로 발생하는 변화가 어떤 효과를 미치는지 살펴보면 됩니다. 이러한 변화는 관찰이 가능하고 수량으로 표현할 수도 있지요.

"그러면 인생을 살아가면서 겪는 여러 상황을 제쳐두고 분석하는 이유는 무엇인가요?" 이번엔 제인이 질문합니다.

제인의 비판은 타당하지만, 이러한 분석에는 유용한 측면도 있다는 점을 강조하고 싶군요. 이러한 연구의 목적은 오직 나이가 행복에 어떠한 영향을 미치는지, 즉 연구자들이 나이의 순효과pure effect라고 부르는 것을 살펴보는 데 있습니다. 연구자들은 이런 질문을 던집니다. "노화 과정 자체가 행복에 어떠한 영향을 미치나요?" 그들은 답을 얻기 위해 데이터가 허용하는 수준에서 나이를 제외하고 성별, 소득, 교육 수준을 포함한 모든 측면이 똑같은 사람들을 비교합니다. 이런 방식으로 젊은층, 중년층, 노년층을 비교할 때 행복 수준은 어떻게 달라질까요?

주제가 행복이 아니라 심장병이라고 해볼까요? 나이의 순효과를 알면 얼마나 유용한지 알아보기 위해서입니다. 우리는 흡연과 비만 같은 요소가 심장병의 원인이라는 사실을 알고 있지요. 하지만 아마도 우리는 조사 대상자의 정확한 나이도 알고 싶어질 겁니다.

예를 들어 우리가 심장병을 일으키는 원인으로 알려진 요인을 똑같이 지닌 20대 청년과 60대 노인을 비교한다고 해봅시다. 단순히 나이가 많다는 이유로 노인이 심장병에 걸리기 더 쉽다고 말할 수 있을까요? 나이 그 자체가 심장병에 걸릴 위험이 커지는 요인인가요? 물론 답은 '그렇다'입니다. 이 사실을 알고 나면 유용한 조언을 할 수 있습니다. 노인들은 심장병에 걸릴 가능성을 줄이기 위해 예방에 더욱 힘써야 한다는 것이지요.

따라서 나이 그 자체가 행복에 어떤 영향을 미치는지 연구하는 것은 우리의 관심 대상입니다. 나이가 노화 과정과 관련된 더욱 근본적인 요인이나 아직 확인되지 않은 요인, 혹은 아마도 어떠한 생물학적 조건에 대한 유일한 대리 변수라는 사실을 인정하는 것이 전제되어야 하겠지만 말입니다. 그러나 이와 동시에 나이가 행복에 어떤 영향을 미치는지에 대해서만 알려주는 데이터로는 사람들의 생애 전반에 걸친 경험에 관해 아무것도 알 수 없습니다. 나이듦에 따라 보이는 행복의 전형적인 추세를 알고 싶다면 시계열 분석 결과를 전면에 내세우면서 나이와 함께 변하는 삶의 모든 여건이 행복에 미치는 영향도 고려해야 합니다.

✦ 누가 더 행복한가? 여성인가, 남성인가?

"교수님께서는 일과 가정생활이 행복에 중요하다고 하셨

어요. 그러나 제가 듣기로 교수님께서는 여성이 가정생활에 더 많이 신경을 쏟는다고 하시는 것 같아요. 그렇다면 여성과 남성이 느끼는 행복은 다른가요?" 에밀리의 질문입니다.

실제로 대부분의 선진국에서는 전체로 보면 남성과 여성의 행복 수준이 거의 비슷합니다. 미국의 경우 남성과 여성의 평균적인 행복 점수가 기본적으로 동일하게 나오지요. 그러나 그다음으로 생애 주기를 살펴봐야 합니다. 전체적으로 동일하다는 사실 때문에 나이에 따라 생기는 성별 간의 중요한 차이를 간과할 수 있습니다. 모든 성별이 기본적으로 파도 모양의 곡선을 따르지만, 중년까지는 여성이 더 행복해하고(학생의 절반이 환호합니다), 이후로는 남성이 더 행복해합니다(나머지 절반이 환호합니다).

남녀의 행복이 이런 식으로 반전되는 주된 이유는 여성이 남성보다 일찍 결혼하고, 평균 수명이 길고, 노동시장 참여율이 낮기 때문입니다. 이 세 가지 현상은 전 세계의 거의 모든 국가에서 공통적으로 나타납니다. 또한 에밀리가 말했듯 가정을 이루는 건 남녀가 똑같지만 자녀가 생기는 경우처럼 여성이 느끼는 행복이 남성과는 조금 다를 때가 있습니다. 앞서 살펴본 매기 스위텍의 연구 결과에서 우리는 남성보다 여성에게 부모가 된다는 경험이 행복에 더 많은 영향을 미친다는 사실을 확인했습니다.

결혼 연령도 생애 전반의 행복에서 발생하는 성별 격차를 설명하는 데 중요합니다. 우리가 알다시피 결혼(혹은 더 정확하게 말하면 평생의 동반자를 찾는 것)이 행복을 증진하기 때문이지요. 대체로 여성이 남성보다 일찍 결혼하기 때문에 많은 여성이 남성보다 이른 나이에 배우자와 함께 사는 기쁨을 누리게 됩니다. 결과적으로 여성은 이 시점에서 전반적인 행복 수준이 남성에 비해 더 높아집니다. 40대와 50대가 되면 결혼을 하거나 동거를 하는 남성과 여성의 비율이 거의 같아집니다. 60대 이후로는 여성이 남성보다 배우자와 함께 살 가능성이 줄어들고, 따라서 동반자와의 관계가 행복에 미치는 정의 효과가 남성에게 유리한 방향으로 반전됩니다.

노년기에 여성이 배우자와 함께 살 가능성이 낮은 이유는 여성이 남성보다 오래 살기 때문입니다. 선진국에서는 여성이 남성보다 4~5년 정도 더 오래 살지요. 따라서 많은 여성이 배우자 없이 혼자 살게 되고, 배우자와의 사별로 행복 수준이 낮아집니다. 이에 반해 노년에 오래 살게 되는 운 좋은 남성은 여성과 비교하면 여전히 배우자와 함께 살 가능성이 더 크기 때문에 전체적으로 여성보다 행복 수준이 높습니다.

또한 여성이 남성보다 노동시장 참여율이 낮기 때문에 노년기에 퇴직으로 인해 행복이 증가할 가능성도 여성이 더 적지요. 전 세계적으로 보면 현재 여성의 노동시장 참여율은 남성의 3분의 2 수준이고, 미국은 5분의 4 정도 됩니다. 북유럽 국가들과 일부 동유럽 국가들은 여성의 노동시장 참여율이 남성과 거의 비슷하고, 이러한 국가들에서는 퇴직 이후 행복 수준이 성별과 거의 상관없이 비슷하게 증가합니다. 그러나 대부분의 선진국과 개발도상국에서는 남성의 노동시장 참여율이 더 높고, 따라서 퇴직 이후로 남성의 행복 수준이 급격하게 상승하는 경우가 더 많습니다.

제인이 에밀리의 질문을 이어받습니다.

"교수님께서는 앞에서 나이가 행복에 미치는 순효과에 대해 설명하습니다. 성별의 순효과도 있나요? 같은 상황에서 여성과 남성을 비교하면 어떨까요? 여성의 행복과 남성의 행복은 어떻게 비교할 수 있나요?"

여성에게 좋은 소식을 전해야겠군요. 같은 상황에서 남성과 여성의 행복을 비교하면 여성이 더 행복한 것으로 나옵니다(여학생들이 다시 한번 환호합니다. 몇몇 학생들은 발을 동동거리는군요). 제가 지도했던 대학원생 재키 츠바이크Jackie Zweig는 적절한 데이터(나이, 소득, 직업, 교육 수준, 건강, 결혼 여부 등)를 보유한 전 세계 73개국에서 같은 상황에 있는 남성과 여성을 비교하여 이와 관련된 질문을 조사했습니다. 73개국 중 62개국에서 여성이 남성보다 행복 수준이 더 높은 것으로 나타났고, 이들 국가 중 약 3분의 1에서는 여성의 행복 수준이 현저하게 더 높았습니다. 남성이 여성보다 훨씬 더 행복한 국가는 코스타리카가 유일했지요.

물론 현실은 여성이 남성보다 힘든 상황에 처한 경우가 대체로 더 많습니다. 거의 모든 국가에서 여성이 남성보다 소득과 교육 수준이 낮고, 배우자와 사별할 가능성이 높고, 건강 상태가 더 좋지 않습니다. 이 모든 요인으로 인해 남성보다 여성의 행복이 낮아지는 경향이 있지요. 재키는 연구를 시작할 때부터 이러한 사실을 잘 알고 있었습니다. 그리고 재키의 분석에서 이러한 상황을 추가적으로 고려하면 행복 수준에서 여성이 차지하는 우위가 현저하게 감소합니다. 그렇다고 하더라도 국가 대부분에서 여전히 남성보다 여성이 더 행복하고, 남성이 여성보다 훨씬 더 행복한 국가는 73개국 중 겨우 4개국으로 늘어납니다. 따라서 제인의 질문에 답하자면 여성이 남성보다 힘든 상황에 처한 경우가 더 많다는 사실이 행복에 미치는 부의 효과를 거의 상쇄할 정도로, 성별의 순효과가 여성에게 상당히 유리하게 작용한다고 볼 수 있습니다.

✦ 행복의 승자는 누구인가?

따라서 누가 더 행복할까요? 젊은이일까요, 노인일까요? 여성일까요, 남성일까요? 이 두 가지 질문에 대한 답은 간단하지 않습니다. 인생의 초기에는 여성이 더 행복하지만, 시간이 지나면 남성이 더 행복해집니다. 또한 남성과 여성은 인생을 살아가면서 행복의 오르내림을 비슷하게 경험하고, 젊은이와 노인 사이에는 뚜렷한 우위가 없지요.

로또에 당첨되면 행복할까

행복에 관한 또 다른 이야기

✦ 복권 당첨과 행복의 관계

오웬이 근심 어린 표정으로 저를 쳐다 보네요. 보아하니 우리 학생들은 나이와 성별에 관한 몇 가지 질문 정도로 저를 놓아줄 것 같지 않군요.

"건강과 행복에 관한 브릭먼의 논문을 읽고 있는데, 복권 당첨이 행복을 증진하지 않는다고 합니다. 정말 그런가요?"

브릭먼의 논문에서는 그렇게 말합니다. 하지만 브릭먼과 그의 동료 연구자들의 분석은 지금으로부터 40년 전에 시행된 것이지요. 제가 알기로는 복권이 행복에 미치는 영향을 처음으로 살펴본 연구입니다. 영예로운 일이지요. 따라서 이 논문은 행복 연구를 추진시킨 중요한 출발점이기도 합니다. 하지만 이는 표본이 아주 적은 횡단면 연구였지요. 이후로 훨씬 더 많은 표본을 가진 시계열 연구가 이루어졌습니다. 이러한 연구들은 일관되게 복권 당첨이 행복을 증진한다는 결론을 냈지만, 아주 큰 금액에 당첨되었을 경우로만 한정됩니다. 적은 금액에 당첨되면 소득 상황에 지속적인 영향을 미치지 않기 때문에, 실제로 아무런 의미가 없었습니다. 그러나 큰 금액에 당첨되면 대체로 의미가 있었지요.

큰 금액에 당첨되면 왜 행복이 증가하는지 이해하기는 쉽습니다. 당첨자의 소득이 갑자기 크게 상승하고, 다른 사람들의 소득에는 아무런 변화가 없기 때문이지요. 당첨자의 소득의 준거 기준이 변하지 않는다는 말입니다. 그 결과 행복이 상승합니다. 모든 사람들이 복권에 당첨된다면 모든 사람들의 소득이 증가하여 소득의 준거 기준도 높아지기 때문에 당연히 어느 누구도 더 행복해지지 않겠지요. 그러나 우리는 모두가 복권에 당첨되는 상황이 불가능하다는 걸 알고 있습니다. 그 결과는 어떤가요? 복권 당첨금이 높은 사람은 대체로 이전보다 더 행복해집니다.

오웬이 이제야 안도하는 것 같군요.

✦ 왜 행복과 소득은 함께 하락하는가?

릴리가 지난 이야기를 되새깁니다.

"교수님께서는 앞에서 불황 시기에 행복이 하락한다고 말씀하셨습니다. 그 말씀은 단기적으로는 행복과 소득이 나란히 하락한다는 뜻인지요?"

저는 고개를 끄덕이면서 릴리의 다음 말을 기다렸습니다.

"소득이 증가할 때 행복이 상승하지 않는 주요 원인은 사회적 비교 때문인데, 왜 소득이 감소할 때는 행복도 하락할까요? 사회적 비교는 어디 간 것인지요? 모든 사람의 소득이 감소하는 상황이라면 제가 주변 사람들보다 더 나빠지는 게 아니지 않나요? 그렇다면 저의 행복 수준도 변하지 않아야 맞지 않을까요?"

릴리가 아주 좋은 지적을 했습니다. 그 답은 우리가 앞서 논의하지 않은 부분에 달려 있지요. 사람들은 소득이 감소하면 증가할 때와는 다르게 반응합니다.

앞서 살펴본 사례들은 모두 소득 증가가 행복에 어떤 영향을 미치는지에 관한 것이었습니다. 경제학자 얀 에마뉘엘 드 네브Jan-Emmanuel De Neve가 동료 연구자들과 최근 시행한 통계 연구는 행복과 소득의 역설이 양방향에서 적용되는 것은 아니라는 사실을 보여줬습니다. 소득이 증가하면 행복 수준이 변하지 않지만, 소득이 감소하면 소득이 바닥을 칠 때까지 행복 수준이 하락한다는 겁니다.

소득이 감소할 때 행복 수준이 감소하는 현상은 심리학자들이 습관화habituation라고 부르는 것의 결과입니다. 사람들은 높은 소득에 익숙해져 있고, 그에 따라 의복, 자동차, 주택, 휴가 여행지와 심지어는 새로운 생활을 누리기 위한 자금을 조달하는 과정에서 발생하는 부채 등으로 구성된 라이프스타일이 결정되지요. 새롭게 늘어난 소득으로 가능해진 라이프스타일은 실제로 자아의 일부분이 되어 그들이 하는 일과 그들의 정체성에 빠르게 스며듭니다. 그런 중에 불황을 맞이하여 소득의 급격한 감소를 경험하면 습관으로 자리 잡은 생활을 더 이상 살아갈 수 없게 됩니다. 그들은 새롭게 간소해진 라이프스타일에 적응해야 하고, 행복 수준이 줄어들지요. 아름다운 휴양지에서 휴가를 즐기고 호사스러운 바에서 밤을 보내던 사람은 더는 그렇게 못하기 때문에 예전의 자아를 잃어버리게 됩니다. 그러나 소득이 바닥에서 벗어나서 회복하기 시작하면, 소득이 불황 이전 수준으로 되돌아오면서 행복도 서서히 과거의 수준을 회복하지요.

저는 앞에서 두 가지 종류의 비교, 즉 개인 간의 비교와 개인 내의 비교를 설명했습니다. 앞에서 살펴봤듯 소득이 증가하면 개인 간의 (혹은 사회적) 비교가 소득의 준거 기준을 결정합니다. 가령 우리는 사회적 지위가 비슷비슷한 사람들을 따라잡으려고 합니다. 그러나 소득이 감소하면 개인 내의 비교가 그 자리를 대신하지요. 주택담보대출, 자동차 할부금 같은 고정 지출은 개인에게 엄청난 부담을 줍니다. 소득이 감소하면 이러한 고정 지출에 대한 걱정이 커지지요. 다른 사람들도 같은 걱정을 한다는 사실이 편안하게 해주지는 않습니다. 고정 지출을 충당해야 한다는 문제가 개인 내의 비교를 하게 합니다. 소득이 감소하는 불황 시기에는 사람들의 소득이 예전의 준거 기준에 미치지 못하기 때문에 행복 수준도 하락합니다. 불황 시기에는 소득의 준거 기준이 다른 사람들의 소득이 아니라 자신이 가장 좋았던 시절에 벌었던 소득이 되는 것이지요. 주변 사람들도 박탈감을 느낀다는 사실이 예전의 라이프스타일을 유지하지 못한다는 현실을 상쇄하지도 않고 재정적 부담을 덜어내지도 않습니다. 자기 지역에서 열리는 축구 경기를 정기적으로 관람하다가 그러지 못하게 된 사람은 다른 사람들도 똑같이 관람하지 못한다는 사실에서 위안을 얻지 못합니다. 상실감을 느끼고 행복 수준도 하락합니다. 이것은 특정 코호트에 속한 사람들이 나이가 들어가면서 건강이 서서히 나빠질 때 나타나는 현상과 다르지 않습니다. 모든 사람이 예전의 자신보다 덜 건강하기 때문에 자신의 건강에 예전보다 덜 만족하게 되지요. 마찬가지로 불황이 닥치면 모든 사람이 예전의 자신보다 돈을 적게 벌게 되고 부채를 갚아야 한다는 문제에 직면하기 때문에 예전보다 덜 행복해집니다(물론 여기서 '모든 사람'이라는 표현은 과장된 것입니다. 그저 단순하게 설명하고자 이런 표현을 사용했습니다).

경제가 회복되고 소득이 불황 이전 수준으로 돌아오면 소득이 자신의 준거 기준에 가까워지기 때문에 행복 수준도 함께 증가합니다. 사람들은 예전처럼 축구 경기를 보러 가기 시작하고, 재정적으로 좀 더 안정되고, 행복 수준은 점진적으로 높아집니다. 경기가 회복되면서 소득이 예전의 준거 기준을 뛰어넘을 때까지 행복 수준이 증가하지요. 그러면 행복은 하늘 높은 줄 모르고 계속 증가할까요? 여러분은 그 답을 알고 있습니다. 안타깝게도 소득이 이전보다 증가하더라도 행복 수준이 계속 증가하지는 않지요. 그 이유는 사회적 비교가 힘을 발휘해서 개인 내의 비교를 대신하여 소득의 준거 기준을 결정하기 때문입니다. 지금 우리는 사회적 비교가 좋지 않게 작용하는 상황을 반복하고 있습니다. 렉서스로 차를 바꾼다 한들 주위 모든 사람들도 같은 급의 자동차를 타기 때문에 예전보다 더 행복해지지 않습니다. 그사이 부채는 더 늘어났기 때문에 조만간 행복이 감소하는 단계에 접어들 겁니다.

여기서 저는 어떤 일이 일어날지 단순하게 설명하고 있습니다. 물론 현실에서 두 가지 유형의 비교가 바로 교체되지는 않습니다. 소득이 증가하는 시기와 감소하는 시기 모두 하나의 비교에서 또 다른 비교로 합리적이고 일관되며 점진적인 교체가 발생하지요.

"잠깐만요, 교수님. 건강의 경우 개인 내의 비교가 과거의 경험에 바탕을 둔다고 말씀하셨습니다. 근데 지금은 개인 내의 비교가 방금 경험한 것에 바탕을 둔다고 말씀하신 것 같아요. 무엇이 다른가요?" 릴리가 끼어듭니다.

좋은 지적입니다. 늘 그랬듯 릴리는 제가 하는 이야기를 주의 깊게 듣는군요. 개인 내 비교의 준거 기준은 과거의 경험이 될 수도 있고, 현재의 경험이 될 수도 있지요. 이는 여러분이 무엇을 말하는가에 달려 있습니다. 더 분명하게 설명해보면 이렇습니다.

앞서 예를 들었던, 가장 좋았던 시절을 기준으로 삼은 개인 내의 비교를 생각해봅시다. 건강이 이에 해당하는데, 가장 좋았던 경험이 주로 과거(때로는 먼 과거)에 있지요. 이에 반해 소득은 가장 좋았던 경험이 주로 가장 최근에 있습니다.

심리학자 대니얼 카너먼과 동료 연구자들이 건강과 소득의 준거 기준에서 발생하는 차이를 설명하기 위해 진행했던 유명한 연구가 있습니다. 대장내시경과 쇄석술이라는 두 가지 의료 행위에 관한 것이었지요. (여기서 카너먼이 또 등장합니다. 2강에서는 준거 기준의 개념에 대해, 5강에서는 일상적인 활동과 관련된 설문 조사를 다뤘지요. 그가 노벨 경제학상을 수상한 것은 어찌 보면 당연한 일입니다.) 카너먼의 연구는 시술의 고통에 대한 기억은 과정 전체를 통틀어 고통이 최고조에 달할 때와 시술이 끝날 때라는 두 가지 시점에 주로 달려 있다는 것을 보여주었습니다. 이 개념은 피크-엔드 법칙peak-end rule으로 알려져 있지요. 의료 행위에 관한 연구이지만, 저는 이 법칙이 건강과 소득의 준거 기준과도 관련된다고 생각합니다.

지금 소개한 카너먼의 연구에서 시점은 중요한 특징이 있습니다. 카너먼 연구의 관점으로 우리가 살아가면서 소득과 건강이 어떻게 변하는지 생각해볼까요? 물론 건강과 소득 모두 똑같은 시점에서, 즉 현재의 시점에서 경험이 끝납니다. 그러나 최고조에 달하는 시점은 확실히 다르지요. 건강의 경우 최고조 혹은 개인적으로 가장 좋았던 경험이 과거에 있지만, 소득의 경우에는 주로 현재에 나타납니다. 제 경험을 예로 들면 저는 20대에 축구와 테니스를 상당히 잘하는 사람으로 통했어요. 이제 그런 시절은 다시 오지 않을 겁니다. 지금은 골프 코스를 느릿느릿 걸어 다닐 수 있어서 감사한 사람일 뿐이지요. 이에 반해 소득은 상당히 꾸준하게 상승했습니다. 나이가 들면 신체적으로는 퇴화하게 마련이지만, 소득은 직업 활동을 하는 동안 상승하는 것이 일반적입니다. 따라서 건강의 준거 기준은 건강이 최고조에 달했던 과거의 젊은 시절로 거슬러 올라가기 때문에 소득의 준거 기준과는 다르지요. 이에 반해 소득은 퇴직할 때까지 오르고, 최고조에 달하는 시점이 가장 최근인 경우가 많습니다. 그러니까 건강의 준거 기준은 그 시점이 과거에 있지만, 소득의 준거 기준은 현재에 있습니다. 그리고 소득이 최고조에 달하는 시점과 소득 활동이 끝나는 시점은 대부분 같지요.

✦ 남의 떡이 더 커 보인다?

"사람들은 왜 과거의 경험에서 배우지 못하고 더 많은 소득이 더 많은 행복을 보장해주지 않는다는 사실을 깨닫지 못하는 건가요? 교수님께서는 결국 돈과 행복이 함께 간다는 생각은 환상에 불과하다는 사실을 깨닫게 되리라고 말씀하시는 것 같아요."

엠마의 질문이 예리하군요. 질문에 답하자면, 사람들이 과거의 경험을 평가하는 데 사용하는 소득의 준거 기준 때문입니다. 우리모두 경제 상황이 좋아지면 소득의 준거 기준이 높아진다는 사실을 알고 있습니다. 경제가 성장하는 시기에는 소득이 증가합니다. 따라서 사회적 비교는 점진적으로 상승하는 소득의 준거 기준에 바탕을 두겠지요. 이렇게 상승하는 소득의 준거 기준이 과거와 현재의 소득을 평가하는 기반이 됩니다. 이것이 바로 엠마의 질문에 대한 답의핵심입니다. 사람들에게 "5년 전에는 얼마나 행복했습니까?"라고물어보면 실제로 5년 전에 유행하던 준거 기준이 아닌 현재의 더 높아진 준거 기준에 바탕을 두고 과거의 상황을 평가합니다. 지금 그들은 5년 전보다 더욱 풍요로운 삶을 누리고 있고, 이처럼 풍요로운삶을 누리는 현재의 관점에서 과거의 상황을 평가하는 것이지요.

이러한 시나리오에 따르면 경제 성장이 소득의 준거 기준을 끌어올릴 때 과거가 현재보다 대체로 더 나쁘게 보이지 않을까요? 물론 그렇습니다. 따라서 사람들은 그들이 5년 전에는 지금보다 행복하지 않았다고 대답합니다. 20세기 후반 미국에서 25년 넘게 매년 실시한 설문 조사에 따르면, 5년 전에는 지금보다 행복하지 않았다는 대답이 거의 변하지 않고 매년 똑같이 나옵니다. 그러나 사실 5년 전 그들의 기분은 지금과 같은 높은 수준의 준거 기준이 아니라 그 당시 낮은 수준의 준거 기준에 따라 결정되었지요. 실제로 그들은 당시에 지금과 마찬가지로 행복했습니다.

앞서 우리는 제2차 세계대전 이후 미국인들의 행복 수준에 나타난 추세를 살펴보았는데, 그 추세는 아무런 변동이 없거나 심지어는 약간 감소하기도 했습니다. 이를 통해 사람들이 대체로 5년 전에는 지금보다 행복하지 않았다고 대답하는 것과 달리 실제로는 과거에 현재만큼 행복했거나 오히려 현재보다 더 행복했다는 것을 알 수 있습니다. 자, 그러니까 우리는 실제로 과거에 현재만큼 행복했는데도 덜 행복했다고 생각하면서 과거를 부정확하게 평가합니다. 그래서 소득 증가가 행복을 증진하지 않는다는 사실을 깨닫지 못하지요. 다시 말해 사람들은 과거의 행복을 과소평가하기 때문에 돈이 더 많다고 해서 더 행복해지지는 않는다는 사실을 경험으로 배우지 못하는 것입니다. 바로 이런 이유 때문에 행복에 한해서는 많은 사람들이 과거의 경험으로 배우지 못합니다.

현재 상황의 관점에서 과거를 평가하는 경향은 행복에만 국한되지 않습니다. 이러한 경향은 정치 영역에서도 나타나지요. 예를 들어 2010년대가 시작될 때 정치적 입장을 묻는 설문 조사를 실시하고, 10년 후 같은 응답자들을 대상으로 또다시 설문 조사를 실시했다고 합시다. 10년 후에 실시한 설문 조사에서는 응답자들에게

10년 전에 가졌던 입장에 대해 질문합니다. 조사 결과에 따르면 실제로는 정치적 입장이 바뀐 사람들이 과거와 현재의 정치적 입장이 바뀌지 않았다고 대답한 것으로 나타났습니다. 그들은 현재의 관점에서 과거의 행복을 평가하는 것과 마찬가지로, 지금의 상황을 기반으로 과거의 정치적 입장을 기억합니다.

✦ 남의 떡이 점점 더 커 보인다?

현재 소득의 준거 기준은 과거의 행복을 평가하는 준거 기준으로 기능할 뿐 아니라 미래의 행복을 예측하는 준거 기준이 되기도 합니다. "지금으로부터 5년 뒤에 얼마나 행복해질 것 같습니까?"라는 질문을 받으면 사람들 대부분은 지금보다 더 행복해질 것이라고 대답합니다. 그들은 5년 후의 소득이 현재의 소득보다 더 높을 것으로 예측하고, 이를 현재 소득의 준거 기준으로 평가하기 때문에 미래를 낙관하지요. 그들은 다른 사람들의 소득이 그들의 소득과 함께 증가하면서 소득의 준거 기준이 높아지고, 따라서 소득 증가가 행복에 미치는 정의 효과를 상쇄할 것이라는 사실을 이해하지 못합니다. 그들은 소득이 더 많아지면 더 행복해질 것인가에 대한 질문을 받았을 때와 마찬가지로 은연중에 잘못된 가정을 하고 있습니다, 즉, 자신의 소득은 증가할 테지만 다른 사람들의 소득은 증가하지 않을 것이라고 가정한다는 말입니다. 따라서 그들은 더 행복해질 것이라고 예상하지요. 하지만 알다시피 시간이 지나면서 우리의 소득은 다른 사람들의 소득과 함께 증가하여 소득의 준거 기준을 끌어올립니다. 소득의 준거 기준(기본적으로 다른 사람들의 소득)이 자신의 소득과 함께 증가하기 때문에 행복 수준은 달라지지 않습니다.

✦ 예상과 경험은 늘 같은가?

우리의 예상이 결과와 항상 일치하는 것은 아닙니다. 이 말은 사회심리학에서도 널리 통용되는데, 예상과 결과의 차이는 중요한 연구 대상이 되었지요. 연구자들은 특정한 선택의 결과 예상되는 만족도인 의사 결정 효용decision utility과 실제로 실현된 만족도인 경험 효용experienced utility의 차이를 정식으로 구분합니다. 우리 모두 의사 결정 효용과 경험 효용이 반드시 같지는 않다는 사실을 개인적 경험으로 알고 있지요. 디저트 메뉴에서 새콤한 맛이 나는 레몬 타르트를 선택했는데 먹어 보니 진득진득한 질감에 너무 달아서 옆 사람이 맛있게 먹고 있는 나폴레옹 파이(여러 겹의 파이 껍질 사이에 커스터드 크림을 넣은 과자—옮긴이)를 부러운 눈으로 흘끗 쳐다본 경험을 떠올려보세요. 실제로 새콤한 맛이 나지 않았던 경험 효용은 새콤하다고 예상한 의사 결정 효용과 완전히 동떨어진 것이지요.

이 두 가지 효용 개념은 소득 증가가 행복에 미치는 효과를 우리가 어떻게 잘못 인식하는지 간결하게 보여줍니다. 소득 증가의 의사 결정 효용(혹은 기대되는 결과)은 행복이 커지는 것으로 나타나지만, 경험 효용(혹은 실제 결과)은 행복이 변하지 않는 것으로 나타납니다. 그 이유는 다른 사람들의 소득도 함께 증가하기 때문이지요. 사회적 비교 때문에 경험 효용이 의사 결정 효용보다 더 적어집니다. 다른 사람들의 소득 증가가 행복에 미치는 부의 효과는 자신의 소득 증가로 인한 정의 효과를 상쇄하지요.

주류 경제학 이론은 이 두 가지 개념의 차이를 간과하고 의사 결정 효용을 경험 효용과 같은 것으로 취급합니다. 주류 경제학 이론의 핵심 축을 이루는 현시선호이론revealed preference theory은 사람들이 효용(이 경우에는 행복)을 극대화하려 하고, X와 Y라는 상황 모두 선택할 수 있을 때 Y를 선택한다면 이는 Y의 효용이 더 크기 때문이라고 가정합니다. 즉, 그들은 더 많은 행복을 가져다줄 것으로 예상하는 상황을 선택한다는 것이지요. 이 이론의 주창자들은 사람들이 이렇게 선택하면 더 행복해진다고 주장하는데, 이는 경험 효용과 의사 결정 효용이 같다는 것을 의미합니다. 물론 선택한 것을 경험하기 전에는 이에 대한 진정한 효용을 알지 못합니다. 이들을 같게 하거나 다르게 하는 요인들이 변하더라도 말이에요. 앞선 레몬 타르트의 경우 설탕을 너무 많이 치거나 오븐 온도를 너무 낮게 설정해서 맛이 그렇게 되었을 수도 있습니다. 행복의 경우 이 분석에 당연하게도 사회적 비교가 마땅히 더해지면 의사 결정 효용과 경험 효용이 같다는 가정은 무너집니다. 사람들은 사회적 비교를 하기 때문에 자신이 내린 의사 결정의 결과를 정확하게 예측하지 못하고, 경험 효용이 의사 결정 효용에 못 미치게 되지요.

✦ 의사 결정 효용과 경험 효용의 차이

의사 결정 효용과 경험 효용의 차이는 제가 처음으로 시작한 경제 분석의 궁극적인 목적에 대한 논의를 상기시킵니다. 이탈리아의 경제학자 빌프레도 파레토Vilfredo Pareto는 경제학은 행복이 아니라 선택에 관한 학문이라고 주장했습니다. 이 경우 경제학은 사실상 의사 결정 효용에서 멈추게 되지요. 파레토의 이러한 견해는 20세기 전반을 요약하는 경제학의 지배적인 관점이었습니다. 그러나 오늘날에는 행복을 연구하는 학자뿐 아니라 점점 더 많은 경제학자가 선택이 아닌 실제 결과에 관심을 갖습니다. 즉, 경험 효용에 관심을 갖는다는 말이지요. 연방준비제도이사회 의장을 지냈던 벤 버냉키Ben Bernanke도 이렇게 말했습니다. "경제학의 궁극적인 목적은 (…) 행복의 증진을 이해하고 장려하는 것이다."

파레토의 견해에 동의하는 사람의 관점에 따르면 행복은 경제학에서 설 자리가 없습니다. 반면 버냉키의 견해에 동의하는 사람이 보기에는 경제학에서 가장 중요한 것은 행복이지요. 그리고 당연하게도 행복경제학자들은 버냉키 진영에 있을 겁니다.

당신의 사회와 행복

민주주의, 종교, 환경

✦ 행복에 가장 중요한 것은 무엇인가?

교실 분위기가 들뜨기 시작합니다. 교단으로 향하는 중에도 학생들은 서로 귓속말을 나누거나 벌써부터 손을 드는군요. 오늘은 제가 먼저 이야기를 꺼낼 때까지 학생들이 기다려주지 않으려나 봅니다.

"제 생각에는 교수님께서 언급하시지 않은 것들 중에도 사람들을 행복하게 하는 것이 엄청나게 많아요. 민주주의, 문화, 소득 불평등 완화, 환경 같은 건 어떤가요?" 타일러가 불쑥 물어봅니다.

"네, 맞아요. 교수님께서는 친척, 친구, 이웃 등의 인간관계도 언급하지 않고 가정에 대해서만 말씀하셨어요." 피터가 맞장구를 치는군요.

"자원봉사나 기부 같은 활동으로 다른 사람들을 돕는 일도 중요하다고 생각해요. 종교도 마찬가지고요." 그레천도 한마디 거듭니다.

그래요, 모두 맞는 말입니다!

오늘은 이러한 것들에 대해 간단하게 이야기하려고 합니다. 하지만 그전에 우리가 어디에서 출발했는지 다시 돌아가봅시다. 저는 행복경제학 강의를 해들리 캔트릴의 설문 조사 결과로 시작했지요. 행복에 무엇이 가장 중요한지 묻는 조사였습니다. 먼저 캔트릴은 설문 조사 대상자들에게 소망에 관해 질문했습니다. 완벽하게 행복하며 실현 가능한 최선의 미래를 생각해보라고요. 두려움에 관해서도 비슷하게 질문했지요. 실현 가능한 최악의 관점에서 미래를 생각해 보라는 것이지요. 특히 이 설문 조사의 질문들은 미리 정해진 가설로 대답을 유도하지 않는, 완전한 개방형 질문으로 구성되어 있다는 점을 명심해야 합니다. 따라서 응답자들은 무엇이 자신을 행복하게 하고 행복하지 않게 하는지를 떠올리고 그때그때 생각나는 것들을 대답하면 되었지요.

이 대답들은 사람들이 행복을 느끼려면 무엇이 가장 중요한지 알려주었고, 따라서 이를 통해 분석가, 정책 담당자는 물론이고 일상을 살아가는 모든 이들이 행복을 증진하려면 무엇에 집중해야 하는지 알 수 있었습니다.

우리는 왜 오늘 수업 시작 전에 타일러와 피터, 그레펀이 제기한 요소들을 논의하지 않았을까요? 이유는 간단합니다. 캔트릴의 설문 조사에서 응답자들이 이러한 요소들을 거의 혹은 전혀 언급하지 않았기 때문입니다.

앞서 우리는 캔트릴의 설문 조사에 응답한 13개국의 국민들이 자신의 주요 관심사로 경제 상황, 가정생활, 건강을 꼽았다는 사실을 확인했습니다. 다행스럽게도 캔트릴은 이 영역에 해당하는 것뿐 아니라 응답자들이 언급했지만 이 영역에는 해당하지 않는 것들에 대해서도 상당히 구체적인 정보를 제공했습니다. 자, 그럼 이제 당시 사람들이 자신의 행복에 대해 어떻게 말했는지 좀 더 자세히 살펴보겠습니다. 아래 항목은 국민의 10퍼센트 이상이 언급한 항목들이며, 괄호 속의 숫자는 13개국 중 이 기준에 부합하는 국가의 수를 의미합니다.

캔트릴이 확인한 아래의 주요 항목은 대부분 개인의 경제 상황과 관련된 것입니다.

- ✦ 남부럽지 않은 생활 수준(13)
- ✦ 농장 혹은 사업체 소유(10)
- ✦ 주택 소유(12)
- ✦ 최신 기기와 많은 재산을 소유(8)
- ✦ 안정적이고 적성에 맞는 일자리(10)
- ✦ 여가생활(5)

가정생활과 관련된 항목은 이보다 적습니다.

- ✦ 자녀(13)
- ✦ 행복한 노후(4)
- ✦ 행복한 가정생활(12)
- ✦ 친척(2)

건강과 관련된 항목은 훨씬 더 적지요.

- ✦ 자신의 건강(11)
- ✦ 가족들의 건강(7)

세 가지 광범위한 영역으로 분류한 주요 관심사는 더욱 구체적인 열두 가지 항목으로 나눌 수 있었습니다.

캔트릴의 설문 조사에는 열두 가지의 구체적인 관심사 외에도 국민의 10퍼센트 혹은 그 이상이 언급한 항목이 몇 개 더 있지만, 이에 해당하는 국가의 수는 얼마 되지 않아요. 아래는 이러한 항목과 10퍼센트의 기준을 충족하는 국가의 수입니다.

- ✦ 평화(4)
- ✦ 개인이 추구하는 가치를 달성(1)
- ✦ 자기계발 혹은 발전(3)
- ✦ 타인에게 인정받기(1)
- ✦ 정서적 안정과 성숙(1)
- ✦ 종교적 문제의 해결(1)
- ✦ 보통의 품위 있는 사람이 되기(1)

자유와 사회 정의 같은 항목을 언급한 응답자들도 있었지만, 이러한 사람들이 10퍼센트를 넘는 국가는 없었습니다.

캔트릴이 설문 조사에서 확인한 두드러진 특징은 응답자들이 자주 언급하는 관심사가 현실적인 문제라는 겁니다. 이런 관심사는 주로 그들의 일상생활에서 많은 부분을 차지하고 행복의 중심에 있으며 그들이 스스로 통제할 수 있다고 생각하는 것들입니다. 가장 가난한 개발도상국에서는 식사로 빵을 먹을 수 있을지 걱정할 것이고, 이보다 더 부유한 국가에서는 필요할 때 병원에 갈 수 있을지 걱정하겠지요. 그것이 무엇이든 모든 국가에서 일상생활에 가장 중요한 것들이 국민의 행복에도 가장 필요한 것들이었습니다. 또한 응답자들이 주로 가족을 언급한 것도 주목할 만합니다. 직계 가족이 자주 언급되었고, 친척은 10퍼센트의 기준을 충족한 국가가 2개밖에 없으며, 친구와 이웃이 이러한 기준을 충족한 국가는 하나도 없었습니다.

이런 이유로 이 수업에서 돈, 가정생활, 건강이라는 현실적인 문제에 집중하는 것입니다. 설문 조사에 응답한 사람들은 행복에서 가장 중요한 요소들이 바로 이러한 일상적인 것들이라고 몇 번이고 되풀이하여 일러주지요.

자, 그럼 이제 타일러, 피터, 그레천이 이번 수업을 시작할 때 제기했던 요소들, 즉 친구, 이웃, 소득 불평등 완화, 민주주의, 문화, 환경, 자원봉사, 종교 등으로 돌아가봅시다. 이러한 항목이 행복에 기여한다는 견해를 뒷받침하는 연구들도 더러 있지만, 주로 횡단면 분석에 바탕을 둔 것들입니다. 알다시피 횡단면 분석에서 나타나는 관계는 시간이 지나면서 벌어지는 일들에 대해 반드시 신뢰할 만한 지침이 되어주지는 않습니다.

이제 몇 가지 사례를 살펴볼까요? (여기서 한 가지 이야기를 해두어야겠군요. 지금 저는 횡단면 연구 결과를 인정하는 다수의 행복경제학 연구자들과 교류를 끊은 상태입니다.)

✦ 민주주의가 행복에 미치는 영향

　　민주주의는 권력이 국민에 있고, 국민이 자유롭게 선출한 대표를 통해 권력이 행사되는 정치 체제를 의미합니다. 이것은 다른 형태의 정치 체제, 주로 권력이 1인 혹은 다수의 집단에 의해 행사되는 독재 체제와 대비되지요. 여기서 문제는 정치적 의사 결정을 내리는 대표를 직접 뽑을 수 있으면 행복이 증가하는가, 증가하지 않는가로 좁혀집니다.

　　민주주의가 행복에 미치는 영향을 연구한 사례는 많지 않습니다. 가장 많이 인용되는 연구로는 스위스 26개 주의 주민들이 느끼는 행복의 차이를 조사한 경제학자 브루노 프레이Bruno Frey와 알로이스 스터처Alois Stutzer의 연구가 있습니다. 이들은 26개 주 사이에서 행복 격차를 일으키는 다른 가능한 원인들을 제거한 뒤 살펴본 결과, 더 민주적인 주에서 행복이 현저하게 증가하는 것을 확인했지요.

　　그들의 분석에서 민주주의의 척도는 주민 투표를 발의하는 권리를 행사하거나 그 투표에 참여할 수 있는 가능성에 달려 있었습니다. 이를 위해 필요한 서명자의 수와 서명을 받는 기간 등이 주마다 달랐기 때문에 그 가능성도 주마다 달랐지요. 주민 투표를 발의하는 데 상대적으로 제약이 덜한 주, 즉 필요한 서명자의 수가 적고 서명을 받는 기간이 긴 지역일수록 더 민주적이라고 간주되었고, 지역 주민들도 더 행복한 것으로 나타났습니다. 그들의 연구는 (이러한 참

정권이 주민들에게 어떤 의미가 있는지 알려주는) 제약이 많거나 적은 주의 주민들 중 몇 명이 실제로 주민 투표를 발의할 기회를 활용했는지는 말해주지 않습니다.

미국에서 살면서 경험한 바에 따르면 주민 투표에 참여하기가 더 쉬운 주에서 거주한다고 해서 더 행복하지는 않았습니다. 저는 캘리포니아주로 이주하면서 이곳이 다른 주보다 주민 투표를 발의하는 절차가 훨씬 더 간단하다는 사실을 알지 못했지요. 이 사실을 투표 기간이 되어서야 알았습니다. 사전에 배포된 샘플 투표용지에 다양한 쟁점과 관련된 10개가 넘는 발의안이 포함되어 있었기 때문이지요. 적힌 내용은 잘 모르는 것들이었고 파악하는 데만도 상당한 시간이 필요했습니다. 주민 투표에 참여하기가 더 쉽다는 사실을 알았다고 해서 그 점이 행복에 크게 기여한 것 같지는 않습니다. 대다수 캘리포니아 주민들도 저와 비슷한 생각일 것입니다. 주민 투표를 실시하는 일은 예나 지금이나 많은 주민의 관심을 받지 못합니다(이와는 반대로 투표하기 전에 이러한 발의안에 대해 충분히 알아야 한다는 사실은 잠재적으로 불안을 일으키는 원인이 될 수도 있습니다. 이것이 행복에 미치는 영향을 측정하기는 어렵지만 말이지요).

민주주의가 행복에 미치는 영향에 관한 훨씬 더 나은 사례로 앞서 설명했던 남아프리카공화국의 민주주의 체제 수립에 대한 시계열 연구를 들 수 있습니다. 남아프리카공화국은 1994년 4월 민주적인 선거를 처음으로 실시했습니다. 그리고 1개월이 지난 후 행복과 삶의 만족도를 묻는 질문을 포함한 설문 조사를 시행했지요. 당시 흑인들은 이 두 가지 질문에 엄청나게 높은 점수를 주었습니다. 그러나 설문 조사를 총괄했던 저명한 사회학자 발레리 몰러^{Valerie} Moller가 지적했듯 "선거 이후 행복에 도취된 상태는 오래 가지 않았습니다. 그 이후 만족도는 이전 정권이 집권할 당시의 수준으로 되돌아갔지요." 남아프리카공화국에서 민주주의 체제를 수립하면서 행복 수준이 일시적으로 급등했지만, 이것이 지속적인 효과가 있지는 않았지요.

우리는 민주주의가 행복을 증진한다고 믿고 싶어 합니다. 그러나 이상은 그럴지라도 이를 뒷받침하는 증거는 현실에서 찾아야 합니다. 남아프리카공화국의 경우 데이터가 민주주의와 행복의 상관관계를 뒷받침하지 않았습니다. 이러한 결과는 응답자들이 행복의 원천으로 정치 상황을 거의 언급하지 않았던 해들리 캔트릴의 설문 조사 결과와도 일치합니다. 행복을 좌우하는 요소에 한해서는 직접적이고도 개인적인 관심사가 정치 체제보다 분명히 우선순위에 있다는 사실을 알 수 있습니다.

이런 이야기를 듣고 학생들이 열광하지 않은 건 당연하겠지요.

"잠깐만요, 교수님. 사회주의가 사람들을 행복하게 한다고 말씀하실 때는 그저 좋지 않게만 들렸는데요, 지금은 교수님께서 자기모순에 빠져든 것 같아요. 교수님께서는 민주주의가 중요하지 않다고 말씀하고 계세요. 그러면 어떻게 사회주의가 중요할 수 있는 거지요?" 팀이 말합니다.

그런 말을 의도한 건 아니겠지만, 팀이 중요한 이야기를 했습니다. 앞서 우리는 특정한 정치 체제가 아닌 정부 정책이 행복을 증진할 수 있는지에 대해 구체적으로 살펴봤습니다(6장과 7장). 우리가 증거에 바탕을 두고 확인한 사실은 구체적인 정책(특히 고용과 사회안전망)이 행복을 증진한다는 것입니다. 한편으로 우리는 서로 다른 여러 정치 체제에서 이러한 정책을 추진할 수 있다는 것도 확인했습니다. 실제로 북유럽의 민주주의 국가, 동유럽의 사회주의 국가, 심지어는 중동의 독재 국가에서도 행복에 정의 효과가 있는 복지국가 정책을 추진합니다. 그러나 어떤 경우에서든 행복의 공통적인 원인은 민주주의, 사회주의, 독재 체제 같은 정치 체제가 아니라 국민에게 가장 중요한 경제 상황, 건강, 가정생활을 증진시키는 정책에 달려 있었지요.

즉, 구체적인 증거에 따르면 (유감스럽게 민주주의도 포함된) 정치 체제가 아니라 구체적인 정책이 국민을 더 행복하게 한다는 사실을 확인할 수 있습니다.

✦ ## 문화적 차이가 행복의 비교를 막는가?

캔트릴의 설문 조사 결과에서 한 가지 더 강조할 점이 있습니다. 행복의 영역에서 사람들이 관심을 기울이는 대상은 문화적 차이와 상관없이 세계적으로 거의 똑같다는 것이지요. 취향의 문제를 말하는 건 아닙니다. 점심 메뉴를 정할 때 중국인들과 아이슬란드인들이 선호하는 음식은 분명 다를 테지요. 그러나 이 두 나라 사람 모두에게 메뉴가 무엇이든 식사 자체는 행복에 중요한 요소입니다.

이제 문화가 확연히 다른 중국과 동유럽 국가들이 자본주의로 이행하던 시기의 시계열 연구를 다시 한번 살펴봅시다. 이 비교는 다양한 문화권에서 행복의 결정 요인이 비슷하다는 사실을 더욱 잘 보여줄 것입니다.

중국과 동유럽 국가들에서 자본주의로 이행을 시작할 때 경제 개혁과 그로 인한 결과, 즉 실업률의 급격한 상승과 사회안전망의 붕괴는 똑같이 발생했습니다. 국민들은 일상생활에서 새로운 걱정거리가 생겼고, 설문 조사 결과는 삶의 만족도가 급격하게 떨어진 것을 보여주었지요. 이후 점진적으로 경제가 회복하고 사회안전망이 복구되며 삶의 만족도가 상승 국면으로 돌아섰습니다. 중국과 동유럽 국가들의 국민들은 언어, 취향, 생각이 달랐지만, 비슷한 경제 상황과 정책을 공유하며 삶의 만족도가 U자형 곡선을 그리게 되었습니다. 이행 시기 중국과 동유럽 국가들의 국민이 느낀 행복에서 발견된 공통점은 이 두 지역에서 삶의 만족도를 좌우하는 주요 요인이 같다는 점입니다. 그 누구도 문화가 행복에 미치는 영향력을 부정할 수는 없지요. 그럼에도 전 세계 사람들은 삶의 만족을 위해 일상적인 것들을 가장 중요하게 여기고, 자신과 밀접한 관심사가 문화적 영향력을 앞섭니다.

✦ 환경, 소득 불평등, 사회적 자본과 행복

중국이 자본주의로 이행한 사례는 교실에서 제기된 다른 질문들에 대해 간접적인 답을 주기도 합니다.

우선 환경에 관해 이야기해봅시다. 오염된 공기로 짙게 뒤덮인 중국의 도시 풍경을 사진으로 본 적이 있을 것입니다. 지난 30년 동안 석탄 생산과 소비가 놀라울 정도로 증가하여 공기를 지속적으로 오염시킨 것이 주요 원인이지요.

1990년 이후 중국에서는 소득 불평등도 지속적으로 심화되었습니다. 환경오염과 소득 불평등이 동시에 심해지면 행복 수준이 지속적으로 하락할 것이라고 어렵지 않게 예상할 수 있지요. 그런데도 우리가 알다시피 행복은 실제로 U자형 곡선을 띠었습니다. 실제로 환경오염과 소득 불평등이 계속 심해지는데도 21세기 이후 중국인들의 삶의 만족도는 상승세를 보였습니다. 중국의 시계열 데이터는 환경과 소득 분포가 행복을 결정하는 주요 요인이라는 견해를 명백히 뒷받침하지 않습니다.

사회적 자본이라는 용어는 하버드대학교 사회학자 로버트 퍼트넘Robert D. Putnam의 저작 『나 홀로 볼링Bowling alone』이 2000년에 출간된 후 널리 알려졌습니다. 사회적 자본은 광범위한 사회적 네트워크, 즉 친구나 이웃, 교회, 동호회, 시민단체의 동료들과 맺는 폭넓은 관계가 제공하는 혜택을 의미합니다. 이러한 관계가 다양하고 끈끈할수록(그 반대말은 나 홀로 볼링입니다) 타인에 대한 신뢰가 상승합니다. 또한 복지 수당을 청구하거나 세금을 납부할 때 속임수를 쓰는 일이 없도록 시민들이 더욱 협력하게 할 수 있고, 공직자에게 뇌물을 바치는 것과 같은 행위를 거부하게 할 수도 있지요. 퍼트넘은 캐나다의 경제학자 존 헬리웰John Helliwell과 공동으로 진행한 연구에서 캐나다와 미국의 데이터로 횡단면 분석을 시도했는데, 그 결과 미국과 캐나다에서 삶의 만족도와 신뢰 관계, 주변 사람들과의 관계 형성 같은 사회적 자본의 여러 지표 사이에 유의미한 정의 상관관계가 있음을 확인했습니다.

관계를 맺고 행복을 누려라!

실제로 그렇다면 좋겠지만, 중국의 현실은 어땠을까요? 1990년대 이후 중국의 경험으로 사회적 자본과 삶의 만족도 사이의 상관관계가 시간이 흘러도 계속 유지되는지 확인할 수 있었지요. 우리는 타인에 대한 신뢰, 시민들의 협력 증진, 뇌물 제공 행위의 거부에 관한 1990년 이후의 데이터를 얻을 수 있었습니다. 이러한 데이터는 행복이 U자형 곡선을 그리는 것과 아무런 상관관계가 없었지요. 예를 들어 행복이 가장 낮은 수준으로 곤두박질칠 때도 타인에 대한 신뢰는 증진되었습니다(부의 상관관계). 1990년부터 2002년까지 시민들의 협력 수준은 거의 변화가 없었고, 이후로 삶의 만족도가 높아질 때 낮아졌지요(또다시 부의 상관관계). 환경이나 소득 불평등과 마찬가지로, 시계열 데이터는 사회적 자본도 행복을 결정하는 주요 요인이라는 견해를 뒷받침하지 않습니다. 반면 중국의 고용 현황과 사회안전망을 나타내는 지표는 삶의 만족도와 함께 움직입니다.

✦ 종교, 자원봉사, 기부와 행복

　　수업을 시작할 때 쏟아졌던 질문 중에는 신앙과 이타적 행동에 관한 그레천의 지적도 있었지요. 우리에게 중요한 주제이므로 지금 다루어봅시다.

　　다수의 횡단면 연구 결과는 종교 행사에 참여하는 빈도로 측정한 신앙심과 행복 사이에 정의 상관관계가 있음을 보여줍니다. 이러한 관계는 기독교, 이슬람교, 불교, 유대교 등 특정 종교를 가리지 않고 나타납니다. 이보다 훨씬 더 한정된 연구 결과에서는 자원봉사와 기부 같은 이타적 행동이 행복을 증진하는 것으로 나타나지요. 예를 들어 동독의 경우 정기적인 자원봉사 활동이 행복을 증진한다는 것을 보여줍니다. 미국에서도 다른 사람들을 위해 물품을 기증하고 자선 기부금을 내는 사람들이 더 행복하다는 결과를 볼 수 있습니다.

　　이러한 연구들은 종교적 믿음과 이타적 행동이 행복을 증진할 수 있다는 사실을 정확하게 시사하지만, 이렇게 확인한 사실을 정책에 어떻게 적용할지는 전혀 다른 문제입니다. 다른 사람들을 돕고 보살필 수 있도록 사람들에게 종교를 권장해야 할까요? 이러한 행동에는 시간과 돈이 필요합니다. 이러한 행동에 참여하지 않던 사람들이라면 이러한 행동에 뒤따르는 희생 때문에 행복이 오히려 감소할지도 모릅니다. 실제로 가까운 친척을 보살피는 데 시간을 더 많이 쓰는 사람들의 행복 수준이 더 낮다는 것을 보여주는 증거도 있습니다.

또한 이타적 행동으로 인한 만족은 구체적 행동의 결과가 아니라 개인적 성향을 반영한 것이라는 증거도 있습니다. 심리학자 해너 킹Hannah R. King과 그의 동료 연구자들이 실시한 자원봉사에 관한 연구는 이러한 개인적 성향의 효과를 구체적으로 뒷받침하는 증거를 제시합니다. 우선 킹은 자원봉사와 육체 건강 및 정신 건강 사이에 정의 상관관계가 있다는 사실을 규명했습니다. 이는 자원봉사가 행복에 정의 효과가 있다는 연구 결과와도 일치합니다(여기서 우리는 정신 건강을 행복의 대리 변수로 사용할 수 있지요). 하지만 킹은 이 분석에 우리가 4장에서 살펴본 5대 성격 특성을 추가했습니다. 그 결과 5대 성격 특성은 정신 건강과 상관관계가 있지만, 자원봉사는 정신 건강과 더 이상 유의미한 상관관계가 없는 것으로 나타났습니다. 외향적인 성격은 정신 건강과 정의 상관관계를, 신경증적인 성격은 정신 건강과 부의 상관관계를 보여주며 앞에서 살펴본 행복과의 상관관계를 그대로 재현했지요. 킹은 이러한 결과를 바탕으로 다음과 같은 결론을 내렸습니다. "이러한 결과는 자원봉사 활동 그 자체가 아니라 자원봉사 참가자들의 성격 특성 때문에 자원봉사가 정신 건강과 정의 상관관계일 수 있다는 점을 시사한다."

저는 지금까지 학생들을 가르치고 이 책을 저술하면서 종교, 자원봉사, 기부가 행복에 미치는 정의 효과를 중요하게 생각하지 않았습니다. 이러한 결과에 성격이 많은 영향을 미치고, 성격 자체가 쉽게 변하지 않기 때문입니다. 확실히 성격은 행복에 많은 영향을 끼칠 테지요. 그럼에도 중국과 동유럽 국가들의 행복에 관한 연구는 사람들의 성격과 상관없이, 일상적인 관심사를 다루는 사회보장 정책이 전체적인 행복 수준을 높여준다는 사실을 정확히 짚어줍니다.

✦ 예외적인 사건들이 행복에 미치는 영향

강의 시간에 한 가지 간과했던 부분은 예외적인 사건들이 행복에 영향을 미칠 수 있다는 사실입니다. 이 예외적인 사건들은 두 가지 범주로 나뉘는데, 각각 사람들의 삶에 상당히 다른 영향을 미치지요. 하나는 스포츠 경기나 록 콘서트 같은 대규모 행사이고, 다른 하나는 허리케인, 지진, 테러 행위 같은 재해입니다. 이처럼 이질적인 범주의 예외적인 사건과 관련된 행복 연구는 드물지만 흥미로운 결과를 제시합니다. 몇 가지 대표적인 연구 결과를 살펴볼까요?

기존의 증거에 따르면 대규모 행사는 단기적 효과가 있는 것으로 나타납니다. 이 효과는 주로 시간 단위 혹은 하루의 기분을 반영하는 경험적 지표experiential measure로 포착되지요. 2010년 월드컵에서 스페인이 우승했을 때 스페인 축구 팬들은 엄청난 행복에 도취되었습니다. 그러나 이러한 행복은 겨우 4일간 지속되었을 뿐입니다. 당시 16강전 경기에서 독일이 잉글랜드를 물리쳤을 때 잉글랜드 팬들은 의기소침해졌지요. 그러나 이러한 실망감도 4일을 넘기지는 못했습니다.

재해는 이와는 완전히 다른 상황입니다. 사람들이 느끼는 삶의 만족도를 반영하는 평가적 지표evaluative measure에 두드러진 흔적을 남기지요. 연구 대부분에서 재해 발생 당시 행복 수준이 현저하게 감소한 뒤로 재해 이전 수준까지 회복되는 데 상당 기간이 걸리는 것을 확인했습니다. 이런 사례로 허리케인 카트리나가 2005년 8월 29일 멕시코만 연안 지역을 강타한 사건이 행복에 미친 영향을 들 수 있지요. 이재민 수가 110만 명을 넘었는데, 이는 1930년대 더스트 볼Dust Bowl 가뭄이 닥쳤을 때와 맞먹는 수치입니다. 이 폭풍은 멕시코만 연안에 위치한 미시시피주를 직접 강타했지만, 제방이 붕괴되고 많은 지역에 홍수가 닥치면서 루이지애나주 뉴올리언스가 가장 큰 피해를 입었지요. 이 지역의 주택 60퍼센트가 파괴되었습니다.

당시 뉴올리언스 시민을 대상으로 허리케인 이전 1년과 이후 1년에서 4년까지 종단면 조사longitudinal survey(동일 표본을 대상으로 장기간에 걸쳐 반복, 추적하는 조사—옮긴이)를 실시한 자료가 있습니다. 이를 통해 허리케인 이후 1년이 지나지 않았을 때 느낀 행복 수준은 허리케인 이전보다 현저하게 떨어졌지만, 4년이 지난 뒤에는 이전 수준으로 회복되었다는 사실을 확인할 수 있습니다. 비록 표본이 자녀가 있는 저소득층 젊은 여성으로 구성되었기에 전체를 대표하는 건 아니지만, 행복의 궤적은 다른 자연 재해에서 관찰된 것과도 비슷했습니다. 물론 이 궤적은 모든 조사 대상자들의 평균을 나타낸 것입니다. 가족을 잃거나 집을 잃은 사람들의 경우 부정적인 영향이 당연히 더 오래 갔지요. 끝내 다른 곳으로 이주한 많은 이재민을 대상으로 행복에 관한 종단면 조사를 실시한 사례는 없습니다. 하지만 켄터키주 루이빌로 떠난 성인 101명을 조사한 바에 따르면, 허리케인이 닥치고 1년이 지난 후에도 이들 중 대다수가 뉴올리언스에 남은 사람들과 마찬가지로 우울과 불안에 시달렸다고 합니다.

✦ 행복에 관한 간단한 테스트

사회과학 분야에는 무엇이 사람을 행복하게 하는지를 다루는 연구가 많습니다. 그러나 어떤 주장의 가치를 평가하려면 스스로 다음과 같은 질문을 해봐야 합니다.

- ✦ 어떠한 요인을 뒷받침하는 증거에는 무엇이 있는가? 그 증거가 횡단면 증거는 아닌가? 대체로 횡단면 증거는 시간이 지나도 계속 유효한가, 라는 문제가 있다('민주주의'의 경우를 보라).
- ✦ 이 요인이 성격 같은 더욱 기본적인 요인에 대한 대리 변수인가? 그렇다면 우리는 정책적인 측면에서 어떠한 결론을 이끌어낼 수 있는가?('자원봉사'의 경우를 보라.)
- ✦ 행복의 지표가 (전반적인 삶에 대한 행복을 나타내는) 평가적 지표인가? (지난주의 행복을 나타내는) 경험적 지표인가?('예외적인 사건들'을 살펴보라.) 경험적 지표라면 정책으로 할 수 있거나 혹

은 해야 하는 일들이 있는가?(확실하지는 않다.)

위의 질문 중 무엇도 이번 수업 시간에 논의했던 요소들이 전혀 중요하지 않다는 것을 뜻하지는 않습니다. 우리는 전체 인구의 적어도 10퍼센트가 언급한 관심사를 살펴보고 있다는 점을 명심해야 합니다. 자원봉사에 참여하고, 대기 오염을 줄이는 일이 자신의 행복에 중요하다고 생각하는 사람도 분명히 있지요. 요점은 사람들에게 행복의 원천이 모두 동등하지는 않다는 것입니다. 여기서 저는 사람들 대부분에게 가장 중요한 원천에 집중하고 있습니다. 가장 중요한 것부터 먼저 합시다!

행복의 관점에서
경제학과 심리학 결합하기

✦ 행복을 설명하기

심리학을 전공하는 에이더는 용감하게도 경제학 강의를 수강한 보기 드문 학생입니다.

그녀가 손을 들고 말하네요.

"제가 보기에는 교수님께서 심리학을 공정하게 다루어주시지 않는 것 같아요. 교수님께서는 경제학이 항상 옳다고 주장하시지요."

에이더가 그렇게 생각했다면 유감입니다. 하지만 저는 전혀 그렇게 생각하지 않아요. 두 학문은 때로는 서로 다르며, 둘 중 어느 것도 항상 옳지는 않습니다. 어떤 경우는 경제학이 심리학을 뛰어넘고, 또 어떤 경우에는 심리학이 그렇지요. 그리고 가끔은 모두가 틀리지만, 두 가지를 조합하면 타당해지기도 합니다. 지금부터 두 학문의 차이점을 설명하면서 몇 가지 사실을 분명히 밝혀보겠습니다. 행복의 원인에 대한 두 학문의 관점에서 출발해봅시다.

솔직히 말하면 경제학과 심리학 어느 쪽도 행복의 원인을 완벽히 올바르게 파악한 것 같진 않습니다. 그러나 더 잘 이해하기 위하여 경제학과 심리학에 널리 퍼져 있는 이론에 의지할 수는 있지요. 물론 경제학과 심리학 어느 분야에서도 학자들이 만장일치로 이론적 합의에 이르지는 못하지만, 그럼에도 두 학문에는 중심 경향 central tendency(데이터가 중심으로 모이는 경향—옮긴이)이 있습니다. 심리학에서 지배적인 관점은 '설정점 이론setpoint theory(행복이 일정한 수준에서 고정적인 경향을 보인다는 주장—옮긴이)'으로 불리고, 경제학에서 지배적인 관점은 '다다익선more is better'으로 불립니다. 이 두 가지 이론은 삶의 여건이 행복에 지속적인 영향을 미치는가라는 문제에 대해 다른 관점을 갖고 있습니다. 심리학자들은 '그렇지 않다'라고 답하지만, 경제학자들은 '그렇다'라고 답하는 것이지요.

심리학자들은 대체로 각 개인의 행복 수준은 안정적이라고 주장합니다. 이것을 '설정점'이라고 부르는데, 태어날 때부터 유전자에 의해 결정되는 성격을 반영합니다. 저명한 심리학자 리처드 루카스Richard E. Lucas가 말했듯, "행복 설정점이 존재한다는 가정이 지금의 심리학 이론과 연구 대부분을 지배합니다."[1] 이러한 견해에 따르면 실업이나 재취업, 심각한 부상, 질병, 건강의 회복, 배우자와의 이별, 재혼 같은 사건들은 일시적으로 설정점보다 높은 점 혹은 낮은 점으로 행복 수준을 이동시키지만, 얼마 지나지 않으면 새로운 여건에 익숙해지고 원래의 행복 설정점으로 되돌아오게 됩니다. 우리는 이러한 주장을 지금까지 했던 이론적 논의의 관점에서 다음과 같이 깔끔하게 표현할 수 있습니다. '심리학에서는 사람들이 자신의 개인적 상황을 평가하는 기반인 준거 기준이 살아가면서 겪는 사건에 신속하고도 완전하게 조정된다고 주장한다.' 따라서 예를 들어 자녀의 사망으로 행복 수준이 급격하게 하락했는데 이러한 상황에 신속하게 적응한다면, 여러분의 가정생활을 평가하는 준거 기준이 이에 맞춰 조정되고 행복은 원래의 수준으로 되돌아간다는 것이지요.

앞서 이러한 견해가 건강과 결혼에 어떻게 적용되는지 설명했습니다. 여러분은 사고로 사지 마비 환자가 된 사람들이 새로운 환경에 신속하게 적응하여 행복이 사고 이전의 수준으로 되돌아간다고 주장한 어느 심리학 연구가 떠오를 것이지요. 또 다른 연구에서는 결혼이 행복 수준을 바로 높여주지만 그 이후 부부가 새로운 상황에 신속하게 적응하여 행복이 결혼 이전의 수준으로 되돌아간다고 주장합니다. 실제로 설정점 옹호자들은 삶의 여건이 행복 이론에서 무시해도 될 정도로 중요하지 않다고 믿지요. 그들은 유전자와 성격이 평생에 걸쳐 개인의 기본적인 행복 수준을 설정하는 거의 유일무이한 요인이라고 주장합니다.

냉정하게 보자면 순수한 설정점 이론은 칼뱅주의자들의 예정론처럼 윤리적 딜레마에 직면하게 됩니다. 예정론에 따르면 일부 사람들은 태어날 때부터 저주를 받아서 구원받을 기회가 주어지지 않지요. 순수한 설정점 이론은 결정론자들의 관점을 분명히 보여줍니다. 어떠한 행위 혹은 조정도 개인에게 변화를 일으키지 않기 때문이지요. 따라서 행복 연구에서 순수한 설정점 이론은 허무주의에 이르게 합니다. 공공 정책 혹은 개인의 의사 결정으로 주관적 행복을 증진할 수 있다는 희망이 없기 때문입니다. 이 이론에 따르면 의료 서비스를 개선하거나 고용 기회를 확대하는 것처럼 개인이 살아가는 삶의 여건을 개선하려는 정부 정책은 행복에 일시적인 효과만 줄 수 있을 뿐입니다. 사람들은 이내 태어날 때부터 유전자에 의해 정해진 설정점으로 되돌아갈 테지요. 게다가 설정점 이론이 정확하다면 행복은 태어날 때부터 결정되기 때문에 개인이 자신의 행복을 개선하기 위해 할 수 있는 일은 거의 없습니다.

이에 반해 경제학자들은 특히 소득이 행복의 중요한 결정 요인이라고 주장하면서 삶의 여건을 대단히 중요하게 생각합니다. 그들이 소득에 집중한다는 사실은 GDP에 충성하는 모습으로 알 수 있지요. 앞서 살펴봤듯 경제학에서는 현시선호이론이 지배적인 견해입니다. 이 이론은 많으면 많을수록 더 좋다는 의미의 '다다익선'이라고 간단히 부를 수 있지요.

이 이론은 소득이 증가하면 행복이 증진되고, 사회의 전반적인 소득을 높이려는 공공 정책(경제 성장)이 사람들을 더 큰 행복으로 이끈다고 주장합니다. 경제학자들은 행복이 개인의 물질적 여건뿐 아니라 다양한 상황에 따라 달라진다는 사실도 인정합니다. 그러나 그들은 대체로 소득이 현저하게 증가하면 전체적인 행복 혹은 사회 보장 수준이 같은 방향으로 움직일 것이라고 생각합니다. 이러한 주장을 처음 제시한 사람은 영국의 후생경제학자 아서 세실 피구Arthur Cecil Pigou였습니다. 그는 지금으로부터 거의 100년 전에 이렇게 선언했지요. "경제 후생(즉, 1인당 GDP)의 변화는 사회 후생의 변화와 (같은 정도는 아니어도) 같은 방향으로 움직인다는 분명한 직관이 있다."[2]

심리학과 경제학의 두 가지 접근 방식 중 하나 혹은 둘 모두를 뒷받침하는 증거가 있다면 당연히 이를 받아들여야 할 것입니다. 그렇다면 그 증거는 무엇일까요? 우리는 이미 그 답을 살펴보았지요. 소득은 행복과 아무런 상관관계가 없었지만(심리학이 승리), 건강과 가정생활은 행복과 정의 상관관계가 있었습니다(경제학이 승리).

승자는 경제학도 심리학도 아니었지요!

방금 제시한 견해는 심리학과 경제학의 관점에 바탕을 둔 것으로, 이처럼 다른 결과를 한데 모아놓은 것입니다. 먼저 개인의 소득 증가가 행복을 증진한다는 간단한 경제 모델로 출발합니다. 그리고 여기에 심리학에서 배운 지식을 덧붙여봅시다. 사람들은 마음속으로 생각하는 기준 혹은 준거 기준으로 상황을 평가한다는 것이지요. 이 준거 기준은 개인 내의 비교 또는 개인 간의 비교에 따라 달라집니다. 우선 소득의 경우 사람들이 상황을 평가하는 준거 기준은 개인 간의 비교를 따릅니다. 경제가 상승 추세일 때 어느 한 사람의 소득 증가가 행복에 미치는 정의 효과는 다른 사람들의 소득이 함께 증가하면서 소득의 준거 기준도 같이 높아지기 때문에 결국에는 상쇄되지요. 결과적으로 행복 수준이 변하지 않습니다. 건강과 가정생활의 경우 개인 내의 비교가 준거 기준을 지배하고, 이러한 기준은 좀처럼 변하지 않습니다. 따라서 건강과 가정생활이 개선되면 행복이 증가합니다. 소득 증가와는 달리 삶의 여건이 개선되어도 이에 상응하는 준거 기준이 변화하지 않기 때문에 상쇄되지 않지요.

따라서 단순한 경제 모델에 심리학의 개념인 준거 기준을 덧붙이면, 건강과 가정생활에는 맞지만 소득에 대해서는 일치하지 않는 결과를 설명할 수 있는 이론이 나옵니다.

경제학 혹은 심리학만으로 전체를 설명하지는 못합니다. 그러나 두 학문 분야를 함께 아우르면 전체를 설명할 수 있지요.

✦　사람들의 이야기를 신뢰할 수 있는가?

　　사람들의 말은 신뢰할 수 있나요? 경제학에서는 주관적인 증언(사람들의 의견, 신념, 태도, 감정)을 오랫동안 의심해왔습니다. 경제학 연구에서 이러한 것들이 어떻게 실질적인 증거가 될 수 있을까요? 당연히 많은 경제학자들은 개인이 스스로 보고하는 행복 데이터를 의심스러운 눈으로 바라보지요.

　　심리학자들에게는 주관적인 증언이 아무런 문제가 되지 않습니다. 실제로 그들이 생계를 유지하기 위해 하는 일이 바로 다른 사람들의 이야기를 듣는 것입니다. 그러나 앞으로 살펴보겠지만 경제학자들은 사람들이 실제로 옮기는 행동만이 증거로서 의미가 있다고 주장하면서 설문 조사 같은 방식으로 얻은 개인적 견해에 관한 데이터를 대체로 무시해왔습니다(14장). 그러다 여론 조사가 경제학 연구에 서서히 쓰이기 시작하면서 지난 수십 년에 걸쳐 이러한 입장에 약간의 변화가 발생하기 시작했지요. 그럼에도 경제학자들은 여전히 여론 조사 통계를 소득과 교육 수준 같은 하드 데이터hard data, 즉 구체적인 데이터와는 구별되는 소프트 데이터soft data로 부르며 2등급 증거로 취급합니다. 행동경제학의 창시자 중 한 사람으로서 노벨 경제학상을 수상한 리처드 세일러Richard Thaler는 이러한 태도를 대놓고 비판했습니다. 2015년 저작에서 그는 이렇게 주장합니다. "아직까지도 경제학계에서는 '여론 조사 증거survey evidence'를 언급할 때마다 발음상 '경멸sneer'이라는 단어를 떠올리게 하는 '단순한mere'

이라는 형용사를 붙이지 않는 경우를 찾아보기 힘듭니다."[3] 노벨 경제학상을 수상한 또 다른 경제학자 조지 애컬로프George Akerlof의 표현을 빌리면 "하드 데이터를 신봉하는 경찰은 소프트 데이터를 증거로 인정할 수 없다면서 배제하고 있습니다."[4]

경제학이 주관적인 증언을 거부해야 한다는 의견에는 동의할 수 없습니다. 사람들이 무언가에 대해 느끼는 감정은 실제로 그들의 행동을 결정하며, 그들이 스스로 보고하는 내용만으로 알 수 있기 때문이지요. 그 결과 사람들은 상당한 진화를 이룩했고, 그들의 행동은 생각이나 감정과 쉽게 분리할 수 없게 되었습니다. 어떤 사람의 소득은 절대적으로 많을 수도 있고 적을 수도 있지만, 그 사람의 감정과 행동을 이해하려면 중요한 것은 이러한 소득을 어떻게 인식하는가, 즉 이러한 소득에 만족스러워하는가, 그렇지 않은가에 달려 있습니다. 지금까지 경제학은 주관적인 증언을 거부하거나 그 가치를 낮게 평가하면서 인간의 행동에 관한 소중한 통찰을 알려주는 증거를 무시해왔습니다. 주관적인 증언이 타당하다고 열린 마음으로 인정한다는 측면에 있어서는 심리학이 경제학보다 확실히 낫습니다.

✦ 행복을 검토하고 측정하기

또한 심리학은 행복 지표를 평가하고 측정하는 작업을 선도했습니다. 심리학자들은 사람들이 스스로 보고한 행복 수준의 신뢰성(단기적 일치성)과 타당성(진실성)을 검증하는 방법을 개발했고, 이는 행복의 지표가 유의미하다는 사실을 입증하는 데 기여했습니다. 1장에서 이와 관련된 기본적인 내용을 설명했기 때문에 되풀이할 필요는 없을 것 같군요. 어쨌든 심지어 경제학에서도 행복 지표를 널리 수용하게 된 데에는 심리학의 기여가 컸다는 점을 여기서 분명히 밝히고 싶습니다.

행복 지표에는 평가적 지표와 경험적 지표라는 두 가지 유형이 있다는 사실을 기억할 것입니다. 우리가 지금까지 사용했던 평가적 지표는 전반적인 삶의 상태를 측정하는 데 쓰입니다. 이에 반해 경험적 지표는 설문 조사를 할 때 혹은 하기 직전에 일시적인 기분이 어떠했는지 측정하는 데 쓰이지요.

이 두 가지 유형의 지표는 경제학과 심리학 모두에서 쓰입니다. 하지만 경제학자들은 평가적 지표를 강력하게 선호하고 심리학자들은 경험적 지표를 선호하는 경향이 있습니다. 행복에 관한 다음의 주요 보고서 두 편은 이와 같은 핵심적인 차이를 보여주지요. 하나는 2009년에 발간된 「경제 성과 및 사회 발전 측정위원회 보고서 Report by the Commission on the Measurement of Economic Performance and Social Progress」로서 「스티글리츠-센-피투시 보고서Stiglitz-Sen-Fitoussi Report」라고도 불리는데 주로 경제학자들이 작성한 것입니다. 다른 하나는 미국국가연구위원회US National Research Council가 2013년에 발간한 보고서로 「주관적 행복: 행복과 고통, 그 밖의 차원의 경험에 대한 측정Subjective Well-Being: Measuring Happiness, Suffering, and other Dimensions of Experience」인데 주로 심리학자들이 작성한 것입니다. 이 두 편의 보고서는 행복 연구에 대한 접근 방식이 대서양을 사이에 두고 나뉜다는 것을 보여줍니다. 유럽식 연구는 평가적 지표를 선호하고, 미국식 연구는 경험적 지표를 선호합니다. 따라서 이 두 편의 보고서에 담긴 내용에서 겹치는 부분은 거의 없지요.「스티글리츠-센-피투시 보고서」에서 행복을 다룰 때는 행복에 관한 평가적 지표에 중점을 둡니다. 이에 반해 심리학자들의 보고서는 이러한 지표를 생략하고, 그 대신 경험적 지표에 중점을 둡니다.

지표를 선택하는 일은 상당히 중요합니다. 그 선택이 결과를 좌우하기 때문인데, 때로는 현저하게 다를 뿐 아니라 완전히 상반되는 결론을 내놓기도 합니다. 이와 관련하여 두 가지 사례를 살펴봅시다. 첫 번째 사례는「2012 세계행복보고서」에 실린 월드 갤럽 폴 데이터가 그 출처로, 평가적 지표와 경험적 지표에 바탕을 둔 덴마크와 르완다의 순위입니다. 개인의 전반적인 삶의 상태를 반영하는 평가적 지표에서 덴마크는 최상위권에 있었습니다. 반면 르완다는 조사 대상국 150개국 중 최하위권이었지요. 그런데 어제의 행복 수준을 묻는 경험적 지표에서는 두 나라가 150개국 중 똑같이 100위를 기록했습니다.

앞서 행복의 주요 원천에 관해 이해한 것을 바탕으로 살펴보면 양국 간 평가적 질문의 답에 차이가 있다는 것은 이해하기 쉽습니다. 이러한 차이는 개인적인 행복에 관한 국민들의 관심사를 정부가 얼마나 잘 다루고 있는지 반영하기 때문입니다. 덴마크는 19세기부터 복지 정책을 시행한, 이 부문을 선도하는 복지국가라 할 수 있습니다. 반면 르완다는 사회안전망이 부실한 신생 국가이지요. 어제의 행복 수준을 묻는 경험적 질문에서 거의 똑같은 결과가 나온 이유를 이해하기는 훨씬 더 어렵습니다. 혹시 날씨가 같아서 비슷한 기분을 느낀 건 아닐까요? 덴마크 국민과 르완다 국민의 유전자나 성격이 같아서 똑같은 대답을 한 건 아닐까요? 아무도 모릅니다. 평가적 질문의 답에서 양국 간의 차이가 나타나는 것은 당연하지만, 경험적 질문에서 똑같은 결과가 나오는 것은 당연하게 받아들여지지 않지요.

두 번째 사례는 실업 문제를 다룰 때 평가적 지표와 경험적 지표가 완전히 다른 결론에 이르게 한다는 것입니다. 「스티글리츠-센-피투시 보고서」에는 이런 내용이 나옵니다. "'주관적 행복에 관한 모든 연구'에서 공통적인 한 가지 측면은 실업과 관련한 인적 피해가 크다는 점을 우려한다는 것이다". 이 보고서는 실업이 행복의 평가적 지표에 미치는 영향을 자세히 설명하면서 고용 유지 정책을 강조합니다. 이것은 6강과 7강의 결론, 즉 사회주의 체제에서 자본주의 체제로 넘어간 국가들에서 대량 실업이 행복에 엄청난 악영향을 미쳤다는 결론과 일치하지요.

이에 반해 심리학자들의 보고서는 15페이지에 달하는 공공 정책에 관한 챕터를 마무리하면서 실업 문제에 대해서는 고작 11줄만을 할애했습니다. 솔직히 말하면 여기서 다루는 내용 대부분은 정책이 아닌 행복을 위한 새롭고도 더 나은 조치의 필요성에 관한 것입니다. 그 밖에도 이 보고서는 "대규모 불황 시기에 경험한 대량 실업조차 행복에 커다란 영향을 미치지 않았다"고 서술하면서 실업의 영향을 과소평가했습니다.

이제까지 조용히 듣고만 있던 에이더가 불쑥 끼어듭니다.

"교수님께서는 이 두 가지의 지표 중 평가적 지표가 더 낫다고 생각하시는 것 같아요."

사람들의 행복을 증진하는 방법을 알고 싶다면 경제학자들이 선호하는 평가적 지표에서 한 가지 답을 얻을 수 있습니다. 고용 안정과 사회안전망 정책으로 삶의 여건을 개선할 수 있다는 것이지요. 대조적으로 심리학자들이 선호하는 행복의 경험적 지표는 이처럼 실용적인 결론에 이르지 않습니다. 정책에 어떤 의미가 있는지도 분명하지 않지요. 심리학자들은 행복 분석에서 변하지 않는다는 특징을 지닌 성격에 집중합니다. 심리학자들이 일시적인 기분을 측정하는 경험적 지표를 지침으로 삼는 한, 그들은 행복을 증진하기 위한 정책이 개입할 여지를 거의 남기지 않습니다.

결국 이 두 가지 지표는 행복을 증진하는 데 있어서 개인적인 의사 결정에 도움이 되는지 혹은 정책적인 의사 결정에 도움이 되는지에 따라 실질적으로 나뉩니다. 삶의 여건이 행복에 어떤 영향을 미치는지 알고 나면 개인적 차원과 정책적 차원 양쪽에서 지침을 받을 수 있습니다. 돈을 더 많이 벌 것인가 혹은 가족들과 더 많은 시간을 보낼 것인가 둘 중 하나를 선택하는 상황처럼, 살아가면서 중요한 의사 결정을 내릴 때 지침이 되지요. 또한 정부가 경제 성장과 완전 고용 사이에서 정책을 선택할 때도 마찬가지입니다. 그렇다면 경험적 지표와 개인 성격 사이의 관계는 행복을 증진하는 문제에 대해 무엇을 말해줄 수 있을까요?

"하지만 심리학자들도 두 가지 지표를 써요. 경험적 지표뿐 아니라 평가적 지표도 씁니다." 에이더가 주장합니다.

맞아요, 심리학자들도 그렇게 합니다. 그러나 평가적 지표에도 차이가 있습니다. 그리고 이 두 학문에서 주로 사용하는 지표는 같은 종류가 아니지요. 경제학자들은 주로 단일 항목의 평가적 지표를 사용하지만, 심리학자들은 다수 항목의 평가적 지표를 사용합니다.

"그게 무슨 뜻인지요?" 에이더가 질문합니다.

짐작했겠지만 단일 항목의 지표는 한 가지 질문에 대한 대답을 의미합니다. 반면 다수 항목의 지표는 다수의 진술 혹은 질문에 대한 대답의 평균 혹은 조합을 의미하지요.

경제학자들은 단일 항목의 지표를 선호합니다. 해석하기가 간단하기 때문이지요. 그들은 응답자에게 이 모든 것을 고려할 때 얼마나 행복하느냐고 질문합니다. 그리고 아주 간단하고도 무미건조한 대답을 얻지요. 심리학자들은 다양한 진술 혹은 질문에 대한 대답을 요구하는 다수 항목의 지표를 선호합니다. 실제로 그들은 조준하지 않고 닥치는 대로 쏘는 방식이 행복이라는 표적을 맞힐 가능성을 더 높인다고 생각하지요. 그러나 다수 항목의 지표는 명확하지 않다는 문제가 있습니다. 다수 항목의 지표에 나오는 각각의 문장은

표5. 디너의 '삶의 만족도' 척도

아래에 당신의 동의하거나 동의하지 않는 5개의 진술이 있습니다. 각각의 진술에 대해 당신이 동의하는 정도에 따라 1~7점을 기재하십시오.

(1: 전혀 동의하지 않는다. 2: 동의하지 않는다. 3: 조금은 동의하지 않는다. 4: 동의하지도 않고, 반대하지도 않는다. 5: 약간 동의한다. 6: 동의한다. 7: 강력하게 동의한다.)

1. 대부분의 경우, 나의 삶은 내가 생각하는 최선의 상태에 가깝다.
2. 삶의 여건이 더할 나위 없이 좋다.
3. 나는 나의 삶에 만족한다.
4. 지금까지 나는 살면서 내가 원하는 중요한 것들을 달성했다.
5. 지금 다시 인생을 살 수 있더라도, 나는 지금처럼 살 것이다.

불가피하게도 앞이나 뒤에 나오는 문장과 다른 것을 의미하기 때문입니다.

심리학에서 널리 사용하는 행복 지표인 '디너의 5가지 항목으로 보는 삶의 만족 척도(5-item Diener Satisfaction With Life Scale)'는 다수 항목의 지표가 지닌 모호성을 잘 보여줍니다.

또 다른 사고 실험을 한번 해볼까요? 65세의 나이에 여성 사업가로서 성공했지만, 최근 생명을 위협하는 질병에 걸려서 아픈 몸으로 병상에 누워 있는 사람을 떠올려봅시다. 그는 디너 척도에 근거한 질문에 어떻게 대답할까요? 표5에 나오는 5개의 질문 중 2개만 살펴봅시다. 그는 2번 질문인 "삶의 여건이 더할 나위 없이 좋다"에 대해 자신의 건강이 안 좋은 상황을 반영하여 가장 낮은 점수를 주면서 "그렇지 않다"고 답할 가능성이 상당히 높습니다. 그러나 5번 질문 "지금 다시 인생을 살 수 있더라도, 나는 지금처럼 살 것이다"에 대해서는 성공적인 자신의 경력을 돌아보며 가장 높은 점수와 함께 "그렇다"는 대답을 내놓을 가능성이 높겠지요.

그의 대답은 왜 이렇게 극단적으로 다를까요? 두 개의 진술이 서로 다른 시간을 기준으로 하기 때문입니다. 2번은 현재에 기준을 두고, 현재 상황에 얼마나 만족하고 있는지 질문합니다. 반면 5번은 과거에 기준을 두고, 지난 삶에 대해 어떻게 생각하고 있는지 묻고 있지요. 그의 입장에서는 현재 상황에 만족하지 않지만, 지난 삶에 대해서는 만족한다고 답할 가능성이 높습니다. 만약 다수 항목의 지표에 대한 하나의 값을 구한다는 명분으로 이 두 가지 대답의 평균을 구한다거나 그 밖의 방식으로 결합시키면, 이 답들은 서로 상쇄되어 긍정과 부정의 분포에서 중간에 해당하는 모호한 값을 내놓게 됩니다. 이 값은 질문에 응답한 사업가의 현재 상황에 대한 만족도를 보여주는 것도 아니고 삶 전체에 대한 만족도를 보여주지도 않지요.

이 사업가가 경제학 연구에서 흔히 사용하는 삶의 만족도에 대한 단일 항목의 질문을 받는다고 가정해봅시다. "모든 것들을 고려할 때, 지금 당신의 삶에 얼마나 만족합니까?" 그의 건강이 안 좋은 상황임을 감안하면 대답은 틀림없이 가장 낮은 점수일 것입니다. 이 대답은 현재 그의 기분이 어떠한지, 즉 현재 그가 자신의 삶에 얼마나 만족하는지 분명하게 보여주지요. 마찬가지로 디너 척도의 5번 질문 같은 단일 항목의 질문도 그가 과거의 삶에 얼마나 만족하는지 보여줄 것입니다.

다수 항목의 지표가 지닌 모호성 때문에 지표와 관련된 쟁점에서는 경제학이 우위에 있다고 볼 수 있습니다.

에이더가 마지못해 말합니다.

"네, 알겠어요. 경제학이 승리했군요."

행복을 측정하는 경우에는 아마도 그럴 것입니다. 하지만 행복 연구에 심리학이 기여한 바를 잊어서는 안 됩니다. 이때는 심리학이 승리하지요.

✦ 심리학과 경제학의 방법론

"어쩌면 어리석은 질문일 수도 있겠지만, 저는 연극영화과 학생이거든요. 그래서 교수님께서 행복에 관한 연구를 어떻게 설계하시는지 잘 모르겠습니다."

낸시 앤이 방법론을 묻는군요. 절대로 어리석은 질문이 아닙니다. 심리학과 경제학의 연구 성과에 차이가 있는 이유를 설명할 수 있는 좋은 질문이지요.

지난 수 세기 동안 행복에 대한 일반화는 증거가 아닌 무엇이 좋은 삶인가에 관한 선험적 관념에 바탕을 두었습니다. 행복 연구가 사회과학으로 옮겨가면서 증거 기반의 일반화가 반드시 요구되었지요. 맞아요, 증거는 동의 혹은 논쟁의 실질적인 기초로서 하나의 기준이 되기 때문에 필요했습니다. 그러나 무엇이 수용 가능한 증거에 해당할까요? 바로 이 지점에서 경제학과 심리학이 생각하는 합당한 증거의 개념이 확연하게 달라집니다.

이 두 학문은 모집단에서 표본을 추출하여 얻은 데이터를 바탕으로 경험적 지식을 얻으려고 합니다. 경제학자들은 연구를 진행할 때 전국적인 대표성을 띠는 표본을 사용하고, 이 수업 전반에서 이루어지는 일반화는 대체로 이러한 표본을 바탕으로 합니다. 이러한 접근 방식의 이면에 있는 생각은 다음과 같습니다. 행복에 관한 유용한 교훈을 얻고 싶다면, 해당 국가 모집단의 특징을 재현하는 표본을 바탕으로 한 연구가 필요하다는 것이지요. 대표성을 띠는 표본은 성별, 연령, 인종, 교육 수준, 소득 수준 등에 따른 모집단의 구성을 그대로 재현합니다. 이러한 표본은 1000명이 될 수도 있고, 때로는 이보다 훨씬 더 적을 수도 있지만, 놀랍게도 모집단을 정확하게 반영하지요.

심리학에서 전국적인 대표성을 띠는 표본은 일반적으로 수용 가능한 증거가 되기에는 아주 적은 부분만을 포함합니다. 일반적인 접근 방식은 심리학자 팀 카서Tim Kasser의 저작 『물질주의의 높은 대가The High Price of Materialism』(2002)에서 확인할 수 있습니다. 이 책에서 카서는 미국인 대학생으로 이루어진 표본을 주요 근거로 삼아 결론을 이끌어냅니다. 그에 따르면 심리학에서 진행하는 과학적 연구에서는 이러한 표본을 흰쥐 다음으로 가장 많이 사용한다고 합니다. 하지만 실제로 이러한 표본이 미국인 대학생을 대표하지는 않습니다. 표본에 속한 대학생들이 다니는 학교는 연구 중심의 명문이기 때문입니다. 따라서 교육 수준이나 계급 등의 요인이 작용하여 왜곡된 결론에 도달할 수 있지요. 게다가 이러한 표본은 그 학교에 다니는 학생들조차 대표하지 않을 수 있습니다. 심리학 연구에 동원된 학생들이 자발적으로 연구자들이 가르치는 심리학 강의를 선택했기 때문이지요.

"죄송하지만 교수님께서도 예시를 들려고 예전에 우리가 했던 이야기를 여러 번 인용하셨어요." 낸시 앤이 불쑥 끼어듭니다.

맞아요, 저는 가르쳤던 학생들이 한 이야기를 여러 번 인용했습니다. 하지만 더욱 광범위하고 전국적인 대표성을 띠는 표본의 결과를 먼저 제시한 뒤에 이를 뒷받침하려는 목적으로 아주 가까운 곳에서 찾아볼 수 있는 사례를 보여주고자 한 것이지요.

자, 그럼 이번에는 제가 학생들에게 질문해볼까요?

여기 방법론에 관한 또 다른 문제가 있습니다. 예를 들어 릴리가 시간이 흐를수록 행복이 변하는지, 변하지 않는지를 알고 싶어 한다고 가정합시다. 릴리는 2000년에 실시한 어느 설문 조사 결과를 바탕으로 연령 집단을 5년 단위로 묶어서 20~24세 집단부터 70~74세 집단까지 평균 행복 수준을 표로 정리했습니다. 그 결과 나이가 가장 많은 집단이 가장 어린 집단보다 훨씬 더 행복하다는 것을 확인했지요. 그렇다면 이러한 시점 비교를 근거로 나이가 70대 초반인 사람들이 20대 초반인 사람들보다 더 행복하다고 자신 있게 주장할 수 있을까요?

엠마가 답을 하는군요.

"저는 릴리가 그렇게 주장할 수 없다고 생각해요. 나이가 70~74세인 사람들과 20~24세인 사람들은 서로 다른 사람들이기 때문이에요. 시간이 흐르면서 행복이 어떻게 변하는지 알고 싶다면 한 사람을 대상으로 그가 각각 다른 연령대에 있을 때를 살펴봐야 해요. 교수님 질문에서는 릴리가 횡단면 데이터를 사용하고 있고, 각 연령 집단의 구성원들은 서로 다른 사람들입니다!"

엠마가 정확하게 지적했습니다. 2000년에 나이가 20~24세인 사람들은 1976~1980년에 태어났어요. 70~74세인 사람들은 1926~1930년에 태어났지요. 따라서 그들은 출생연도로 보면 서로 다른 집단에 속하고, 서로 다른 삶의 이력을 가지고 있습니다. 일례로 우리가 나이가 20대 초반인 집단과 20대 후반인 집단을 비교할 때, 나이가 더 많은 집단에 속한 사람들이 나이가 어린 집단에 속한 사람들보다 배우자와 함께 살고 있을 가능성이 더 많지요. 배우자의 여부 때문에 나이가 어린, 즉 20~24세 집단에 속한 사람들은 상대적으로 덜 행복합니다. 횡단면 데이터를 근거로 삼아 현재 20~24세 집단에 속한 사람들의 행복 수준을 바탕으로 그들이 70~74세 집단이 되었을 때 행복 수준이 어떠할지 알 수 있다고 가정하는 것은 확실히 잘못된 생각입니다. 그러니까 20~24세 집단과 70~74세 집단을 연결 짓는 것으로는 둘 중 어느 집단에 대해서도 평생에 걸친 행복 수준을 정확히 설명할 수 없습니다.

눈에 띄는 몇몇 예외적인 경우를 제외하면 안타깝게도 이러한 횡단면 연구가 심리학에서 보편적으로 진행되고 있습니다. 한 가지 믿기 힘든 점은 심리학자들이 주로 횡단면 연구가 진행되는 시점에서 나타나는 결과로 설명 변수(통계학에서 다른 변수가 취할 값을 설명하거나 짐작하기 위하여 이용하는 변수―옮긴이)의 중요성을 판단한다는 것이지요. 예를 들어 횡단면 분석에서는 개인 간 행복 격차를 설명할 때 소득이나 건강 같은 삶의 여건보다 성격이나 종교 같은 성격 관련 변수들이 훨씬 더 중요한 역할을 합니다. 심리학자들은 이러한 횡단면 연구 결과를 근거로 삶의 여건이 행복의 결정 요인으로서 중요하지 않다고 판단하고, 그 대신 설정점 이론을 지지합니다. 그러나 실제로는 시간이 지나도 성격 변수는 거의 변하지 않는 반면, 삶의 여건은 크게 변하지요. 따라서 인생에서 행복이 변화하는 과정은 주로 삶의 여건에 따라 결정됩니다. 우리가 여러 번에 걸쳐서 살펴봤듯 특정 시점의 데이터는 시간이 지나면서 나타나는 행복의 실제 변화에 대해 상당히 잘못된 결론에 이르게 합니다. 지금 설명한 사례가 좋은 예시지요.

경제학자들은 대체로 횡단면 연구과 시계열 연구 간의 차이에 더 민감합니다. 그들은 이 두 가지 연구 사이의 뚜렷한 차이를 인식하고 있고, 시계열 연구를 상대적으로 더 많이 선택합니다. 그러나 다음 장에 나오는 임계치 개념에 관한 논의에서 알 수 있듯 그들은 횡단면 결과를 기초로 시계열 변화를 예측하는 데에는 면역력이 없지요.

에이더가 결론을 내립니다.

"경제학이 항상 옳을 수는 없어요. 그러나 교수님께서는 표본을 선택하고 시간의 흐름을 고려하는 것 같은, 경제학의 몇 가지 장점을 알려주셨어요. 경제학이 더 나은 성과를 내는 것처럼 보입니다."

그리고 웃으면서 덧붙이는군요.

"적어도 행복 연구에 있어서는 말이지요."

✦ 우열을 가려야 하는가?

전혀 그럴 필요는 없습니다. 경제학이 방법론에 관한 몇 가지 쟁점에서 우위에 있는 건 맞지만, 모든 쟁점에서 그렇지는 않지요. 예를 들어 경제학은 행복 지표의 신뢰성과 타당성을 점검하는 데 있어서 한심할 정도로 부족한 점이 많습니다. 심리학은 분명히 사람들이 하는 말에 더 많은 관심을 기울이고, 개인이 의사 결정을 내릴 때 마음속으로 생각하는 기준, 즉 준거 기준이 중요한 역할을 한다는 사실을 인정하지요. 실제로 행복을 설명하는 일에 있어서 최종적으로 분석할 때는 심리학자와 경제학자의 작업 모두가 중요합니다. 이것은 경제학이 옳은가 아니면 심리학이 옳은가를 따지는 문제가 아닙니다.

행복은 학제간 연구 분야입니다.

'역설'의 비판에 대한 반론

장기적 추세를 보라

✦ 정말 가난한 나라는 어떠한가?

"교수님께서 말씀하시는 역설은 일정한 임계치를 뛰어넘을 때에만 적용된다는 글을 어딘가에서 읽은 적이 있어요. 1인당 GDP가 최소한의 수준을 넘긴 경우에만 그렇다는 것이지요. 그 글의 필자는 국민 대다수가 매우 가난한 국가에서는 사람들이 돈을 더 많이 벌면 더 행복해진다고 주장했습니다. 저는 그 사람의 주장이 타당하다고 생각해요. 뒷받침하는 증거도 있고요."

래리가 아주 적절하게 지적했습니다. 저의 역설에 대한 이러한 견해는 널리 알려져 있고, 심지어 행복을 연구하는 학자들 중 일부는 같은 목소리를 내고 있지요. 이러한 견해는 경제 성장을 지지하는 학자들 사이에서 특히 인기가 많습니다. 그들은 임계치보다 낮은 경우 언뜻 보면 이 역설이 적용되지 않을 것이라고 판단하고는 이렇게 주장하지요. "보세요! 소득이 낮을 때는 성장이 행복을 증진합니다. 소득이 이미 높은 국가에서만 역설이 적용됩니다. 성장이 행복을 증진하지 않는다는 주장은 부유한 국가에만 적용됩니다."

그러나 그들의 주장은 틀렸습니다. 행복에 관한 저의 역설은 부유한 국가, 가난한 국가 그리고 이들 사이에 있는 국가 등 모든 국가에 적용됩니다. 래리가 주장하듯 임계치 이론을 뒷받침하는 데이터도 분명히 있습니다. 그러나 이제는 여러분도 연구 방법 자체가 문제 있는 결과를 이끌어낼 수도 있다는 사실을 알고 있겠지요. 그렇습니다! 이 역설은 추정의 근거가 되는 자료는 있지만 다시 한번 잘

그림4. 세계 각국의 행복과 1인당 실질 GDP의 횡단면 데이터의 회귀선

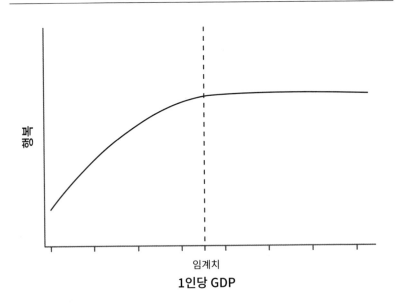

못된 결론으로 유도하는 횡단면 증거의 또 다른 사례입니다.

세계 각국의 행복과 1인당 GDP 데이터가 어느 한 시점에서 어떤지 그래프로 나타내면 그림4와 같은 곡선 모양이 나옵니다. 무엇이 보이나요? 소득이 낮은 경우 소득이 증가하면 행복이 증가한다는 것이지요. 그러나 소득이 비교적 높은 수준에 도달하면 행복은 더 이상 증가하지 않습니다. 이 그래프는 행복 역설에 대한 임계치 개념을 보여줍니다. 어느 한 국가의 1인당 GDP가 상당히 높은 수준, 즉 임계치에 도달하고 난 다음 역설의 효과가 나타나기 시작한다는 것이지요. 1인당 GDP가 임계치를 초과하면 소득이 증가하더라도 행복이 더 이상 증가하지 않습니다. 어느 한 국가의 국민들로 이루어진 횡단면 데이터도 국가 간 비교와 마찬가지로 그림4와 비슷한 모습을 보여줍니다. 최근 미국 데이터로 분석한 결과에 따르면 연소득의 임계치는 7만5000달러인 것으로 나타났습니다.

임계치의 왼쪽에 있는 저소득 국가의 경우 1인당 GDP가 증가하면 행복 수준도 증가하는 경향이 있습니다. 임계치의 오른쪽에 있는 고소득 국가의 경우에는 1인당 GDP가 증가하더라도 행복 수준에는 거의 차이가 없지요.

임계치 이론에 따르면 저소득 국가의 경우 시간이 지나면서 소득이 증가할 때는 그림4의 왼쪽 부분처럼 행복 증가를 표시하는 곡선에서 상승하는 부분을 따릅니다. 그러나 이런 현상이 실제로 일어날까요? 다시 말하자면 횡단면 증거는 저소득 국가가 겪은 역사적 경험을 실제로 포착할까요?

이제는 여러분 모두 제가 어디서 답을 찾는지 알겠지요(래리가 고개를 끄덕이는군요).

"네, 알고 있어요!"

저소득 국가로 출발했지만 최근 1인당 GDP가 상당히 빠른 속도로 증가한 3개 국가의 시계열 데이터를 살펴봅시다. 첫 번째 국가는 1990년부터 2015년까지의 중국으로, 앞서 설명했듯 이 시기 중국은 경이적인 성장을 기록했지요. 두 번째 국가는 1958년부터 1987년까지의 일본입니다. 일본의 1인당 GDP는 처음엔 미국의 8분의 1에 그쳤지만, 1987년에는 미국의 3분의 2 정도로 상승했지요. 조사 시기가 시작될 무렵 세탁기 혹은 냉장고를 보유한 일본 가정은 찾아보기 힘들었습니다. 그러나 조사 시기가 끝날쯤에는 거의 모든 가정에서 이러한 가전제품을 보유했지요. 같은 기간 동안 자동차를 보유한 가정은 1퍼센트에서 60퍼센트로 증가했습니다. 세 번째 국가는 1995년부터 2019년까지의 인도입니다. 이 시기 인도는 1인당 GDP가 4배 이상 증가했습니다. 이전 반세기 동안 인도의 1인당 GDP가 상승한 폭은 2배도 되지 않았지요. 물론 인도의 최근 데이터에 대한 신뢰성에는 다소 의심의 여지가 있기는 합니다. 그럼에도 1995년 이후로 경제가 빠른 속도로 성장한 것은 틀림없는 사실입니다. 그에 대해서는 의심의 여지가 전혀 없지요.

그림4로 예상할 수 있듯 임계치에 도달하기 전까지 경제 성장이 행복을 증진한 국가가 있다면 당연히 이 세 나라를 꼽을 수 있을 것입니다.

그렇다면 이 세 나라 중 실제로 그림4의 곡선에서 상승하는 부분을 따른 나라가 있을까요? 답은 단연코 '아니오'입니다. 모든 국가에서 생활 수준이 명백하게 상승한 반면 행복은 증진되지 않았습니다(그림5). 인도의 경우 심지어 행복 수준이 하락하는 추세에 있지요. 세 나라 모두에서 임계치는 확인할 수 없었습니다. 일반적으로 그렇듯 횡단면 데이터로는 시계열 추세를 예측할 수 없지요.

교훈은 다시 한번 반복되었습니다.

일본의 경우 응답자들에게 점수를 1점에서 4점까지 기록하게 했지만, 다른 국가들과 비교하기 위해 이를 0~10점 척도로 환산했

그림5. 예전에는 가난한 국가였다가 이후 빠른 속도로 경제 성장을 달성한 3개 국가의 행복 수준

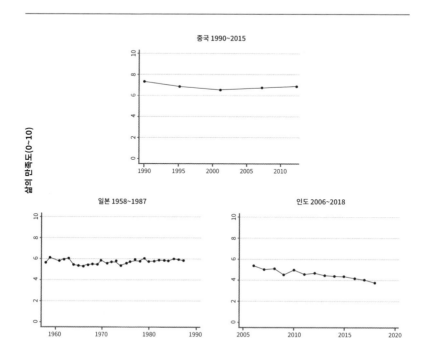

습니다. 인도의 경우에는 캔트릴의 문항을 삶의 사다리 척도로 제시했습니다. 출처는 중국의 경우 세계가치관조사, 일본은 세계행복데이터베이스World Database of Happiness, 인도는 월드 갤럽 폴입니다.

횡단면 데이터와 달리 시계열 증거는 제가 제시한 행복에 관한 역설이 고소득 국가뿐 아니라 저소득 국가에도 적용된다는 사실을 입증합니다. 예전에 가난했던 이들 세 나라처럼, 소득이 가파르게 증가하더라도 행복 수준은 이에 따라 증가하지 않았습니다. 데이터가 주는 메시지는 반박할 수 없지요. 경제 성장 그 자체가 행복을 증진하지는 않습니다. 사회적 비교는 모든 곳에서 작동합니다. 가난한 국가에서조차 사회적 비교는 소득 증가가 행복에 미치리라고 예상되는 정의 효과를 약화시킵니다. 이는 일본, 중국, 인도의 사례에서 여실히 나타납니다. 가장 가난한 계층을 포함한 모든 계층에서 소득 수준이 높아지지만, 좋은 삶을 구성하는 것에 대해 사람들이 생각하는 수준도 함께 높아지지요. 그 결과, 물질적 여건이 상당히 좋아지더라도 행복이 증진되지는 않습니다.

만족에 대한 기준은 손쉽게 변합니다. 뉴스만 봐도 사회적 비교가 만연한다는 증거는 차고도 넘치지요. 옛날 신문을 훑어보면 다음과 같은 기사들이 눈길을 끕니다.

《뉴욕타임스》 2006년 9월 22일
중국의 부유층 자제들은 손쉽게 과외 수업을 받는다.
"돈이 많은 부모는 자녀들에게 지금 널리 유행하고 있는 골프 조기 교육뿐 아니라 발레와 음악 레슨에서 승마, 스케이팅, 스키, 심지어는 폴로 수업까지 등록시키고 있다."

《오렌지 카운티 레지스터Orange County Register》 2013년 8월 27일
중국의 오렌지 카운티, 라이프스타일을 제시하다.
"베이징에서 자동차로 1시간이 걸리는 거리에 (…) 이곳에서 9600킬로미터나 떨어진 남부 캘리포니아 지역과 비슷하게 설계된 143세대

규모의 주택단지 (…) 중국의 오렌지 카운티가 자리를 잡고 있다. (…) 이곳을 설계했던 쟝 보Zhang Bo는 이렇게 말한다. '미국인들은 오렌지 카운티를 특정 장소로 생각할 것이다. (…) 그러나 중국인들은 오렌지 카운티를 조르지오 아르마니 같은 브랜드명으로 인식한다. 이곳은 사람들의 새로운 라이프스타일을 의미한다. 이곳은 신선한 느낌을 준다. 새롭게 떠오르는 즐거운 흥분과도 같다.'"

《뉴욕타임스》2010년 3월 19일
인도의 새로운 부농들은 리무진만으로 만족하지 않는다.
"여행사를 운영하면서 매년 3~4건의 헬리콥터 결혼식을 진행하는 수바시 고얄Subhash Goyal은 이렇게 말한다. '사람들은 다른 사람들보다 더 나아 보이려고 합니다. (…) 이것은 새로운 부자들이 행동하는 방식입니다. 그들은 남들에게 자신을 과시하면서 '내가 당신보다 돈이 더 많아'라고 말하고 싶어 합니다.'"

소득이 증가하면서 좋은 삶을 구성하는 요인에 대해 (심지어는 가장 가난한 계층도 포함해서) 사람들이 생각하는 수준이 높아집니다. (이제는 알고 있겠지만) 소득의 준거 기준이 높아지는 것이지요. 그들은 더 많은 것을 가졌지만, 그보다 더 많은 것을 가지고 싶어 해요. 결과적으로 물질적 여건이 상당히 좋아졌음에도 더 행복해지지는 않지요. 지금으로부터 200여 년 전 새뮤얼 존슨이 소득에 관해 정곡을 찌르는 말을 남기기도 했습니다. "인생은 결핍의 연속이지, 즐거움의 연속은 아니다."

✦ 왜 부유한 국가들이 더 행복한가?

래리는 여기서 물러나지 않는군요. 그가 그림4를 가리키면서 묻습니다.

"경제 성장이 상관없는 거라면 왜 고소득 국가가 저소득 국가보다 더 행복한 건가요? 저한테 이 그래프는 가난한 국가에서 소득이 증가하면 행복도 증가하는 것으로 보입니다. 그렇지 않은가요?"

훌륭한 지적입니다. 래리가 가장 뛰어난 학생인 것 같다는 생각이 드는군요. 래리의 주장, 즉 고소득 국가의 행복 수준이 높다는 사실이 바로 경제 성장의 행복 증진 가설을 입증한다는 주장은 노벨 경제학상을 수상한 두 경제학자들이 제기한 것이기도 합니다.

그러나 논리 분석의 기본 원칙, 즉 상관관계가 인과관계를 의미하지는 않는다는 원칙을 생각해봅시다. 래리는 횡단면 분석에서 소득과 행복 사이에 정의 상관관계가 있다는 것이 소득과 행복 사이에 인과관계가 있다는 것을 의미한다고 가정하고 있습니다. 이러한 가정은 다른 요인들이 작동할 가능성을 무시하는 것이지요.

"예를 들어 어떤 요인이지요?" 래리가 묻습니다.

"아, 알겠어요. 복지국가이지요." 에이더가 답합니다.

우리는 이미 답을 알고 있었습니다. 복지국가 정책의 범위가 넓어지고 혜택이 많아지면 행복은 증진합니다. 부유한 국가에서 이러한 정부 정책과 프로그램은 행복을 증진하는 원인으로 작용하지요.

하지만 래리는 동의하지 않는 것 같군요.

좋아요, 그렇다면 또 다른 증거를 제시해보겠습니다. OECD 회원국 40개국을 대상으로 한 횡단면 연구에서는 사회안전망이 탄탄한 국가의 행복 수준이 더 높은 것으로 나타납니다. 예를 들어 다른 조건들이 같다면 임금 대비 실업 수당이 높은 국가의 국민이 이보다 낮은 국가의 국민보다 더 행복합니다. 또한 라틴아메리카 국가들을 보면 가난한 사람들을 위한 현금 지원 같은 사회보장 프로그램이 행복 수준과 정의 상관관계가 있는 것으로 나타났지요.

켈시 오코너는 이러한 유형의 분석을 전 세계 국가들로 확대하여 시행했습니다. 오코너는 100개가 훨씬 넘는 국가들의 데이터로 횡단면 분석을 시도하고 행복과 복지국가 정책 간의 정의 상관관계를 확인했지요. 또한 그는 이러한 국가들을 선진국, 이행 시기에 있는 국가, 개발도상국으로 분류한 뒤 각각의 범주에서도 정의 상관관계가 반복된다는 사실을 확인했습니다.

최근의 시계열 데이터도 사회 안전망 정책과 행복 간의 정의 상관관계를 보여줍니다. 라틴아메리카 국가 대부분은 21세기가 되기 20년 전부터 21세기가 되고 20년이 지나기까지 행복 수준이 현저하게 높아졌습니다. 고용을 창출하고 사회안전망을 확충하는 방향으로 정책을 전환한 모든 국가에서 행복 수준이 높아졌지요. 이 지역 국가들은 1980년대와 1990년대에 (정부 재정 적자를 피하기 위한)

재정 규율과 외채 상환을 강조하는 일련의 정책들을 의미하는 워싱턴 컨센서스Washington Consensus 때문에 힘든 시절을 보내기도 했습니다. 실업률이 높았고, 사회보장 지출은 얼마 되지 않았지요. 이후 2000년대 초반부터 이 지역에 복지를 강조하는 정부가 들어서기 시작했습니다. 특히 실업률이 낮아지고 사회보장 지출이 증가한 국가에서 행복 수준이 현저하게 증가했지요. 이에 반해 1인당 GDP와 연동되는 경제 성장률에서 나타나는 국가별 격차는 행복 추세와 아무런 관계가 없었습니다. 행복 수준이 높아진 것은 고용과 사회안전망에 치중하는 정책으로 방향을 전환한 덕분이었지요.

일부 분석가들은 행복에 관한 저의 역설을 공공 정책이 저소득 국가에 별로 도움이 되지 않는다는 뜻으로 해석합니다. 그렇지 않습니다. 행복에 관한 역설은 경제 성장 그 자체가 사람들을 더 행복하게 해주지는 않는다는 뜻입니다. 그러나 사회보장 정책은 다릅니다. 사람들을 행복하게 해주지요. 우리는 GDP를 증가시키는 것보다 고용을 창출하고 사회안전망을 확충하는 데 치중해야 합니다. 이와 관련해 1990년대 중국보다 더 좋은 예시는 없을 겁니다. 당시 중국의 1인당 GDP는 급격하게 증가했지만, 고용 지표가 떨어지고 사회안전망이 붕괴되면서 행복 수준은 나빠졌지요. 중국 정부가 정책의 방향을 전환하면서 행복 수준이 높아졌습니다.

이제 릴리가 래리의 편에 서는군요.

"하지만 교수님, 복지 프로그램이 가장 잘 갖추어져 있는 국가들은 부유한 국가들입니다. 이러한 사실은 국가가 사회안전망 정책을 추진할 재원을 마련하려면 소득이 높아야 한다는 것을 말해주지 않나요? 따라서 성장론자들의 주장이 옳지 않을까요? 단지 인과관계의 고리가 하나 더 추가되는 것뿐이죠. 이 고리에 복지국가 정책이 추가되는 거예요. 경제 성장이 곧장 행복 증진으로 이어지는 것이 아니라, 경제 성장이 복지국가 정책으로 이어지고, 복지국가 정책이 행복 증진으로 이어진다는 것이지요. 따라서 경제 성장이 행복 증진의 주요 원천이 되는 것 아닐까요."

훌륭한 추론입니다. 그러나 저는 릴리에게 이런 질문을 하고 싶군요. 복지국가 정책이 단순히 경제 성장의 산물이라면 시계열 통계는 소득이 증가하는 모든 국가에서 행복이 증가하고, 소득이 더 많이 증가할수록 더 행복해진다는 것을 보여주어야 하지 않을까요? 그러나 실제로 시계열 증거에서 행복과 경제 성장이 반드시 함께 간다는 것을 보여주지는 않습니다.

게다가 1인당 GDP가 낮은 국가, 심지어 경제 성장이 거의 혹은 전혀 없는 국가에서도 복지국가 정책을 추진할 수 있습니다. 앞에서 살펴봤듯 1인당 GDP가 미국의 4분의 1에 불과한데도 복지국가 정책을 추진한 코스타리카는 세계에서 가장 행복한 국가 중 하나로 꼽힙니다.

물론 대체로 복지국가 정책은 부유한 국가에서 더 잘 발달되었지요. 그러나 상관관계가 인과관계를 의미하지는 않습니다. 실제로 국가의 부의 원천과 행복의 원천이 같지는 않지요. 고소득 국가는 산업혁명 시기 자연과학 발전의 산물인 신기술을 도입하는 데 선구자였기 때문에 부유한 국가가 되었습니다. 다른 한편으로 고소득 국가는 복지국가 정책을 입안하는 데 밑거름이 되는 사회과학 분야에서도 앞서 나갔기 때문에 행복한 국가가 되었지요. 따라서 일정한 시점에서 보면 대체로 1인당 국민소득이 높은 국가들은 복지국가 프로그램도 잘 발달되어 있습니다. 그러나 1인당 국민소득과 복지국가 프로그램 중 어느 것도 다른 것의 원인이 되지는 않습니다. 다만 이 국가들은 새롭게 등장한 서로 다른 두 분야의 과학적 지식이 주는 혜택을 가장 먼저 쟁취했을 뿐이지요. 하나는 근대 경제 성장의 기반이 된 자연과학이고, 다른 하나는 인간의 행복을 증진하는 정책의 기반이 된 사회과학입니다(이와 관련하여 자세한 내용은 15장에서 다룰 예정입니다). 이러한 관계가 소득과 행복의 인과관계를 반영하지는 않지요. 이 관계는 선도자와 후발주자 모두에게 경제 성장의 달성과 복지국가 정책의 채택은 원인과 결과가 아니라 동시에 달성할 수 있는 목표라는 것을 말해줍니다.

즉, 부유한 국가는 경제 성장이 아니라 고용과 사회안전망 정책 덕분에 더 행복한 것이지요. 그리고 경제 성장은 이러한 정책의 전제 조건이 아닙니다. 정부는 소득 수준이 비교적 낮을 때도 이러한 정책을 도입할 수 있지요. 고소득 국가는 부유한 동시에 행복 수준이 높은데, 이는 과학적 지식의 각각 다른 영역, 즉 물질적 부와 복지국가 정책으로 인도하는 영역 모두에서 앞서 나갔기 때문입니다.

✦ 시계열 데이터의 적절한 시간 범위

"구글에서 '이스털린의 역설에 대한 비판Easterlin Paradox—Criticisms'을 검색해보니 「이스털린의 역설의 정체를 폭로한다 Debunking the Easterlin Paradox」라는 논문이 나왔습니다. 교수님의 역설을 맹렬하게 비판하고 있더군요. 교수님도 보셨나요?" 질이 묻습니다.

저도 그 논문을 본 적이 있습니다. 실제로 그 저자들은 이스털린의 역설을 가장 가혹하게 비판한 사람들이지요. 지금까지 저는 시계열 연구의 가치를 높이 평가해왔습니다. 그런데 그들은 무엇을 발견했나요? 제가 확인한 사실과 일치하지 않는 시계열 데이터이지요.

질문의 요지는 이렇습니다. '왜 일부 시계열 연구는 소득과 행복이 아무런 관계가 없다는 역설과는 다르게 이들 사이에 정의 상관관계가 있다는 것을 보여주는가?' 그 이유는 이처럼 특정한 시계열 연구에서는 실제로 시간 범위가 그다지 길지 않기 때문입니다. 즉, 시계열 분석에서 추세를 확인하기에는 시간 범위가 너무 짧다는 것이지요. 시간 범위가 이렇게 짧으면 행복과 소득이 동시에 같은 방향으로 움직이기 때문에 둘 사이에서 단기적인 정의 상관관계를 관찰할 수 있습니다. 이에 반해 제가 제시한 역설은 장기적 추세에서 행복과 소득 간의 관계를 살펴보는 것이고, 이들 간에는 아무런 관계가 없다는 것을 보여줍니다.

이제 행복과 소득의 단기적 시계열 관계와 장기적 시계열 관계를 구분하던 논의로 되돌아가 봅시다. 두 번째 강의 시간에 나왔던 그림을 기억하나요?(그림6). 단기적으로 행복과 소득은 나란히 움직이지만, 장기적으로는 아무런 관계가 없습니다. 이 그림은 단기적으로 행복과 소득의 시계열 간에는 정의 상관관계가 있지만, 장기적으로는 행복과 소득의 추세 사이에 아무런 관련도 없다는 것을 뚜렷이 보여주지요.

단기적으로 행복과 소득은 함께 올라가고 내려가지만(실선), 장기적으로는 행복의 추세가 소득의 추세와 함께 움직이지 않습니다(점선).

확실히 이 역설을 검증하기 위해 필요한 것은 행복과 소득의 추세이고, 이러한 추세를 이해하려면 시간 범위가 가능한 만큼 긴 국가 단위의 시계열 데이터가 필요합니다. 시간 범위가 짧으면 단기적 변동을 보여주는 결과를 얻을 수 있지요. 질이 언급한, 저의 역설에 반론을 제기하는 논문은 세계가치관조사와 유로바로미터 Eurobarometer가 발표한 데이터를 근거로 한 것입니다. 이 두 데이터를 활용한 저자들은 그들이 분석한 시계열에서 시간 범위를 축소했습니다. 이 때문에 행복과 소득의 시계열이 함께 움직이면서 단기적으로는 정의 관계가 존재한다는 결론에 이르렀지요.

저자들은 세계가치관조사에서 기간 2부터 4까지의 데이터를 분석했습니다. 이는 1990년대 초와 1990년대 말에 실시한 설문 조사 결과였지요. 어찌된 일인지 저자들은 기간 5의 데이터를 그들의 논문이 발간되기 4년 전에 확인할 수 있었는데도 분석에 포함하지 않

그림6. 행복과 소득의 단기적인 변동과 장기적인 추세: 사례

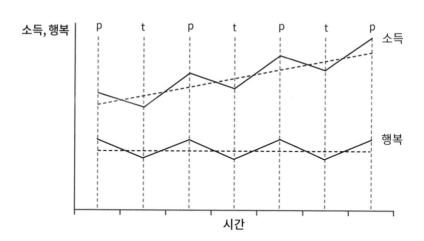

았습니다. 기간 5의 데이터를 포함하면 그들이 분석하는 시계열 데이터의 기간을 5~7년 늘릴 수 있었지요. 그들은 기간 5의 데이터를 포함하지 않음으로써 10년 혹은 이에 못 미치는 시계열 데이터로 단기적 변동으로 인한 정의 관계를 보여주는 통계적 결과를 도출할 수 있었습니다.

유로바로미터 데이터를 사용한 분석도 마찬가지였습니다. 유로바로미터 데이터는 유럽의 9개국을 대상으로 1970년대 초반부터 반년마다 조사한 것이지요. 시간이 지나면서 조사 대상인 국가가 점차 늘어났습니다. 일부 국가들의 경우 데이터에서 30년 혹은 그 이상의 시간을 다루지만, 이 논문의 저자들은 모든 국가의 시계열을 10년 단위로 세분했습니다. 그 결과 세계가치관조사에서 기간 5를

제외한 것과 마찬가지로 시계열의 시간 범위가 훨씬 더 짧아져서 (비록 이번 경우 통계적으로 유의미한 결과는 아니지만) 행복과 소득이 단기적으로 정의 관계를 보이는 것으로 나타났지요.

따라서 질이 검색한 논문의 저자들은 세계가치관조사와 유로바로미터 데이터를 다루면서 잘못된 판단으로 시계열 데이터의 시간 범위를 짧게 축소하고 행복과 GDP 변동 간의 정의 관계를 확인한 것입니다. 그들은 행복에 관한 역설을 부당하게 취급했습니다. 이 역설을 검증하려면 시간 범위가 10년이 넘는 시계열 데이터를 확보해야 합니다.

그러나 장기적 추세를 확인하려면 몇 년에 걸친 시계열 데이터가 필요할까요? 제가 감히 답을 제시할 수 있다고 생각한 적도 있었습니다. 그러나 그렇게 생각하던 시절은 오래전이지요. 이행 시기에 있는 국가들의 행복에 관한 데이터 때문에 제 생각은 바뀌었습니다.

앞에서 살펴봤듯 사회주의에서 자본주의로 넘어가는 시기 초반에는 경제가 급격하게 무너지다가 이후로 서서히 회복됩니다. 행복도 이에 따라 움직이지요. 실제로 21세기가 되고 20년이 지난 지금까지도 자본주의로의 이행 시기에 있는 국가들의 행복 수준은 이행이 시작되기 5~10년 전보다 여전히 더 낮은 수준에 머물러 있지요.

안타깝게도 이행 시기에 있는 국가 중 상당수의 행복 데이터는 경제가 무너지던 시기 이후부터 수집되기 시작했습니다. 따라서 이러한 국가들의 경우 행복 데이터는 경제가 회복되는 시기만, 특히 일부 국가들의 경우 20년 남짓의 시기만 존재하고, 이 데이터는

GDP와 함께 움직입니다. 이러한 국가들의 행복과 GDP의 추세를 살펴보면 오랫동안 서서히 진행되는 회복 시기에 행복과 소득이 단기적인 정의 상관관계를 보여줍니다. 반면 경제가 무너지던 시기 이전부터 행복 데이터가 존재하던 러시아 같은 국가들은 행복과 소득 사이에 아무런 관계가 없다는 것을 보여주지요. 따라서 이행 시기에 있는 국가 다수가 보여주듯 20년이라는 기간조차도 추세를 확인하는 데 충분히 길지 않을 수 있습니다.

"네, 알겠습니다. 하지만 구글에서 검색한 논문 이야기를 하고 싶어요. 그 논문에는 이런 말이 나와요. '이스털린 교수의 연구는 통계를 뒤죽박죽 모아놓은 것에 불과하다.' 상당히 무례하지 않나요?" 질이 다시 묻습니다.

우선, 정말로 관심이 있는 사람이라면 제 논문을 읽어보길 바랍니다. 그리고 저는 토론을 할 때 개인적인 감정을 내세우지 않아요 (그러나 저는 많은 학생이 제가 하는 말을 숨죽이며 듣는 것을 느낄 수 있었지요. 어떤 학생은 학자가 되고 싶다는 생각을 재고하는 것 같더군요). 맞아요, 사회과학자조차도 이런 말은 불쾌합니다. 학문적 토론에서 학자라는 사람들이 논리를 내세우지 않고 상대방을 경멸하고 있다니 안타까운 일이지요. 지식을 추구하다 보면 항상 의견을 주고받게 마련입니다. 이렇게 발전이 이루어져요. 그러나 예의에 어긋나는 행동은 하지 말아야 합니다.

지금으로부터 6세기 전 레오나르도 브루니Leonardo Bruni라는 사람은 토머스 캄비아토르Thomas Cambiatore에게 보내는 편지에서 학문적 토론에 대한 바람직한 접근 방식을 다음과 같이 설득력 있게 표현했습니다.

> 당신의 편지가 나에 대한 칭찬 일색이었더라면 당신이 몇 가지 점에서 반론을 제기했을 때만큼 기쁘지 않았을 것입니다. 나는 당신의 반론을 우정의 표시로 여기고 그 밖의 것들은 지나친 찬사로 여길 것입니다. 마찬가지로 나는 당신이 나의 반론에도 열린 마음으로 귀 기울여줄 것을 요청합니다. 당신의 주장이 나의 반론 없이 통과된다면, 그것은 한쪽으로 치우치게 될 것이기 때문입니다.[1]

이 편지가 지적 교류를 위한 기준이 되어야 한다고 봅니다. 저는 행복 연구의 위대한 개척자 중 한 사람인 네덜란드의 사회학자 뤼트 베인호번Ruut Veenhoven과 끊임없이 토론하면서 이러한 기준을 지키려고 했습니다. 뤼트는 오랫동안 저의 역설을 꾸준히 비판해왔고, 저 역시 그의 주장을 반박해왔지요. 저는 그와 제가 의견을 주고받을 때의 어투가 브루니와 캄비아토르의 그것과 비슷하다고 생각합니다. 무엇보다 중요한 사실은 이처럼 반대 의견을 정중하게 제시할 때 지식의 발전이 이루어진다는 것입니다.

뤼트와 저는 우호적인 토론을 통해 발전했고, 돈을 쓰지 않고도 더 행복해졌습니다.

✦   역설은 장기적인 추세에서 봐야 한다

핵심은 이렇습니다. 저의 역설을 비판하는 사람들은 두 가지 통계적 관계, 즉 횡단면 상관관계 혹은 단기적 시계열 데이터가 보여주는 행복과 소득의 변화에 근거해 둘 사이에 정의 관계가 있다는 증거를 제시합니다. 그러나 저의 역설은 제3의 관계, 즉 장기적인 추세에서 행복과 소득 사이의 관계에 관한 것이고 장기적으로 보면 이 둘은 아무런 관계가 없지요.

저의 역설은 장기적 추세에서 명백하게 나타납니다.

네 번째 강의

행복혁명
우리 시대의 마지막 혁명

우리의 행복을 위해
경제학은 무엇을 했을까?

✦ 경제학의 패러다임

"경제학에서 행복 연구는 주변부에 있는 것 같아요. 강의 목록을 보기 전까지는 경제학자들이 이런 분야를 연구하거나 가르친다는 사실을 전혀 알지 못했거든요. 교수님께서 이 역설을 제시하셨을 때 경제학자들의 반응은 어땠나요?"

앤디가 머뭇거리다가 질문합니다.

솔직히 말하면 이것은 제가 좋아하는 주제가 전혀 아닙니다. 행복에 관한 저의 역설이 세상에 처음 나왔을 때 아무도 관심을 갖지 않았지요. 저의 역설도 아무런 반응을 얻지 못했습니다. 하지만 저는 이 역설을 발표한 논문이 상당히 훌륭하다고 생각했습니다. 행복 데이터를 처음으로 사용하여 (사람들은 돈이 더 많으면 당연히 더 행복해진다고 생각했기 때문에) 그 누구도 예상하지 못한 결과를 이끌어낸 논문이었지요. 그러나 경제학계를 주도하는 저널《아메리칸 이코노믹 리뷰American Economic Review》는 제 논문의 게재를 거부했습니다. 이유는 간단했지요. "새로운 내용이 없다"라는 것이었습니다.

솔직히 말해서 놀라지는 않았어요. 돌이켜보면 저의 역설은 행복경제학이라고 불리는 새로운 분야의 시작을 알렸지만, 당시 연구 주제로서의 행복은 학자들 대부분이 아주 싫어하는 것이었지요.

릴리가 갑자기 손을 드는군요.

"하지만 경제학자들은 왜 관심이 없었나요? 교수님께서는 언제 이런 연구를 하셨지요? 교수님이 말씀하셨던 것처럼 데이터는 새로운 사상으로 이끌어요. 이것은 좋은 일이에요, 그렇죠? 저는 대학교가 이를 위해 존재해야 한다고 생각해요."

맞아요, 새로운 사상은 좋은 것이지요. 물론 새로운 사상이 항상 좋은 결과로 이어지는 것은 아니지만 타당하다면 사라지지 않고 오랫동안 남을 것입니다. 지식은 시간이 흐르면서 서서히 부상합니다. 새로운 사상일수록 더욱 그래요. 그러나 앤디의 질문은 우리 모두 편견(이 경우에는 학문 분야의 범위에 관한 편견)을 갖고 있고, 이러한 편견이 다른 모든 것을 지배하듯이 학문 분야에서도 마찬가지라는 것을 보여줍니다. 모든 학문 분야는 토머스 쿤Thomas Kuhn이 1962년에 발간한 자연과학에 관한 대표 저작『과학혁명의 구조The Structure of Scientific Revolutions』에서 학문에서의 패러다임paradigm이라고 부르는, 널리 수용되는 일련의 가정하에서 작동합니다. 이러한 패러다임은 특정 학문 분야를 이끌어가지만, 그 한계를 설정하기도 하지요. 패러다임은 특정한 학문 분야의 이론적 기초에서든 방법론적 규약에서든 효력을 갖습니다.

지금 하는 이야기는 들리는 것처럼 난해하지는 않아요. 조금 더 자세히 설명해보겠습니다.

행복에 관한 첫 번째 연구 결과를 발표했을 때 경제학계는 행동주의에 갇혀 있었습니다. 행동주의는 오직 사람들의 관찰 가능한 행동에만 집중하는 것을 의미하지요(여기서 용어에 주의해야 합니다. 심리학 개념의 행동주의behaviorism와 행동경제학behavioral economics을 혼동해서는 안 됩니다. 사실 이들 두 가지는 스펙트럼에서 완전히 반대편에 있어요). 사회과학에서 행동주의는 심리학자 스키너B.F. Skinner에게 큰 영향을 받았는데, 인간의 내면적 인식과 정신적 특성을 이해하려는 노력에 대한 반작용으로 나온 것입니다. 스키너는 인간의 정신은 백지상태에 놓여 있다는 존 로크John Locke 신봉자의 주장으로 되돌아갔어요. 행동주의를 수용하는 경제학자들은 사람들이 자신의 욕망, 감정, 행동에 대한 동기를 말하는 것(자기 보고self-report 혹은 주관적인 증언)을 타당한 증거로 받아들이지 않지요. 미국경제학회American Economic Association 회장을 역임했던 빅터 푹스Victor Fuchs는 다음과 같이 당당하게 주장합니다.

> 경제학자들은 대체로 의사 결정자들의 내면적인 사고 과정 혹은 그들이 자신의 행동을 설명하려는 합리화의 과정에는 관심이 없다. 경제학자들은 사람들이 무엇을 말하는가보다 무엇을 '하는가'가 더 중요하다고 생각한다.[1]

이제 경제학에서 설정한 이러한 패러다임의 한계가 드러나는 사례를 살펴봅시다. 예를 들어 이런 질문을 받으면 어떨까요? "당신이 살아가는 동안 자녀를 정확하게 몇 명 가질 것인지 선택할 수 있다면, 몇 명을 가질 것입니까?" 출산이라는 행동을 설명하려는 경제학자들이 당신의 대답을 다른 사람들의 대답과 마찬가지로 아무런 가치가 없다고 취급한다면 납득할 수 있나요? 믿기 어렵겠지만 1970년대의 경제학은 그랬지요.

푹스는 사람들이 자신의 행동을 설명하는 것을 두고 '합리화'라는 경멸적인 단어를 사용했습니다. 경제학자들이 주관적인 증언을 무시한다는 사실이 뚜렷이 드러나는 표현이지요. 그의 견해에 따르면 사람들은 타당한 추론을 하지 않는 것으로 보입니다. 사람들은 마치 연극의 관객이라도 된듯 자신의 삶을 수동적으로 바라보고, 이때 그들의 의사 결정과 행동을 추론하려는 시도는 햄릿의 동기를 추론하는 것과 마찬가지이지요. 그러나 가상 인물의 동기를 추측하는 것과 달리 현실에 존재하는 인간이 자신의 행동에 대해 실제로 설명하는 것은 상당히 유용한 부분이 있어요.

다행스럽게도 푹스 시절 소수의 경제학자들이 다른 입장을 견지했습니다. 일례로 경제사학자 디어드리 맥클로스키^{Deidre McCloskey}는 경제학과의 교수진과 학생이 참여하는 워크숍에 대해 이렇게 냉소적으로 표현했지요.

> 경제학자들은 다른 사회과학자들과는 다르게 설문지와 그 밖의 자기 보고 수단에 상당한 반감이 있다. (…) 우리는 논쟁이 많은 경제 문제에 대한 설문지를 배포할 것을 아이러니하게 제안함으로써 그들이 큰 소리로 비웃게 할 수 있다. (…) 경제학자들은 (…) 경제학 논쟁에서 표면적으로 관찰 가능한 행위자의 행동만이 수용 가능한 증거라는 생각에 사로잡혀 있다.[2]

직설적으로 말하자면 주류 경제학에서는 저의 역설이 경제학의 원칙을 망각한 것이라고 봅니다. 사람들이 자신의 행복에 대해 하는 말을 인정하기 때문이지요. 저는 '경제학자들은 사람들이 하는 말을 듣지 않는다'라는 신성한 가르침을 위반한 사람입니다.

"잠깐만요, 교수님, 우리는 신경과학 세미나에서 인간의 정신이 백지상태에 놓여 있다는 주장이 얼마나 터무니없는지 배웠습니다. 사람들은 생각을 하고 내면적 과정을 거칠 뿐 아니라 몸과 마음에서 비롯한 감정적 과정이 이성에도 영향을 미쳐요. 이것이 지금은 체화된 마음embodied mind이라고 불리죠."

에이더가 흥분한 목소리로 의기양양하게 말합니다.

저는 에이더가 이 분야의 전문가라고 생각합니다. 그러나 50년 전에는 경제학자들이 이런 말을 들으려고 하지 않았지요.

저의 역설에 대한 문제점으로 지적된 사항은 주관적인 증언을 수용했다는 것 외에 또 있었습니다. 저의 역설은 어느 한 나라의 행복 평균값을 계산하기 위해 다양한 사람들의 응답을 합산하는 과정에서 서로 다른 사람들에게 거의 동일한 행복의 잣대가 있고, 따라서 우리가 집단을 확실하게 비교할 수 있다고 암묵적으로 가정합니다. 이러한 가정은 주류 경제학의 패러다임, 즉 사람들을 비교할 때 취하는 입장에서 또다시 벗어나지요. 1930년대 런던정경대학교의 라이어널 로빈스Lionel Robbins는 전적으로 연역적 논리에 근거하여 효용(행복)의 개인 간의 비교가 가능하지 않다고 선언했습니다. 예를 들어 연소득이 10만 달러인 사람이 연소득이 5000달러인 사람에게 1000달러를 증여했다고 가정합시다. 부유한 사람은 무시해도 좋을 정도로 행복이 감소하지만, 가난한 사람은 상당한 수준으로 행복이 증가하리라고 생각하는 사람들이 많겠지요. 그러나 로빈스는 말합니다. "그렇지 않다. 우리는 행복을 측정할 수 없다. 따라서 두 사람 사이에서 소득의 이전으로 인한 효과를 비교할 수 없다." 로빈스의 견해에 따르면, 경제학이 이러한 판단을 하기 시작하면 주관적인 감정을 존중한다는 것이므로 정당한 학문으로 성립되지 않을 것입니다.

학문적으로 존중받지 못할 수 있다는 우려로 인해 경제학계는 대체로 로빈스의 견해를 수용했고, 수십 년 동안 이 입장을 충실히 고수했습니다. 저의 역설의 경우 저 자신이 깨닫지 못하는 사이에 예전에 몰입했던, 사람들이 자신이 행동한 원인을 밝히는 데 귀를 기울인 인구통계학의 영향을 받아서 로빈슨의 견해와는 다른 접근 방식을 취했습니다. 저는 전 세계 인구가 공유하는 기본적인 관심사 간의 공통점을 보여주는 해들리 캔트릴의 설문 조사 결과를 우연히 보고 의미가 있다고 생각했고, 집단 차원에서 개인 간의 비교가 타당성이 있다고 보았지요. 또한 캔트릴의 설문 조사가 응답자들에게 선택지를 제시해서 특정한 대답으로 이끄는 대신 개방형 질문으로 구성되어 있다는 사실도 그의 접근 방식을 신뢰하게 했어요. 사람들에게 행복의 원천에 대해 어떻게 생각하는지 말하게 하면, 상당히 비슷한 이야기를 합니다. 그러나 경제학계는 패러다임의 한 부분으로 확립된, 개인 간의 비교를 거부하는 계율 때문에 저의 역설을 두고 새롭고도 놀라운 결과를 규명하려고 하기보다는 무시하려고 했지요.

이후로도 저의 역설이 전하는 주요 메시지(경제 성장은 인간의 행복을 증진하지 않는다)는 경제학계의 비위를 거슬렀습니다. 경제학 이론의 기본적인 주장은 소득이 증가하면 더 행복해진다는 것이지요. 2008년에 열린 어느 워크숍 토론의 조사 위원이 쓴 글에서 알 수 있듯 경제학자들은 이러한 원칙에 대체로 확고하게 충성했어요. 이 글에 따르면 노벨 경제학상을 수상한 로버트 배로Robert Barro는 이런 선언을 했다고 합니다. "실증 분석의 결과에서 소득 증가가 행복 증진을 보여주지 않는다면 나는 어떤 측면에서 데이터 혹은 방법론에 결함이 있었다고 볼 것이지, 행복과 소득에 아무런 관계가 없다고 보지는 않을 것이다." 바로 경제학의 한 분야이자 데이터에 입각한 실증 분석을 시행하는 계량경제학의 권위자의 입에서 나온 말이었어요.

제 연구의 결론인 '소득 증가와 행복 증진은 함께 가지 않는다'는 이처럼 겉보기에는 자명한 원칙에 위배됩니다. 저의 역설은 주류와 어울리지 못하는 것이기에, 무시당하고 배척당한다고 해서 놀라운 것은 없었어요. 결국 저의 역설은 수십 년에 걸친 연구 끝에 관심을 받게 되었습니다. 기본적인 가정에 문제가 있으면 이론 너머 훨씬 더 많은 것들이 위험에 처합니다. 경제학에서 제안하는 정책 대부분은 소득에만 관심을 기울입니다. 소득이 많아지면 항상 행복이 증진될 것이라고 가정하기 때문이지요.

주관적인 증언과 개인 간의 비교를 수용하고, 행복과 소득 사이에 관계가 없음을 증명한 것이 바로 저의 역설이 품은 원죄입니다. 저의 역설이 등장하고 경제학계가 이를 무시한 건 전혀 놀라운 일이 아니지요.

에이더가 활짝 웃으면서 자기 학생(바로 나!)에게 말합니다. "교수님께서는 심리학자들과 친해질 수밖에 없었군요."

✦ 행복경제학의 태동

"힘드셨겠네요. 언제부터 사람들이 행복경제학에 관심을 가지게 되었나요? 왜 그들이 생각을 바꾸게 되었지요?" 캐럴린이 질문합니다.

행동주의자들의 요새에서 균열이 나타나기 시작한 것은 1990년대가 되어서였습니다. 사람들의 행동을 설명하려는 방정식에서 당사자들의 생각은 무시해야 한다는 입장을 모든 경제학자가 수용한 것은 아니었습니다. 이러한 입장을 수용하지 않은 경제학자로는 프린스턴대학교 교수이자 연방준비제도이사회 이사를 역임했던 저명한 경제학자 앨런 블라인더Alan Blinder가 대표적이지요. 블라인더는 다음과 같은 인상적인 풍자로 행동주의자들의 모순을 지적했습니다. "분자가 말을 할 수 있다면, 화학자들이 그 말을 듣기를 거부할까요?"

노동경제학에는 사람들이 하는 말(구체적으로는 자기가 하는 일에 대한 만족도)에 귀를 기울이는 학자들이 있지요. 그런 측면에서 경제학에서 몇 안 되는 분야 중 하나입니다. 분명 일에 대한 만족에서 삶에 대한 만족(행복)으로 넘어가는 건 엄청난 도약입니다. 그러나 영국 워릭대학교의 앤드루 오즈월드Andrew Oswald를 비롯한 몇몇 용기 있는 사람들이 이러한 도약을 해냈지요. 저의 역설이 행복혁명을 위해 뿌려진 씨앗이라면, 오즈월드와 그의 후계자들이 진행한 실증 연구는 그 씨앗이 무성한 숲으로 자라도록 가꾸었습니다.

오즈월드는 다트머스대학교의 데이비드 블랜치플라워David Blanchflower와 함께 횡단면 데이터를 이용해 '미시경제학의 행복 방정식'을 추정한 연구로 행복 연구에서 획기적인 발전을 이루어냈습니다. 이 방정식은 기본적으로 특정 시점에 나타나는 행복과 삶의 여건 사이의 통계적 관계를 측정합니다. 특히 연령, 성별, 혼인 상태, 건강, 고용 상태 그리고 물론 소득까지 포함하지요. 오즈월드와 블랜치플라워의 연구는 어떤 나라의 연구자라도 쉽게 재현하고 확장할 수 있는 모델을 제공했습니다. 덕분에 시간이 지나면서 그들의 연구를 추종하는 연구자들이 많아졌지요.

1997년에 오즈월드는 이처럼 새로운 연구에서 나온 여러 결과를 모아 「행복과 경제적 성과Happiness and Economic Performance」라는 논문을 발표했습니다. 이 논문은 영국의 주요 경제학 저널 《이코노믹 저널Economic Journal》에 발표되면서 행복에 관한 경제학 연구의 정당성을 정립하는 데 기여했지요. 오즈월드와 그를 추종하는 연구자들의 노력 덕분에 21세기를 맞이하여 행복 연구는 경제학에서 작지만 굳건한 토대를 마련했습니다.

이제 경제학자들이 사람들이 하는 말을 듣기 시작한 겁니다.

"하지만 왜죠? 무엇 때문에 관심을 갖게 되었나요?"

캐럴린이 다시 묻습니다. 당연히 이야기를 재촉할 만해요. 패러다임은 변화를 거부합니다. 오즈월드-블랜치플라워의 모델은 방법론에서 중요한 자극이 되었고, 그 밖에도 다양한 부문에서 이루어진 발전이 행복경제학의 탄생에 기여했습니다. 우선 이제는 모든 연구자가 제대로 조사된 행복 데이터와 매력적인 주제에 관한 신뢰할 만한 정보의 보고寶庫를 이용할 수 있게 되었습니다. 이와 함께 경제적 행동에 미치는 심리적 영향에 대한 인식이 확대되었지요. 그 결과 경제학의 새로운 영역인 행동경제학과 그 하위 분야인 행동금융학에서 사람들이 자신의 삶에 대해 하는 말을 수용하려는 분위기가 자리를 잡았습니다. 또한 심리학에 뛰어든 소수의 경제학자들은 이미 심리학 분야에서는 행복이 중요한 연구 주제로 부상했고 행복 지표가 신중하게 검토되고 있는 것을 확인했지요. 마지막으로 많은 정책 담당자들과 학자들이 널리 사용되고 있던 국가의 행복 지표(맞아요, 이제 여러분이 잘 알고 있는 1인당 GDP이지요)에 점점 더 환멸을 느끼면서 더 나은 지표를 찾기 시작했습니다.

"그럼 이러한 생각으로 연구하는 다른 학자들도 있나요? 변화가 생기려면 그런 사람들이 많아야 할 것 같습니다." 키튼이 불쑥 끼어듭니다.

맞아요, 그런 집단이 있어야겠지요. 실제로 초기에 행복 데이터 대부분을 생산하고 축적한 분야는 경제학이 아니라 다른 사회과학 분야였지요. 동료 연구자이자 학문적 토론의 상대였던 사회학자 루트 빈호벤을 기억할 겁니다. 1984년 유럽에서 루트는 「세계행복 데이터베이스World Database of Happiness」를 발간했습니다. 그와 그의 동료 연구자들은 전 세계를 대상으로 행복에 대한 설문 조사 결과를 수집하고 분류하고 평가했지요. 이 작업은 엄청난 가치가 있을 뿐 아니라 대단히 고된 일이었습니다. 그는 이 결과를 전 세계 연구자들이 사용할 수 있도록 공개했습니다. 거의 비슷한 시기에 미국의 정치학자 로널드 잉글하트Ronald Inglehart는 동료 연구자들과 함께 처음에는 유럽을 대상으로, 그다음에는 전 세계를 대상으로 유럽과 세계의 가치관 조사를 실시했습니다. 그리고 심리학 분야에서는 앞서 소개했던 디너 척도의 에드 디너Ed Diener가 일리노이대학교에서 선구적인 연구를 진행하여 행복을 심리학의 중요한 연구 주제로 만들었고, 심리학자들이 주관적 행복에 대한 설문 조사를 활발하게 진행하게 했습니다.

사람들이 의사 결정을 내리는 과정에 집중하는 행동경제학 분야에서도 또 다른 중요한 발전이 진행되었습니다. 행동경제학의 획기적인 발전은 심리학자 대니얼 카너먼(또 나왔군요!)과 에이머스 트버스키의 1979년 논문 「전망이론: 위험하의 의사 결정에 관한 분석 Prospect Theory: An Analysis of Decision under Risk」으로 거슬러 올라갑니다. 행동경제학은 행복경제학과 두 가지 측면에서 차이가 있습니다. 무엇보다도 행동경제학은 사람들이 의사 결정을 내리는 과정을 분석하지만, 행복경제학은 의사 결정의 결과를 분석하지요. 예를 들어 행동경제학자들은 사람들이 자녀 계획을 결정하는 방법을 탐구하지만, 행복경제학자들은 자녀가 있으면 사람들이 더 행복해지는지 그 여부를 묻습니다. 우리가 살펴본 개념에 따르면 행동경제학은 주로 의사 결정에 따른 효용, 즉 특정한 선택에 따른 기대 만족도에 관심이 있고, 행복경제학은 경험 효용, 즉 실제로 실현된 만족도에 관심이 있습니다.

이들 두 가지 분야는 방법론에서도 차이가 있습니다. 행동경제학은 주로 사회심리학에서 개발하고 사용하는 실험실 실험에 의존합니다. 이에 반해 행복경제학은 주로 사회 조사 데이터를 이용하지요.

경제학의 주요 관심사는 사람들이 어떻게 선택을 하는가(파레토 같은 일부 경제학자들에게는 이것이 유일한 관심사이지요)에 있기 때문에, 행복경제학보다 행동경제학이 먼저 인정받았습니다. 어쨌든 행동경제학은 사람들이 하는 말에 관심을 기울이고 심리적인 측면이 경제 행위에 미치는 영향의 중요성을 입증했기 때문에 행복경제학이 정당성을 얻기 위한 길을 열어준 셈이지요.

"심리학은 어떤가요? 경제학보다 더 나은 일을 했나요?"

낸시 앤이 에이더를 향해 웃으면서 묻는군요.

"당연하죠!"

에이더가 자신 있다는 듯 답합니다.

확실히 우리는 인간의 마음을 연구하는 분야가 그랬기를 바랐습니다. 그럼에도 심리학은 1970년 이전까지 행복 연구를 무시했지요. 그때까지 분위기, 감정, 주관적인 만족에 관심이 있던 심리학은 주로 정신 질환이 있는 사람들에 집중했습니다. 그러나 1970년 대가 되면서, 특히 에드 디너의 연구 덕분에 변화의 바람이 불기 시작했습니다. 디너와 그의 동료 연구자들은 행복에 관한 설문 조사 데이터에서 몇몇 사람들만이 아니라 전체 인구의 심리적 행복에 관한 소중한 통찰을 얻을 수 있다는 사실을 입증했습니다. 그리고 무엇이 평범한 사람의 정신 건강에 도움이 되는지 이해하는 데 집중하는 '긍정심리학positive psychology'이라는 새로운 연구 분야가 정립하는 데 기여했지요. 무엇보다도 그들은 우리가 앞에서 살펴봤듯 응답자들이 스스로 보고하는 행복 데이터가 의미 있는지 검증하고 확인했습니다. 이런 주제에 관심을 갖고 경제학에서 행복을 진지하게 연구할 만한 가치가 있음을 입증하기 위해 심리학자들이 찾아낸 확고한 사실을 자주 인용하는 경제학자들은 행복 데이터의 신뢰성과 타당성에 대한 그들의 결론에 주목했습니다.

마지막으로 행복경제학은 공공 정책의 영역에서도 도움을 받았습니다. 1인당 GDP가 사회의 복지 수준에 대한 훌륭한 척도가 될수 없다는 생각이 이 영역에서 널리 퍼진 것이지요. GDP를 비판하는 사람들이 지적했듯 행복의 원천에는 소득 외에도 많은 것들이 있고, 공공 정책이 GDP의 증가에만 집중하면 교육과 의료 서비스 같은 문제를 소홀히 취급하게 됩니다. 국가의 행복을 나타내는 다양한 사회 지표를 제시하는 '사회 지표 운동'은 오직 GDP만 중요하게 취급하는 현상에 대한 반대 운동입니다. 행복은 이처럼 새로운 시각에 적합한 지표라고 할 수 있지요.

✦ 행복 연구가 활짝 피다

"알겠습니다. 이론을 받아들이는 것까지는 좋아요. 하지만 설득력을 가지려면 이러한 아이디어를 활용해야 하지 않을까요?"

타일러가 조바심을 내기 시작하는군요.

"타일러의 말이 맞아요. 어디에서 의미 있는 사회 변화를 찾을 수 있나요?"

키튼도 큰소리로 거듭니다.

자, 이제 그런 이야기를 할 때가 되었군요.

20세기 후반 30년 동안 행복을 측정하고 정진하는 방법에 관한 변화의 바람이 불었고, 이는 20세기가 끝날 무렵 정계와 공공의 인식에 영향을 미치는 관점으로 발전했습니다. 앞에서 언급했듯 2007년부터 2012년까지 프랑스 대통령을 지냈던 니콜라 사르코지는 2008년 2월, 1인당 GDP를 삶의 질에 대한 지표로 사용하는 데 불만을 표하면서 노벨 경제학상을 수상한 조지프 스티글리츠Joseph Stiglitz와 아마르티아 센Amartya Sen, 장 폴 피투시Jean-Paul Fitoussi에게 사회 발전을 측정하는 더 나은 방법을 찾도록 위원회를 창설하게 했습니다. 그 결과 25명으로 이루어진 위원회가 탄생했지요. 그들 중에는 경제학 박사학위를 받은 22명이 포함되었는데 대다수가 경제학의 행동주의 시대에 학위를 받은 사람들이었습니다. 노벨 경제학상을 받은 사람도 5명 있었지요. 경제학에서 권위 있는 연구자들로 구성된 이 위원회가 발간한 「경제 성과 및 사회 발전 측정위원회 보고서(2009)」는 경제학자들이 행복을 연구 주제로 수용하는 데 있어서 하나의 이정표가 되었고, 공공의 인식을 확장하기 위한 길을 열었습니다.

이 위원회가 보고서에서 권고한 내용 중에는 '주관적 행복'에 관한 지표를 분명하게 승인해야 한다는 내용도 있었습니다. 앞서 살펴본 평가적 지표와 일시적인 기분에 관한 지표를 모두 포함하는 포괄적 용어이지요. 이 위원회의 입장은 분명했습니다.

우리의 연구는 객관적 행복뿐 아니라 주관적 행복에 관해서도 의미 있고 신뢰할 만한 데이터를 수집하는 일이 가능하다는 것을 증명했다. 주관적 행복은 (개인의 삶에 대한 인지 평가, 행복, 만족도, 즐거움과 자부심 같은 긍정의 감정, 고통과 고민 같은 부정의 감정 등) 다양한 측면을 포함한다. 이러한 측면들은 삶을 더욱 포괄적으로 이해하기 위해 개별적으로 평가되어야 한다. (…) 소규모의 비공식적인 설문 조사에서 가치가 있다고 입증된 질문 유형은 공식적인 통계작성기관에서 진행하는 대규모의 설문 조사에도 포함되어야 한다.[3]

불과 40년 전만 하더라도 저명한 경제학자가 행복을 측정할 때 사람들이 스스로 하는 이야기, 즉 자신이 어떻게 느끼는지에 대한 이야기에 진지하게 관심을 가져야 한다고 주장한다면 도저히 용납할 수 없는 이단으로 몰렸을 것입니다. 사람들이 스스로 보고하는 행복에 관심을 갖는 이 위원회의 모습은 과거 행동주의자들의 계명과 극명한 대조를 이루었고, 그 구성원의 대다수가 행동주의 시대에 훈련을 받았다는 점을 고려하면 특히 놀라운 일이었지요. 그러나 산의 한 부분만을 보여주는 익숙한 등산로 외에도 다른 길이 있는 것처럼 원칙에 입각한 연구에 헌신할 때에도 생각은 변하게 마련입니다.

"맞아요. 우리가 잘 해내고 있는 것 같아요."

키튼이 안도의 한숨을 내쉬는군요.

✦ 여전한 경제학계의 태도

이 위원회에서 개인 간의 비교가 의미 있는 데이터를 제공한다는 분명한 결론을 내렸음에도, 행복과 소득의 역설은 물론이고 행복에 관한 연구는 경제학계에서 널리 인정받지 못했습니다.

"어디에나 항상 반발 세력이 있지 않나요?"

잭이 걱정스러운 표정으로 묻습니다.

세상 이치가 그런 법이지요. 여기서 한 가지 사례를 살펴보려고 합니다. 공공 정책을 다루는 주요 경제 저널의 편집장은 제가 지도

하던 대학원생이 쓴 행복을 다룬 논문을 노골적으로 거부하면서 이렇게 주장했습니다.

당신 논문의 분석 결과는 흥미롭습니다. 게다가 지금까지 행복에 관한 몇몇 논문들이 이 저널에 게재되기도 했지요. 그러나 이제는 이와 같은 논문을 더 이상 다루지 않으려고 합니다. 이런 논문에 나오는 개념이 효용의 개인 간 비교를 배제하는 경제학의 기본 원칙을 위배하기 때문입니다.

그렇습니다. "경제학의 기본 원칙"이라는군요!
마찬가지로 요즘 경제학에서는 설문 조사 데이터가 1970년대보다 더 많이 인정받고는 있지만, 지금도 여전히 신출내기처럼 이류 소프트 데이터로 취급받고 있습니다. 이에 딱 맞는 사례로는 노벨 경제학상을 수상한 에드워드 프레스콧Edward C. Prescott의 어느 서평 첫머리를 들 수 있지요. "나는 경제학자로서 이 서평에서 저자가 여론 조사 결과가 아닌 하드 데이터를 얼마나 많이 수집했는가에 초점을 맞출 것이다."[4] 사람들이 말하고 느끼는 바를 무시하는 행동주의자의 접근 방식을 "경제학자로서"라는 식으로 표현하는 전형적인 허세에 주목할 필요가 있습니다. 눈가리개를 하고 인생을 살아가게 되어서 다행이라고 말하는 것과 무엇이 다를까요?

✦   # 행복경제학은 계속 전진한다!

"그래서 사회 변화는 어떻게 되었나요?"

키튼이 또다시 질문합니다.

행동주의 시대의 잔재는 남아 있지만 행복경제학은 계속 발전했습니다. 일반 대중뿐 아니라 점점 더 많은 학자가 사람들이 자신의 감정을 전하는 말에 대단한 관심을 보이기 시작했지요. 우리는 정책의 최전선에서 유망한 발전을 향하여 나아가고 있습니다. 2012년 유엔은 행복에 관한 콘퍼런스를 개최했고, 지금은 매년 150개가 넘는 국가들의 행복을 추정하는 「세계행복보고서」를 발간하고 있습니다(저는 강의 시간에 국가 간의 순위를 여러 번 언급해왔지요). 2013년 유엔 사무총장은 각국 정부에 공문을 보내 신중하게 구성되고 대규모로 수집된 정기적인 행복 데이터를 사용하여 거시경제 정책을 개선하고 유익한 서비스를 제공하는 데 가장 적절한 지침으로 쓰기를 장려했습니다. 이에 호응하듯 OECD도 행복 데이터를 공식적으로 수집하기 위한 표준 지침을 내놓았습니다. 지금은 전 세계적으로 수십 개 국가의 정부에서 공식적으로 행복 데이터를 수집하고 있지요.

"그럼 이제 행복혁명이 시작된 건가요, 교수님?"

산업혁명, 인구혁명
그리고 행복혁명의 시작

✦ 인류 역사의 세 가지 혁명

"저는 잘 모르겠어요. 지금으로서는 상황이 꽤 안 좋아 보여요."

제인은 회의적인 표정입니다.

"네, 저도 걱정이 돼요."

잭도 동의하는군요.

"교수님 생각은 어떠세요? 우리가 살아 있는 동안 세상이 지금보다 더 행복해질까요?"

릴리도 의심을 거두지 않습니다.

물론 이는 중요한 질문입니다. 그리고 저는 미래를 긍정적으로 바라보고 있지요.

앞서 말했지만 저는 경제사와 인구통계학을 연구하고 가르치던 시절에 처음으로 행복에 대해 생각하기 시작했습니다. 지난 수 세기에 걸친 경제의 역사와 인구 변화의 관점에서 행복을 바라보았지요. 여러분들이 역사에 관해 많은 지식을 얻을 기회가 별로 없었다는 사실도 잘 알고 있습니다.

"죄송하지만 교수님, 우리는 교수님이 생각하시는 것보다는 더 많이 알아요." 타일러가 정중하게 끼어드는군요.

그럴 수도 있습니다. 정말로 그러기를 바랍니다. 역사의 맥락을 알지 못하면 근시안적인 분석을 내놓을 수 있기 때문입니다. 타일러와 우리 학생들 덕분에 제가 배경 지식을 더 많이 알아갈 수 있다면 좋겠습니다.

여러분들도 알다시피 불과 3세기 만에 우리는 인간의 생활에서 세 가지 엄청난 발전을 이루었습니다. 첫 번째 발전은 18세기 후반에 일어난 산업혁명Industrial Revolution이고, 두 번째 발전은 19세기 후반에 시작된 인구혁명Demographic Revolution입니다. 그리고 세 번째 발전은 바로 20세기 후반에 시작되어 지금까지 이어져 온 행복혁명Happiness Revolution입니다. 물론 그 전에도 수많은 혁명이 있었지요. 그러나 지난 3세기 동안 일어난 진정한 혁명은 이 세 가지입니다. 우리는 이전과 완전히 다른 세상이 실현되는 모습을 목격했지요.

에이더가 수줍게 손을 드는군요.

"진화심리학 수업의 교수님께서는 인류가 약 1만 년 전에 정착 생활을 시작한 이후로 이 혁명들이 가장 커다란 변화라고 말씀하셨어요. 교수님께서도 그렇게 생각하시나요?"

물론 그렇습니다.

"아마도 엄청난 발전이었겠지요? 이 발전은 어떻게 일어났나요?"

조바심이 난 엠마가 손을 들고 묻습니다.

✦ **산업혁명: 생활 여건의 혁명**

산업혁명에 대한 이야기부터 시작해봅시다. 오늘날의 관점으로 보면 공업화 이전 17세기와 18세기 사회의 생활 여건은 유럽과 미국을 포함하여 야영 생활과 크게 다르지 않았고 위생 상태도 엉망이었습니다. 예를 들어 미국에서는 국민 대부분이 농촌에서 살았고, 주택은 단층 건물에 방이 한두 개 정도 있었으며, 바닥에는 바닥재를 깔지 않았습니다. 굴뚝이 있는 벽난로는 유일한 난방 장치였고, 요리할 때도 쓰였지요. 환기와 채광의 수단은 유리 없이 덧문만 있는 창문뿐이었고, 밤을 밝혀줄 조명으로는 벽난로와 촛불이 쓰였습니다. 건물 안에 화장실이 따로 없어서 사람들은 옥외 변소에서 배설 욕구를 해결해야 했지요. 물은 직접 길어야 했습니다. 땔감도 직접 구해야 했지요. 농촌에서 부지런히 일하는 사람들이 이동을 해야 할 때면 하루에 8~16킬로미터 정도 걷는 건 일상적이었습니다. 말과 마차를 소유한 사람은 일부였지요.

"으악!" 잭이 소리칩니다.

"맞아요." 낸시 앤이 제 이야기에 동의하는군요.

"영문학 교수님께서 당시 사람들의 생활 여건에 대해 자주 말씀하시곤 했어요. 비위생적이에요! 평균 수명이 40세라고도 하셨지요. 정말인가요?"

그렇습니다. 사망률이 높았기 때문이지요. 그러나 일부 사람들은 비교적 오래 살았다는 것을 잊으면 안 됩니다. 1870년대까지는 세균설이 널리 인정받지 않았다는 사실도 명심해야 하지요. 이에 대해서는 곧 조금 더 자세히 살펴보겠습니다.

위생을 위한 자원과 지식이 거의 없고 노동 집약적이었던 과거의 생활 방식과 위생 상태가 훌륭하고 소비재가 풍부한 오늘날 산업 사회의 생활 방식을 비교해봅시다. 오늘날 사람들은 방이 여러 개 있고 상하수도와 중앙난방(혹은 냉방) 시설이 갖추어져 있으며 실내 화장실이 한두 개 있는 집에서 삽니다. 가전제품, 컴퓨터, 자동차를 보유하고 원격 통신, 비행기를 이용하면서 좋은 음식을 먹고 좋은 옷을 입으며 살고 있지요. 동료 교수이자 권위 있는 경제사학자였던 도로시 브래디Dorothy Brady는 생전에 오늘날 미국인들이 250년 전의 부자들보다 평균적으로 더 잘 산다고 주장했습니다.

놀랍지 않은가요? 불과 2세기 만에 벌어진 일 아닙니까?

여러분은 표6을 통해 1750년부터 지금까지 1인당 GDP가 10배 넘게 증가했다는 사실이 우리의 일상생활에 의미하는 바를 살펴볼 수 있습니다. 이 표는 제가 예전에 경제사를 가르치던 시절에 모아 놓은 것입니다. 2세기 전에는 지금 우리가 당연시하는 것들이 대부분 존재하지도 않았지요. 바로 이런 이유로 사람들은 이를 혁명이라고 부릅니다. 사람들의 물질적 삶에서 총체적인 변화가 있었던 것이지요.

"이 모든 일이 어떻게 그렇게 갑자기 일어났죠?"

릴리가 묻습니다.

"저는 도시화 덕분이라고 알고 있어요."

낸시 앤의 답은 반만 맞는 말입니다. 이러한 변화의 기저에 있는 진정한 원인은 획기적으로 발전한 생산 방법입니다. 이와 같은 새로운 생산 방법 때문에 생산이 대규모 공장에서 집중적으로 이루어

**표6. 2세기 전에는 존재하지 않았거나 드물게 있었지만, 1990년대의 미국인
들은 흔히 사용하는 소비재**

가정용 가구
전기 조명
수돗물
실내 수세식 화장실
전기식/가스식 온수가열기
에어컨
천장 선풍기
장판
스프링 매트리스

가정용 청소용품
진공청소기
세탁기
빨래 건조기
전기다리미
세정제

여가
라디오
컬러텔레비전
비디오카세트 녹화기
스테레오 음향장치
캠코더
영화
모터보트
제트 스키
카메라

주방용품
전자레인지, 가스레인지
전기오븐, 가스오븐
냉장고
커피 메이커
마이크로웨이브 오븐
식기세척기
냉동고
야외 요리용 가스 그릴
토스터
와플 기계
만능 조리기구
믹서기
딱성냥

통신 수단
전화기
무선 전화기
자동응답기
퍼스널 컴퓨터
레이저프린터
휴대폰
무선 호출기
팩스
복사기
샤프펜/펜슬

개인 생활용품
안경
콘택트렌즈
의족
안전면도기
비타민
진통제
항알레르기성 제품
항우울제
운동 기구
쿼츠 디지털 시계
잎담배
통조림
냉동식품
가공된 시리얼과 즉석식품
마가린
씹는 껌
궐련담배
휴대용 라이터

수송 수단
자동차
제트항공기
자전거
오토바이

의류
합성섬유
재봉틀

지고 노동자들이 도심에 거주하게 되었지요. 산업혁명 이전에는 소규모 작업장이나 가정에서 의류, 신발, 가구 같은 일상적인 용품을 주로 손으로 제작(가내공업으로 불립니다)하여 전국으로 배포했습니다. 동력의 원천은 인간(물레의 발판을 밟는 것이지요), 동물(쟁기를 끕니다), 풍차, 수차(낟알을 밀가루로 제분하는 데 사용됩니다)에 있었습니다. 18세기 후반 증기력이 발명되고 연철을 생산하게 된 덕분에 대규모 공장에서 기계를 사용한 생산이 가능해졌고, 제조업이 계속 도심 지역으로 이동했습니다. 연철 덕분에 강력하고 내구성 있는 기계를 제작할 수 있었고, 증기력은 기계 구동에 필요한 동력을 안정적으로 공급해주었지요. 또한 증기력과 철 덕분에 철도와 증기선이 발명되어 효율적인 화물 수송과 승객 운송이 가능해진 덕분에 수송에 일대 혁신이 일어났습니다. 그 결과 도보, 마차, 범선은 점점 역사의 뒤안길로 사라져갔지요.

"맞아요, 대단한 변화예요. 하지만 정보기술도 다른 모든 것들만큼 중요하다고 생각해요. 그렇지 않나요?"

댄이 의견을 덧붙입니다.

"물론 그렇지, 댄. 하지만 좀 더 기다리렴. 앞으로 그 이야기를 하겠지만 아직은 아니야."

"그렇다면 알겠어요."

우리는 생산과 수송 기술의 핵심적인 몇 가지 사례만으로 이제 겨우 1차 산업혁명을 알아보았습니다. 19세기의 절반까지 왔을 뿐이지요.

"댄, 그다음에는 무엇이 나올 것 같니?"

"아마도 2차 산업혁명 아닐까요?"

그렇지요! 2차 산업혁명은 19세기 후반에 시작되어 생산력을 더욱 높였습니다. 1차 산업혁명에 이어 동력과 산업용 재료에서 획기적인 발전이 시작되었지요. 내연 기관이 발명되어 농업용 트랙터뿐 아니라 자동차, 비행기에 기반을 둔 새로운 수송 시스템의 시대가 열렸는데, 이는 두 가지 획기적인 발전 중 첫 번째에 해당합니다. 두 번째 발전은 수많은 제조업과 농업에 전력을 공급하는 기반이 된 광범위한 전력망을 개발한 것입니다. 그와 동시에 기업이 이용할 수 있는 원자재가 철강 외에도 비철 금속, 플라스틱 및 화학제품으로 확대되었지요.

자, 이제 3차 산업혁명을 이야기할 때가 되었습니다.

"그럼 정보기술에 관해 이야기할 때가 된 거네요?"

댄이 장난스럽게 묻습니다.

맞아요. 드디어 거기까지 왔군요. 디지털 컴퓨터는 3차 산업혁명의 촉매제가 되었습니다. 이제 여러분들은 노트북을 열거나 스마트폰을 집어 들 때 이런 제품들이 공장에서 어떻게 생산되는지 생각하지 않겠지요. 그러나 사업 방식과 구조, 이와 더불어 공장에서 생산되는 과정은 다시 한번 크게 변했습니다. 컴퓨터가 공장 설비 및 생산라인을 통제하고 컴퓨터 프로그램으로 작동하는 로봇이 노동자를 대체하고 있습니다. 문서 저장, 작업 흐름, 공급망 관리 같은 사무실 업무도 컴퓨터 기술의 엄청난 발전으로 지속적인 변화의 과정을 겪고 있지요. 그러나 정보기술이 전부는 아닙니다. 정보기술의 발전과 함께 예를 들면 새로운 동력원도 개발되고 있지요. 태양열, 풍력, 수력을 대규모로 이용한 재생에너지 기술이 화석 연료를 대체하기 시작했습니다.

요약하자면, 지난 250년 동안 생산성을 증진시키고 광범위하게 적용된 일련의 기술이 발명되면서 생산 기술의 혁명이 일어났고, 이는 평균적인 가정이 일상에서 살아가는 방식을 완전히 탈바꿈시켰습니다.

이러한 거대한 변화는 가히 혁명이라 할 수 있습니다. 왜 그럴까요? 이것은 경제의 역사에서 유례가 없기 때문이지요.

✦ 인구혁명: 생명과학의 성취

"다음 주제는요!" 수가 묻습니다.

"이제 인구혁명을 이야기할 차례예요." 타일러가 강의 계획서를 보고 대신 답합니다.

"맞아요. 진화심리학에서도 인구 변천demographic transition이라고 해서 이와 비슷한 주제를 다뤘어요. 이때부터 이상하게도 사람들이 자녀를 많이 갖지 않기 시작합니다." 에이더가 끼어듭니다.

"이상하게도"라는 표현을 제외하면 모두 맞는 말입니다. 19세기 중반 이전에는 어린 아이들이 출생 직후, 유아기, 유년기에 많이 사망했지요. 이쯤에서 평균 수명, 위생 상태에 관한 지식과 공공 서비스에 대해 낸시 앤이 제기했던 쟁점을 되짚어볼 필요가 있겠군요. 1840년에 출생한 인간의 평균 수명은 기껏해야 40세 남짓이었고, 이에 훨씬 못 미치는 지역도 많았습니다. 오늘날에는 상위권인 국가들의 평균 수명이 이보다 2배가 넘는 80세를 웃돌고 있습니다. 아무리 낮은 국가라고 하더라도 50세보다는 높고, 이는 1840년 당시 평균 수명이 가장 긴 국가보다도 더 긴 것이지요. 이처럼 평균 수명이 현저하게 길어진 것은 사망률이 급격하게 감소하고 보건 상태가 눈에 띄게 개선된 상황을 반영합니다.

사망률의 감소는 특히 유아기와 어린이 시기에 두드러지게 나타났고, 시간이 지나면서 이러한 현상이 출산률에 커다란 영향을 미쳤습니다. 유아와 어린이 사망률이 높은 시대에는 지배 계급을 제외한 부모들이 자녀의 생존이 불투명하기 때문에 아이를 가능한 한 많이 출산하려고 했습니다. 살아서 태어난 자녀 1000명 중 200~300명이 첫해를 넘기기 전에 사망했고, 첫해를 넘긴 자녀조차도 성년이 되기 전에 사망할 가능성이 상당히 높았습니다. 유아기에 살아남은 사람들의 약 절반만이 성년이 되는 20세까지 살아남았지요. 오늘날에는 평균 수명이 긴 국가의 경우 살아서 태어난 자녀 1000명 중 5명 혹은 그 이하가 첫해를 넘기기 전에 사망할 것이고, 20명을 제외하면 모두가 성년이 되는 20세까지 살아남을 겁니다.

"엄청나네요! 옛날 부모들이 불쌍해요. 저는 이 시대에 태어나서 행복해요." 낸시 앤이 신이 나서 외칩니다.

"맞아요. 제 주변에는 아이가 태어나서 첫해를 넘기기 전에 세상을 떠난 가정이 없어요." 타일러가 맞장구를 칩니다.

"저는 평균 수명이 길어져서 사람들이 새로운 문제에 직면하게 될 거라고 생각해요." 수가 다른 의견을 제시합니다.

그렇습니다. 평균 수명의 엄청난 증가는 위대한 성취입니다. 그러나 이처럼 급격한 변화가 사회 시스템에 자리 잡은 균형을 깨뜨릴 수도 있다는 것을 명심해야 합니다. 그러니 새로운 문제를 살펴보는 일이 결코 시간 낭비는 아니지요. 이처럼 놀라운 발전에는 문제들도 따르게 마련입니다. 유아와 어린이의 사망률이 현저하게 감소한 건 대단히 좋은 일이지만, 자녀의 생존율이 높아진 현상으로 출산을 바라보는 시각이 바뀌면서 가족역동성family dynamics(가족 구조 내 구성원 간에 발생하는 상호작용을 의미한다─옮긴이)이 급격하게 변화했습니다. 유아와 어린이 사망률이 빠르게 감소하면서 부모들이 감당해야 할 가족의 규모가 커지고 양육시킬 자녀가 많아지게 된 것이지요.

이에 더해 공업화와 그에 따른 도시화가 농장 노동을 공장 노동으로 대체시켰고, 시간이 지나면서 일손, 특히 가족 농장에서 꼭 필요했던 일하는 어린이가 덜 필요해지게 되었습니다. 또한 19세기 들어 어린이 노동법과 의무 교육이 시행되면서 어린이는 가족의 소득에 대체로 기여하지 않게 되었지요. 이러한 현상은 18세기 후반 이후 사람들이 어린이를 단순히 덩치가 작은 어른이 아니라 발달 시기에 있는 인간으로 인식한 데서 비롯된 또 다른 중요한 진보입니다. 다른 한편으로 이는 자녀 양육이 더 많은 비용이 들고 노동 집약적인 일이 되었음을 의미합니다.

부모들이 자신이 감당할 수 있는 수준 이상으로 자녀들이 많다는 것을 깨닫게 되면서 피임 도구를 사용하는 이들도 많아졌습니다. 사망률 감소가 현저하게 나타났던 유럽에서는 부모들이 콘돔과 더불어 전통적이지만 이전까지는 좀처럼 사용하지 않았던 금욕과 자제 같은 방법에 주로 의존했지요. 이러한 방법은 출산을 줄이는 데 상당히 효과적인 것으로 나타났습니다. 그러나 20세기 후반에는 경구 피임약과 자궁 내 피임 기구를 포함해 새롭고 훨씬 더 효과적인 피임 기술이 등장했습니다. 인구혁명을 선도하는 국가에서는 제2차 세계대전 이후 일시적인 베이비붐 시기를 제외하면 20세기 전반에 걸쳐 사망률에 이어 출산율까지 현저하게 떨어졌지요. 여성 1인당 평균 출산율은 19세기 후반 5명 이상에서 2000년에는 2명 이하로 감소했습니다. 그 밖의 지역에서도 사망률이 감소하고 뒤이어 출산율도 떨어졌지요.

이처럼 아주 높았던 사망률이 감소하고, 이후로 아주 높았던 출산율도 떨어지는 놀라운 변화를 인구 변천이라고 부릅니다. 그러나 저는 동료 인구통계학자였던 존 듀랜드John Durand가 생전에 썼던 인구혁명이라는 용어를 더 좋아합니다. 듀랜드의 용어는 인류 보건과 평균 수명에서 나타난 대대적인 변화뿐 아니라 가족 규모를 줄이기 위해 부모들이 의도적으로 기울인 노력의 일환으로 최초로 광범위하게 시작된 인류 행동의 급격한 변화까지 강조하기 때문에 이 용어를 사용하면 변화를 정확하게 표현할 수 있다.

"그러면 옛날에는 젊은 시절에 세상을 떠난 사람들이 왜 그렇게 많았나요?" 릴리가 묻습니다.

"사람들이 왜 병에 걸리는지 몰랐기 때문이에요." 낸시 앤이 불쑥 끼어듭니다.

정답입니다. 오늘날에는 믿기 힘들겠지만 19세기 중반 이전까지는 질병의 원인과 전염, 치료법에 대해 알려진 사실이 별로 없었습니다. 다음은 1826년 가을 필라델피아에 거주하는 수지양초 제조자가 어떤 의료 처치를 받았는지 묘사하는 간단한 설명입니다.

그는 오한, 머리와 등 부위의 통증, 관절 약화, 메스꺼움을 호소했다. (…) 면허가 있는 의사를 만나기 전에는 실신 증세가 올 때까지 계속 피를 흘리기만 했다. 구토제를 복용하고는 상태가 좋아졌다. 이후로 며칠 동안 유황, 소다수, 세나차 등이 그의 내장을 거쳐 갔다. 그다음 그는 또 다른 의사를 찾아서 구토제를 처방받았다. 약은 아주 잘 들었고, 쓴 차를 마시면 효과가 계속 유지되었다.[1]

그들이 말했듯 질병이 환자를 죽이지 않더라도 치료법이 그들을 죽일 것입니다. 인구혁명 이전에 질병을 치료할 때 주요 사용했던 수단인 구토제, 하제, 이뇨제, 사혈 등의 효험에 대해 의문이 생기는 것도 당연한 일이지요.

"그리고 그들은 늪지대의 안개처럼 독한 공기가 질병을 일으킨다고 생각했어요." 낸시 앤이 넌더리를 내면서 덧붙입니다.

그렇습니다, 이런 독기설이 19세기 내내 일반적인 이론이었지요. 매우 잘못된 주장이지만, 19세기 중반의 사회개혁가 에드윈 채드윅Edwin Chadwick과 같은 일부 분석가들은 이 독기설에 근거하여 수질을 개선해야 하고, 특히 도시 지역에서 주택의 더 나은 공간 배치가 필요하다고 주장했습니다. 채드윅과 그 밖의 사람들이 했던 일들은 19세기 중반에 전개된 운동인 '위생 혁명'의 자극제가 되었는데, 이는 도시를 깨끗이 하려는 움직임으로 이후 엄청난 성공을 거두기도 했지요. 뒤이어 19세기 후반 루이 파스퇴르Louis Pasteur와 로베르트 코흐Robert Koch 같은 과학자 덕분에 마침내 세균설이 독기설을 능가하게 되었습니다. 의학은 전염병의 근원을 정확히 밝혀내고 이를 예방하기 위한 기술을 개발하기 시작했습니다.

"그때는 의사를 찾아가는 일이 위험한 게 아니었으면 좋겠네요." 앤디가 말합니다.

"맞아요." 잭이 동의합니다.

그렇습니다. 저는 우리 모두 그렇게 생각할 것이라고 믿고 있습니다. 하지만 1940년대까지 의사들이 하는 일은 주로 질병을 진단하고 약을 써서 병세를 적절히 완화하는 것이었습니다. 의사들이 질병을 치료하기 위해 할 수 있는 일이 많지 않았지요. 앞서 살펴보았던 제조업의 두드러진 발전과 마찬가지로 전염병 통제가 가능해지면서 기술적으로 연이어 커다란 진전(또다시 세 가지 커다란 진전이 등장하지요)을 이루었고, 치료법은 맨 마지막에야 등장했습니다. 첫 번째 진전은 채드윅의 위생 혁명으로 시작해서 (오염된 공기, 물, 곤충, 설치류 등) 감염 매개체를 발견한 것에 기초한, 질병의 전염을 예방하는 새로운 방법들로 이루어졌습니다. 과학사학자들은 1854년 존 스노우John Snow 박사가 오염된 물의 공급에서 콜레라의 원인을 찾은 것을 두고 획기적인 발견으로 평가합니다. 19세기 후반에 시작된 두 번째 진전은 질병에 관한 세균설을 뒷받침하는 연구와 뒤이어 디프테리아, 백일해, 파상풍, 황열병 같은 질병을 예방하기 위한 백신이 개발되기 시작하면서 추진력을 얻었습니다.

"저는 세 번째 진전이 무엇인지 알고 있어요. 항생제입니다." 라이더가 말합니다.

"맞아요. 사람들은 패혈성 인두염 같은 것으로 죽기도 했어요." 낸시 앤이 부연합니다.

두 사람 말이 모두 맞습니다. 그러나 흥분할 필요까지는 없지요. 사망률이 뚜렷하게 감소한 원인은 전염병의 감염과 전파를 현저하게 줄인 위생 혁명과 백신의 개발에서 찾을 수 있습니다. 알렉산더 플레밍Alexander Fleming이 1928년에 페니실린을 발견하기는 했지만, 하워드 플로리Howard Florey와 언스트 체인Ernst Chain이 페니실린에 생명을 구할 가능성이 있다는 걸 입증한 1939년까지 페니실린은 실험실에서 호기심의 대상으로만 머물렀습니다(이들 세 사람은 1945년 노벨상을 공동으로 수상합니다). 이후로도 군과 민간을 위한 대규모 생산은 제2차 세계대전이 끝날 무렵에나 이루어졌습니다. 그러나 페니실린이 박테리아 감염을 치료할 때 보인 엄청난 효과는 이후 또 다른 수많은 종류의 항생제가 탄생하는 계기가 되었습니다.

"항생제가 개발되어서 의사들이 정말 좋아했을 것 같아요." 엠마가 말합니다.

"꼭 그렇진 않아요. 항상 새로운 문제가 발생하게 마련이죠." 라이더가 반론을 제기합니다.

그렇습니다. 의사들에게 처음으로 질병을 치료할 능력이 생겼고, 실제로 신의 개입에 버금가는 권위를 부여받았습니다. 그만큼 사회적 지위도 높아졌지요.

바이러스 감염에 무지한 일부 학자들은 전염병이 완전히 사라졌다고 주장했습니다. 그들은 라이더가 말한 새로운 문제로 관심을 돌렸습니다. 20세기 후반 의학 연구는 어린이들에게 훨씬 더 큰 영향을 미쳤던 전염병에서 노인병으로 옮겨갔습니다. 그 결과 지난 70년 동안 의학은 심장병과 뇌졸중으로 인한 사망을 감소시키고 고혈압, 고콜레스테롤, 일부 암의 치료와 관리, 관상동맥 수술에서 커다란 발전을 이룩했지요.

"교수님께서 아주 기뻐하실 것 같아요." 테드가 말합니다.

물론이지요! 제 또래는 정말 많은 혜택을 보았습니다. 그러나 저보다 어린, 특히 제2차 세계대전 이후 많이 태어난 세대가 훨씬 더 큰 혜택을 보았습니다.

"베이비붐 세대죠!"

바로 그렇습니다. 베이비붐 세대와 그들의 자녀, 손자, 여러분 모두 노년에 이르기까지 더 오래 살고 더 나은 삶을 살겠지요.

"모두가 승자네요!" 앤디가 외칩니다.

✦ 시기와 지리적 전파

"이런 발전은 분명 유럽과 미국에는 좋은 일이었을 겁니다. 하지만 인도나 아프리카 같은 지역은 어떤가요?" 질이 묻습니다.

이러한 혁명이 지리적으로 전파되기까지는 분명 시간이 걸립니다. 가장 먼저 근대화가 이루어진 지역에서는 산업혁명 이후 인구혁명이 일어나기까지 거의 1세기가 소요되었지요. 그러나 이러한 혁명이 전 세계로 전파되는 방식은 비슷했습니다. 개괄적으로 보면 이 두 가지 혁명은 서유럽에서 출발해 유럽의 남쪽과 동쪽으로 전파되었습니다. 이러한 전파는 거의 동시에 유럽 이민자들이 정착한 또 다른 대륙인 북아메리카, 라틴아메리카 일부, 오세아니아에서도 발생했습니다. 다음으로 아시아 지역, 라틴아메리카의 나머지 지역, 북아프리카 지역, 마지막으로 사하라 사막 이남 아프리카 지역의 개발도상국들이 그 뒤를 이었지요. 그러나 우리는 인구혁명이 산업혁명 이후 1세기가 지나서야 시작된 반면, 세계 전역으로 전파되는 데에는 훨씬 더 짧은 시간이 걸렸고, 실제로 사하라 사막 이남의 아프리카 지역에서는 인구혁명이 산업혁명보다 빠르게 시작되었다는 사실에 주목해야 합니다.

"그게 어떻게 가능하죠?" 릴리가 궁금해하면서 묻습니다.

"규칙적인 패턴이 아니지 않나요?" 오웬도 같은 질문을 합니다.

이러한 패턴이 어떻게 지역에 맞게 변화하는지 살펴봅시다. 우선 이 두 가지 혁명이 지리적으로 전파되는 과정은 생산과 의학 기술에서 달성한 근원적이고 획기적인 발전의 주요 발상지가 서유럽과 그 파생 국가들이고, 이곳에서 점차 외부로 확장되었기 때문에 상당히 비슷하게 전개되었습니다. 기초 지식을 습득하고 적용하면 근대화의 과정에 가속도가 붙었지요. 그러나 경제적 요인이 이러한 혁명의 전파 속도에 영향을 미치기 때문에 근대화의 과정이 완전히 체계적으로 전개되지는 않았습니다. 즉, 전염병을 관리하기 위한 비용이 경제 성장을 촉진하기 위한 비용보다 상대적으로 저렴하기 때문에 인구혁명이 산업혁명보다 훨씬 더 빠르게 전파되었고, 그 때문에 사하라 사막 이남의 아프리카 지역에서 인구혁명이 더 먼저 일어났던 것이지요.

비용 요인을 고려한다면 시기와 지리적 전파에 관한 논의가 타당해보이지 않을까요?

"네, 그렇네요." 릴리가 동의합니다.

✦　　**과학혁명: 혁명의 근원**

"오늘은 복습하는 시간이죠?"

수가 가방을 내려놓으면서 묻습니다.

"여기 과학혁명이라고 나와 있네요."

타일러가 강의 계획서를 훑어보더니 대신 답하는군요.

"안 돼요! 이제 다른 이야기는 하지 않았으면 좋겠어요. 행복에 대한 이야기들은 잊어버릴 지경이라고요."

테드가 헐떡거리며 말합니다.

"저는 좋아요."

에이더가 수줍게 속삭입니다.

에이더에게 고마워해야 할 것 같군요. 제 편이 되어줘서 행복합니다!

자, 이 모든 혁명의 근원은 과학혁명에 있습니다. 17세기에 일어난 과학혁명은 근대 과학의 시작을 알리는 지식을 습득하기 위한 새롭고 매우 성공적인 접근 방식을 도입했습니다. 덕분에 다른 모든 혁명의 근간이 되어주었지요. 산업혁명과 인구혁명이 전개될 수 있었던 이유는 서유럽과 그 파생 국가들에서 근대 과학이 등장하고 실증적으로 입증된 과학 지식이 발전했기 때문입니다.

우리 모두 과학이 지배하는 세상에서 살고 있기 때문에 과학의 존재를 당연시하고 있습니다. 그러나 17세기 이전까지 오늘날 우리가 알고 있는 과학은 존재하지 않았고, 물질 세계에 대한 탐구는 자연 철학의 영역에서 다루어졌지요. 예를 들어 빅토리아 시대에 자연선택 진화론의 아버지 찰스 다윈Charles Darwin과 앨프리드 러셀 월리스Alfred Russel Wallace는 생물학자가 아니라 박물학자로 불렸습니다. 19세기가 되어서야 과학자scientist라는 용어가 등장하고 서서히 알려지기 시작했지요.

"알겠어요. 하지만 그들이 어떻게 불리든 그들은 과학자였습니다."

에이더의 주장은 옳습니다. 하지만 그들이 살던 시대 이전까지는 지식의 기초가 되는 반복적인 관찰이 효과가 있는지 확실히 입증되지 않았습니다.

과학혁명은 17세기 서유럽에서 시작되었습니다. 우리를 둘러싼 세계에 대해 알아가는 접근 방식이 급격하게 변화한 때였지요. 연구자들은 전통적인 선험적 추론 방식에서 벗어나 실증적, 실험적 접근 방식을 채택하면서 처음으로 타당한 과학 지식에 이르는 기법과 과정을 개발했습니다. 여기에는 가설, 통제된 실험을 통한 관찰, 증명 혹은 반증, 실험의 반복, 이론, 재반복, 추가적인 증명 그리고 많은 경우 실제 적용까지 포함됩니다.

"교수님, 실제로 이런 방법은 고대 그리스에 뿌리를 두고 있어요. 아리스토텔레스 말이에요." 낸시 앤이 말합니다.

그렇습니다. 이런 실증적 접근 방식이 (낸시 앤이 지적했듯 가장 유명하게는 아리스토텔레스에 의해) 고대 그리스에서 지지받기는 했지요. 하지만 17세기 유럽에서 요하네스 케플러, 갈릴레오 갈릴레이, 르네 데카르트, 아이작 뉴턴, 윌리엄 하비 같은 사람들이 이를 실행에 옮기고 장려할 때까지는 어느 곳에서도 발견을 위한 주요 방법으로 확립되지 않았습니다.

16세기와 17세기 자연과학에서 최초로 등장한 과학 분야는 천문학과 역학이었습니다. 18세기에 화학이 등장했고, 19세기에는 전기학과 열역학이 등장했지요. 이러한 분야에서 이루어진 발전이 산업혁명을 일으키는 발명을 위한 기초 지식을 확립했습니다. 원인과 결과는 양방향에서 작용합니다. 제임스 와트가 발명한 증기 기관이 열역학의 발전을 촉진하기도 했지만, 열역학이 확립된 이후부터는 거꾸로 열역학이 증기 기관의 발전을 촉진하기도 했습니다. 과학적 발견과 발명 모두 과학혁명에 따른 새로운 연구 방법의 산물이었지요.

"교수님께서는 생물학에 대해 전혀 말씀하시지 않으셨어요."

라이더가 중요한 지적을 하는군요.

생명체를 연구하는 생물학을 포함해 생명과학은 발전하는 데 다른 자연과학보다 더 오랜 시간이 걸렸고, 19세기가 되어서야 하나의 학문으로 자리 잡았습니다. 왜 그랬을까요? 과학혁명이 처음 시작된 천문학과 역학에서는 기본적으로 다루는 현상이 주로 일상에서 관찰할 수 있는 것이었습니다.

"네, 맞아요. 우리에게는 도구가 필요했어요."

라이더가 동의합니다.

"17세기와 18세기 계몽철학자들은 인간의 감각과 지각의 한계에 관해 논의했어요. 바로 그 시기에 그들은 방법론을 바꾸고 있었지요. 존 로크, 데이비드 하틀리, 데이비드 흄이 그랬죠."

댄의 지적은 정확합니다! 생물학 분야는 광학 현미경과 같은 정밀한 도구가 개발될 때까지 발전할 수 없었습니다. 이러한 도구들은 댄이 지적한 대로 인간이 지각하는 범위와 관찰의 효과를 확장했습니다. 생명과학은 이를 기반으로 19세기 공공 의료 시스템과 의학의 발전에 밀접하게 연계되어 진일보했고, 이 모든 것들이 인구혁명의 추진력으로 작용했습니다. 이처럼 생명과학이 다른 자연과학보다 늦게 등장했기 때문에 인구혁명이 산업혁명보다 지체된 것이지요.

"그런데 왜 이런 내용을 역사 시간에 가르치지 않나요? 저는 역사를 전공한 학생이에요. 우리는 이런 내용을 전혀 배우지 않았어요."

수가 묻습니다.

"사실은 네가 철학이나 역사, 사회과학에서 그런 내용을 공부했어야 했어."

댄이 한 수 알려주는군요.

"실례지만 저는 이런 내용을 영문학 시간에 배웠어요. 낭만주의 시였죠. 윌리엄 블레이크나 애나 레티시아 바볼드, 워즈워스 같은."

낸시 앤이 말합니다.

영문학 시간에 배웠다고요? 다양한 관심 분야에서 지식을 공유할 때 우리가 무엇을 배울 수 있는지 보여주는 아주 좋은 사례군요. 저는 이때까지 여러 분야를 아우르며 강의했고, 이런 강의가 상당히 좋았다고 생각합니다. 그럼에도 저는 여전히 매일 학생들에게서 새로운 것을 배웁니다!

✦　**행복혁명의 등장**

"마지막 시간이에요."

릴리가 아쉬워합니다.

"여기 행복혁명이라고 적혀 있네요."

타일러가 강의 계획서의 내용을 알려주는군요.

"이번 강의가 끝나면 복습하는 시간이 따로 있나요? 모든 강의가 아주 재미있었어요. 하지만 저는 시험을 잘 보고 싶거든요. 그렇다면 저는 행복해질 거예요!"

수가 묻습니다.

물론 복습 시간은 따로 있겠지만 이제는 여러분 모두 지금까지 배운 내용을 자기 것으로 잘 소화시키고 있을 것이라고 확신합니다.

자, 이제 행복혁명을 다룰 차례입니다.

이전의 두 가지 혁명, 산업혁명과 인구혁명은 1인당 실질 GDP와 평균 수명의 곱으로 표시한 지수에서 볼 수 있듯 사람들이 처한 객관적인 상황에 변화를 일으켰습니다. 반면 행복혁명의 주요 관심사는 이러한 혁명들과 다르고, 다른 종류의 지표를 요구합니다. 그 지표는 무엇일까요?

"사람들이 자신에 관해 말하는 내용이에요. 구체적으로 말하면, 사람들이 자신의 전체적인 삶에 대해 느끼는 감정이지요."

앤디가 답합니다.

그렇습니다! 이번 혁명은 사람들의 감정을 중요하게 생각합니다. 사람들은 얼마나 행복하고 자신의 삶에 얼마나 만족하고 있을까요? 행복한 감정, 주관적 행복이 현저하게 증진한 결과를 보여준다면 이는 일종의 혁명이고 행복혁명이 됩니다. 그리고 이것은 지금 실제로 일어나고 있지요!

앞서 두 가지 혁명, 즉 산업혁명과 인구혁명은 자연과학과 생명과학이 등장하며 일어났습니다. 반면에 행복혁명은 사회과학의 산물입니다. 경제학은 18세기 후반 애덤 스미스의 저작과 함께 등장한 최초의 사회과학입니다. 그러나 19세기 후반 종합대학이 설립되고 교육과 종교의 분리가 이뤄진 후에야 사회과학 분야(경제학, 사회학, 정치학, 인류학, 심리학)의 공식적인 교육과 연구가 시작되었지요. 이 때야 비로소 고등교육기관들이 고전과 종교 연구에 치우치던 전통적인 경향에서 벗어나기 시작했습니다.

"문화와 신화에 관한 지식처럼 전 세계에서 새로운 종류의 지식이 등장했습니다. 이 분야에서는 인류학자 제임스 조지 프레이저James George Frazer가 대표적인 인물이죠."

낸시 앤이 눈살을 찌푸리며 말합니다.

"맞아요. 그리고 우리는 모든 인간과 그들 간의 차이에 가치를 두어야 해요. 그러면 사람들이 이러한 주제를 연구하는 데 관심이 생길 거예요. 이렇게 연구 분야가 탄생하고, 의미 있는 사회 변화를 일으킬 수 있겠죠."

키튼이 이어받아 말합니다.

이 말은 가치를 두는 일이 고등교육 콘텐츠에 얼마나 중요한 영향을 미치는지 지적한 것이지요. 모든 사회과학은 인간의 삶과 문화의 패턴과 역학을 다룹니다. 그리고 많은 사람이 이러한 사회과학에 흥미를 갖거나 가치를 부여하지 않는다면 연구 가치가 있는 영역으로 인정받거나 교과 과정에 포함될 수 없겠지요. 게다가 대부분 사회과학 분야의 밑바탕에는 인간의 행복에 대한 책무가 깔려 있습니다. 처음부터 명백하게 보이는 대신 암시적으로 드러난다고 하더라도 그렇지요.

"변화를 위해서는 결코 늦지 않았어요."

키튼이 말합니다.

사회과학에서 학제 간 연구는 행복혁명을 위한 튼튼한 토대를 제공합니다. GDP와 평균 수명 같은 일부 지표들은 주로 특정 사회과학 분야(이 경우에는 각각 경제학과 인구통계학)과 관련이 있지요. 이에 반해 행복은 사회과학 전반에 걸쳐 널리 알려진 개념입니다. 행복은 인간의 삶에 보편적으로 중요한 것을 반영합니다. 이전 세기에 사회과학이 확산되고 나서, 현재의 행복 연구는 인간을 연구하는 다양한 분야들을 한데 모아 서로 다른 분야끼리 협력하며 인간의 행복이라는 목표에 집중하고 있습니다.

사회과학의 첫 번째 업적은 실업, 열악한 보건, 빈곤 같은 상황이 주로 개인이 통제할 수 없는 힘에 따른 결과이고 이러한 상황으로부터 고통받는 사람들을 지원하려면 집단행동이 요구된다는 사실을 널리 인정받게 한 것입니다. 20세기 이전에는 이러한 문제들이 개인의 성격상 결함(나태, 과소비, 지저분함, 음주, 도박 등)에 따른 결과라는 믿음이 널리 퍼져 있었지요.

"네, 빅토리아 시대 사람들은 합당하게 가난한 사람과 합당하지 않게 가난한 사람이 있다고 생각했어요." 낸시 앤이 끼어듭니다.

이러한 믿음은 어떤 사람이 다른 사람보다 더 나은지는 태어날 때부터 정해진다는 인간에 대한 계급 개념에 바탕을 두고 있습니다. 처음에 경제학은 정부는 작아야 하고 정부가 사람들의 삶에 개입하면 그들이 정부에 의존하게 된다고 주장하면서 자유방임을 지지했고 이러한 믿음을 뒷받침했지요. 그러나 자유방임주의는 극심한 빈곤이 지속되고 심각한 금융 위기와 공황이 발생하면서 서서히 설득력을 잃었습니다. 민주적 개인주의와 중산층의 등장은 이러한 자유방임주의의 정신을 더욱 손상시켰지요.

자유시장경제의 문제점이 뚜렷하게 드러나면서 사회과학은 고용 정책과 사회안전망이라는 두 가지 주요 해결책을 제시했습니다. 경제 부문의 정책은 높은 고용 수준으로 경제를 안정시키는 데 치중했습니다. 우선 20세기 초반 중앙은행을 설립하여 통화 정책을 추진했고, 이후 1930년대에는 대공황에 대처하기 위한 재정 정책을 펼쳤습니다. 재정 정책은 중앙 정부가 불황에 맞서고, 또 한편으로는 급격한 인플레이션을 통제하기 위해 조세와 정부 지출 정책을 활용하는 방법을 발견한 결과입니다.

그리고 거의 비슷한 시기에 사회보장 정책이 자리를 잡기 시작했지요.

"만세!"

키튼의 목소리군요. 앞서 말했듯 사회보장 정책이 자리를 잡아가면서 오늘날 우리가 사회안전망이라고 부르는 일련의 프로그램이 등장했습니다. 우리는 이미 사회안전망에 대해 여러 번 살펴보았지요. 사회안전망은 소득 보조(실업보험, 사회복지 수당, 사회부조금, 장애인 수당 등), 의료 서비스, 유아 보육, (유치원을 포함한) 교육, 출산·육아 휴직, 노인 요양, 노년 연금 등을 포함한 프로그램으로 구성됩니다. 오늘날 북유럽 복지국가들은 이러한 정책 프로그램을 가장 잘 실천하고 있지요.

"그러면 GDP는 아무런 쓸모가 없는 지표인가요?"

잭이 묻습니다.

앞에서 말했듯 GDP는 특정한 부분에서는 유용한 지표입니다. 그러나 경제 성장의 지표로 사용되는 GDP는 행복혁명을 구체적으로 보여주지는 않습니다. 산업혁명은 개인의 물질적 삶을 엄청나게 개선했지만, 경제 성장 그 자체가 개인의 행복을 증진한다는 증거는 없습니다. 오히려 경제 성장을 촉진하는 자유시장경제로의 이행이 (행복에 중요한) 고용, 소득, 의료 서비스, 가정생활에서 긴장과 불확실성을 초래했습니다. 요람에서 무덤까지 보장하는 사회안전망은 이러한 우려를 해결해줍니다. 무엇보다 사회적으로 혜택을 받지 못한 계층도 사회안전망 정책 덕분에 더 행복하다고 보고합니다.

"또다시 만세네요!"

키튼이 소리칩니다.

몇 번이고 만세를 불러도 좋습니다. GDP가 아닌 주관적 행복 지표가 모든 계층의 사람들에게 가장 중요한 문제, 즉 행복을 반영하는 일상적인 관심사를 정부가 성공적으로 다루고 있는지 보여줍니다.

행복혁명은 이전의 다른 혁명들과 마찬가지로 서유럽에서 출발했습니다. 복지국가 정책을 도입하고 개발하는 데 가장 앞장서고 있는 북유럽 국가들이 행복을 선도해왔고, 지금은 이들 국가에서 추진하는 정책들이 전 세계로 퍼져가고 있지요.

"행복혁명의 승리자!"

키튼이 선언합니다.

승리자도 좋지만 리더가 되면 더 바람직하지 않을까요? 그렇게 된다면 행복하게도 아주 많은 사람들이 승리할 수 있기 때문입니다.

✦ 행복한 미래를 그리다

이제 제 이야기는 끝났습니다. 역사의 관점에서 보면 산업혁명은 기본적으로 자연과학의 산물이고, 인구혁명은 생명과학의 산물이며, 행복혁명은 사회과학의 산물입니다. 각각의 혁명은 약간의 상호의존성이 있기는 하지만 서로 뚜렷하게 구분되는 과학 지식에 바탕을 두고 다른 혁명들과는 대체로 독립적이지요.

이 세 가지 혁명이 발생한 순서는 17세기 과학혁명 이후 과학 지식이 형성되고 발전하는 진행 과정, 즉 자연과학에서 출발해 생명과학을 거쳐 사회과학으로 가는 과정을 반영합니다. 과학의 각 영역에서는 기초과학과 응용과학 간에 지속적인 상호 작용이 있었습니다다. 이 두 종류의 과학은 과학혁명에서 비롯한 과학적 방법론의 산물이지요. 이 세 가지 혁명 모두 기초과학 지식의 발상지인 서유럽에서 출발하여 다른 지역으로 퍼져가는 비슷한 전파의 경로를 따랐습니다.

잭의 생각을 묻고 싶군요. 이처럼 폭넓은 관점으로 보면 미래에 대해 조금은 덜 걱정해도 되지 않을까요?

"네, 그렇네요. 덜 걱정해도 될 것 같아요. 감사합니다."

"반드시 그렇다는 뜻으로 이해해도 될까요?"

질이 묻습니다.

반드시 그렇다는 뜻은 아닙니다. 그러나 저는 그럴 것이라고 믿습니다. 그리고 여러분은 이 세 가지 혁명의 수혜자입니다!

용어 해설

- GDP: 어느 한 국가의 연간 재화와 서비스의 총생산액

- 1인당 GDPGDP per capita: 한 사람을 기준으로 한 GDP, 어느 한 나라의 1인당 평균 소득의 근사값

- 개인 간의 비교interpersonal comparison: 자신의 상황과 다른 사람들의 상황을 비교

- 개인 내의 비교intrapersonal comparison: 자신의 현재 상황을 과거의 최고 기록과 비교

- 객관적 데이터objective data: 스스로 보고하는 것에 근거하지 않은 개인에 관한 데이터

- 객관적 행복objective well-being: 소득처럼 개인의 행복/만족도에 대한 감정을 지수로 나타낼 수 있다고 전제하는 객관적 데이터

- 경제 성장economic growth: 1인당 실질 GDP의 지속적이고도 장기적인 증가 추세

- 경험 효용experienced utility: 특정한 선택에 따라 실제로 실현된 만족도

- 경험적 웰빙experiential well-being: 현재 혹은 최근에 느끼는 만족도(일시적인 기분)

- 라이프사이클life cycle, (인생의 과정life course): 젊은 시절부터 노년에 걸친 삶의 기간
- 사회안전망safety net: 요람에서 무덤까지 일반적인 사람의 주요 문제를 책임지는 일련의 정책
- 사회적 비교social comparison: 개인 간의 비교를 참조
- 삶의 사다리ladder-of-life: 응답자가 0부터 10까지 행복의 수준을 표시하는 척도. 사다리의 맨 아래는 0점이고, 맨 위는 10점이다.
- 삶의 만족도life satisfaction: 모든 것들을 고려할 때 자신의 삶에 만족하는 정도
- 신뢰성reliability: 개인이 일간 혹은 주간으로 스스로 보고하는 내용의 일관성
- 설정점setpoint: 심리학에서 개인의 근원적인 행복 수준이 유전자와 성격에 의해 고정된다는 견해
- 스스로 보고self-report: 개인이 자신에 관해 제공하는 정보
- 소득income: 저축, 세금 납부, 타인에 대한 증여를 포함해 모든 지출에 사용되는 자금
- 소득의 준거 기준income reference level: 개인이 실제 소득에 어느 정도로 만족하는지 평가하기 위해 마음속으로 생각하는 기준
- 소비자 주권consumer sovereignty: 소비자들이 자신의 소득을 정부 조세나 규제 같은 외부적인 제약을 받지 않고 자신이 원하는 대로 지

출할 권리

- 시계열 데이터time-series data: (예를 들어 연간 조사로) 연속되는 시점에서 수집한 통계 데이터

- 영역 만족도domain satisfaction: (재정, 건강 등) 삶의 특정한 영역에 대한 만족도

- 의사 결정 효용decision utility: 특정한 선택에 대해 예상되는 만족도

- 주관적 데이터subjective data: 스스로 하는 보고로 얻을 수 있는 개인에 관한 데이터

- 주관적 행복subjective well-being: 종합적으로 봤을 때 개인이 행복 혹은 삶의 만족도에 느끼는 감정

- 준거 기준reference levels: 다양한 삶의 상황을 평가할 때에 마음속으로 생각하는 기준. 소득의 준거 기준을 참조

- 제로섬 게임zero-sum game: 게임 참가자들의 이익과 손실의 합이 제로가 되는 상황

- 종단면 조사longitudinal survey: 같은 사람을 대상으로 장기간에 걸쳐 추적한 분석

- 코호트cohort: 같은 해에 태어난 사람들의 집단

- 타당성validity: 행복에 대해 스스로 보고하는 내용의 진실성

- 패널 조사panel study: 종단면 조사를 참조

- 평가적 웰빙evaluative well-being: 전반적인 삶의 상태에 대한 만족도

- 합성의 오류fallacy of composition: 개인에게 참인 것이 전체, 즉 그 개인이 구성원인 집단에도 참이라는 믿음.

- 횡단면 데이터cross-section data: 특정 연도와 같이 주어진 특정 시점에서의 통계 데이터

- 행동주의behaviorism: 개인의 행동에 대한 과학적 이해는 그들의 말이 아닌 행동에서 나온다는 믿음

- 행복happiness: 개인이 전반적으로 느끼는 만족스러운 감정

- 효용의 개인 간의 비교interpersonal comparison of utility: 개인의 만족도가 비교 가능하다는 전제하에, 서로 다른 사람들이 스스로 보고하는 만족도를 비교

- 효용utility: 만족도, 행복

주

서론

1   Mandelbrot, B. and Hudson, R. L., *The (mis)behavior of markets: A fractal view of risk, ruin, and reward*(New York: Basic Books, 2004), p. 153.

2   Rojas, M., *The economics of happiness*(Basel, Switzerland: Springer Nature, 2019), p. 9.

1강

1   Helliwell, J. F., Layard, R., and Sachs, J. D,, 'World happiness report 2019' (2019).

2   Cantril, H., *The pattern of human concerns*(New Brunswick, NJ: Rutgers University Press, 1965), p. 206.

3   Campbell, A., *The human meaning of social change*(New York: Russell Sage, 1972), p. 448.

4   Mishan, E. J, *Welfare economics: Ten introductory essays*(New York: Random House, 1969), p. 821.

2강

1   Coyle, D, *GDP: A brief but affectionate history*(Princeton, NJ: Princeton University Press, 2014), p. 113.

5강

1   Johnson, S., The Rambler No. 163 (October 8 1751), p. 242, https://en.wikiquote.org/wiki/SamuelJohnson.

2   Marx, K., *Marx-Engels Selected Works volume* I(1847), p. 163.

3   Glenn, N. D, *Promises to keep: Decline and renewal of marriage in America*(Lanhman, MD: Rowman and Littlefield, 1996), p. 26.

6강

1   Lumley, R., 'Labor markets and employment relations in transition in countries of central and eastern Europe', *Employee Relations* 17(1) (1995), pp. 29~30.

2   Brainerd, E., and Cutler, D., 'Autopsy on an empire: Understanding mortality in Russia and the former Soviet Union', *Journal of Economic Perspectives* 19(1) (2005), p. 125.

3   Knight, J., and Song, L., *Towards a labor market in China. Oxford*, (UK: Oxford University Press, 2005), pp. 16~17.

7강

1   Kahneman, D., and Taler, R.H., 'Utility maximization and experienced utility', *Journal of Economic Perspectives* 20(1) (2006), pp. 231~232.

8강

1   Lemos, G., *The end of the Chinese dream: Why the Chinese people fear the*

future(New Haven: Yale University Press, 2012), p. 3.

12강

1   Lucas, R. E., Clark, A. E., Georgellis, Y., and Diener, E., 'Unemployment alters the set point for life satisfaction', *Psychological Science* 15(1) (2004), p. 8.

2   Pigou, A. C., *The economics of welfare*(London, UK: Macmillan, 1932), p. 3.

3   Taler, R. H., *Misbehaving: The making of behavioral economics*, (New York: W. W. Norton, 2015), p. 47.

4   Akerlof, G. A., 'Sins of omission and the practice of economics', *Journal of Economic Literature* 58(2) (2020), p. 415.

13강

1   Grifths, G., 'Letter from Bruni to Thomas Cambiatore', *Journal of European Economic History* 32(2) (2003), p. 352.

14강

1   Fuchs, V., *How we live*(Cambridge: MA Harvard University Press, 1983), p.14.

2   McCloskey, D. N., 'The rhetoric of economics', *Journal of Economic Literature* 21(2) (1983), p. 514.

3   Stiglitz, J., Sen, A., and Fitoussi, J. P., 'Report by the commission on the measurement of economic performance and social progress (2009), p. 16, www.stiglitzsen-ftoussi.fr.

15강

1   M. J. Vogel and C. E. Rosenberg, *The therapeutic revolution*(Philadelphia: University of Pennsylvania Press, 1979), p. 13.

지은이 **리처드 이스털린**Richard A. Easterlin

"일정 소득을 넘어 기본 욕구가 충족되면 소득이 더 증가해도 더 행복해지지 않는 다"는 '이스털린의 역설'로 학계를 뒤흔든 경제학자다. 서던캘리포니아대학교 경 제학과 명예 교수로 있으며, 미국과학아카데미 회원이자 미국경제학회 명예 회원 이기도 하다. 또한 미국인문과학아카데미, 계량경제학회, 노동연구소 회원이고, 미국인구학회, 경제사학회, 미국서부국제경제학회 회장을 역임하기도 했다. 『행 복, 성장 그리고 생애 주기Happiness, Growth and the Life Cycle』(2010), 『꺼림칙한 경 제학자The Reluctant Economist』(2004), 『의기양양한 성장: 역사의 관점에서 본 21세 기Growth Triumphant: The 21st Century in Historical Perspective』(1996) 등 다양한 저서를 남겼다.

『지적 행복론』은 그가 최근 몇 년간 진행한 행복경제학 강의를 바탕으로 쓴 책이 다. 경제와 행복은 언뜻 보면 전혀 상관없는 주제로 느껴지지만, 행복은 경제학의 언어로 설명될 때 구체적인 모습으로 우리 눈앞에 나타난다. 이 책은 영원한 난제 같았던 '행복해지는 방법'에 대한 실마리를 알려준다.

옮긴이 **안세민**

고려대학교 경제학과를 졸업하고 같은 대학원에서 석사 학위를 받았으며, 미국 캔자스주립대학교에서 경제학 박사 과정을 수학했다. 대외경제정책연구원, 한국 에너지공단, 현대자동차 등에서 일했으며, 현재는 전문 번역가로 활동하고 있다. 옮긴 책으로 『금융 도둑』, 『슈독』, 『블루오션 시프트』, 『그들이 말하지 않는 23가 지』, 『안티프래질』, 『베조노믹스』, 『로코노믹스』, 『100세 인생』, 『중국이 세계를 지배하면』, 『회색 쇼크』, 『자본주의 사용설명서』, 『경쟁의 종말』 등 다수가 있다.

지적 행복론

97세 경제학 교수가 물질의 시대에 던지는 질문

펴낸날 초판 2쇄 2022년 6월 30일

지은이 리처드 이스털린

옮긴이 안세민

펴낸이 이주애, 홍영완

편집장 최혜리

편집3팀 김애리, 유승재, 김하영

편집 양혜영, 박효주, 박주희, 문주영, 장종철, 홍은비, 강민우, 김혜원, 이정미

디자인 김주연, 박아형, 기조숙, 윤신혜, 윤소정

마케팅 김예인, 김태윤, 김미소, 김지윤

해외기획 정미현

경영지원 박소현

펴낸곳 (주)윌북 **출판등록** 제2006-000017호

주소 10881 경기도 파주시 회동길 337-20

홈페이지 willbookspub.com **전자우편** willbooks@naver.com

전화 031-955-3777 **팩스** 031-955-3778

블로그 blog.naver.com/willbooks **포스트** post.naver.com/willbooks

페이스북 @willbooks **트위터** @onwillbooks **인스타그램** @willbooks_pub

ISBN 979-11-5581-469-7 (03300)

- 책값은 뒤표지에 있습니다.
- 잘못 만들어진 책은 구입하신 서점에서 바꿔드립니다.